伟大的复利

沈帅波 著

浙江人民出版社

推 荐 语

伟大的成就几乎都来源于点点滴滴的积累，最终在时间的推移中让平凡成为不凡。从小门店、小物件、小价格到小创新，都承载着名创优品的“大”心思。读一读《伟大的复利》，学会在小生意中看到大商机。

——叶国富　名创优品创始人

帅波在对我的企业做调研采访的时候，我并没有觉得他和其他财经作家有什么大不同，但在他的文字里，我清晰地感觉到那些深刻细致的财经剖析后面，有诗和远方的影子。我想，这大概和他在成为商人之前想先成为作家有关。

——须聪　麦当劳 CMO

帅波对商业规律极度求真，是个极具人文情怀的财经作家，他一直在寻找和传播那些能够真正为普通老百姓带来美好生活的企业。《伟大的复利》中，既有对很多经济规律的思考，又有大量的案例、访谈，不失为洞察中国商业的必读书目。

——孙艳华　钟鼎资本合伙人

帅波这本书从国家、时代、品牌、企业、投资 5 个维度出发，结合实地调研，重新定义复利思维，让人耳目一新。

——余敬中　快手副总裁

什么是商业世界的复利思维？是永远行走在浪潮之巅，用行动回应时代的召唤，还是坚持战略，在“长期主义”的驱动下重复做正确的事？是一种企业经营的价值观，还是为了适应市场变化而制定的管理工具？帅波的这本书给出了答案。

——姚鹏　安踏集团企业传播高级总监

推 荐 序

“中国有 10 亿人没坐过飞机、13 亿人没出过国、90% 的人没喝过星巴克……”

2019 年我第一次知道沈帅波，是看到他这段刷屏朋友圈的话，当时我的第一感觉不是这个名字有点帅，而是“这才是真实的中国吗”。

在很多西方人的眼中，中国既先进又落后，既发达又原始，他们既惊诧于中国的发展成就，又对中国的社会体制充满非议，所以“中国崩溃论”“中国威胁论”长期以来都有很大的市场。当今世界，中国的国际地位日益提高，世界需要更清晰地认识中国，中国人自己也需要了解中国正在发生哪些变化。

30 多年前，我们圣农起步于闽北一家很小的养鸡企业，没人能想到今天会成为亚洲最大的白羽肉鸡全产业链企业。因为养鸡这个行业不是风口行业，很辛苦，无法短期见效，很多人望而却步，知难而退。但我们 38 年来一直在这条路上坚持与坚守，这让我们获得了巨大的时间复利，今天圣农已经成为鸡肉这个超级品类中当之无愧的隐形冠军。

2020 年，帅波带队来福建南平调研参观我们圣农总部，跟我父亲和我有过一次深度的访谈，其间我并没有听到财经作家惯用的财经术语和各种理论，而都是具体的事例和直击人心的幽默直白话语，然后便有了本书中的一篇关于圣农的文章（大家可以找找看是哪一篇，单从标题是看不出来的）。

今年，帅波突然把这本书的初稿发过来，让我写个推荐序，我看到很多跟圣农一样坚持和坚守的品牌，最终都获得了巨大的时间复利，真是心有戚戚焉。当然，跟我们一样，大家都是搭着中国经济发展的快车在前进。正如我在今年对员工的新年献词中写的一样，我们应该感恩这个伟大的时代和巨大的中国市场带来的机遇，这是一切的前提。这也是本书把国家的复利与时代的复利放在前两章来讲的原因。

无论你身处何方，无论你是贫穷还是富有，你都有自己的投资经历，都有一个自己心中的中国和看待中国的方式。而如果你和我一样，能有幸看到帅波的这本书，这本基于他个人独特的家国视角和情怀所作的书，请一定要花点时间读完它，这也是对我们自己的知识复利。

圣农集团董事长

傅芬芳

自 序

我们永远不知道命运的走向，命运永远悬于未来与未知之上。时间会改变我们的一切，包括我们的欲望和理想。而记忆会自动剔除那些无足轻重的东西，剔除那些我们不希望存在的事实，只留下和不断加重我们想要的部分。

年少时，我想成为一个作家，那只是一个很朦胧的想法，也许是写小说的，也许是写散文的。那时的某个假期，我读了许多经典书目，包括《十日谈》《荆棘鸟》《百年孤独》等。我还想成为一个成功的商人，在初中时代，还计划去广州淘金。但等我进入大学的时候，第一代广州模式已经完全被电商颠覆了，第一代工厂主也基本被雨打风吹去了。

我于1991年出生在上海，我们这一代人，孩提时耳边总响起“一年一个样，三年大变样”的时代号角，那些最激动人心的时刻——香港回归、澳门回归、申奥成功、加入WTO（世界贸易组织）——贯穿着我们成年前的岁月。但我们这一代人成年后，需要面对的很多问题其实更难。1990—2020年，从宏观视角来看，这是伟大的30年，波澜壮阔的30年；从个体视角来看，这是需要用尽一切力量才能让自己不掉队的30年。

很幸运，我在很年轻的时候就成为财经作家和传播咨询公司的创始人，算是在少年时代的理想里找到了平衡（也许是短暂的）。我写过很多现象级的爆款文章，服务过数百个大品牌和大平台。不可否认，在非常短暂的时间里，我亦有过“春风得意马蹄疾，一日看尽长安花”之感。但当我提笔开始写这个序言时，那种年少无知才会有的感觉已经消失很久了，更多的其实是战战兢兢、如履薄冰，在更上一层楼与自我否定之间来回摆动。或许未经深刻自我质疑的人生，是不值得记录的。总有那么一些时刻，我会对坚定的理想产生动摇，会对最纯朴的真情产生怀疑，亦会感受到自己的底层价值观与现实的巨大碰撞，但终究不能放弃。

缘何以“伟大的复利”为书名？我想，这是一种价值观，以及对自己的一种告诫。我所理解的复利和纯资金面炒股、理财无关。它是一种思维模式、处事原则和事业理念；是基于一个人、企业和组织的愿景，希望长期地、持续地获得社会价值，获得社会认同与数字性回报，并愿意付出相应的努力和代价。它需要某些领域的禀赋、能力、认知与资源，在一个更长的时间周期里去看待和理解，而非在任何一个短周期里去粗暴地看待收益率。每当我试图用一些技巧走捷径的时候，总会遇到一些暴击，而每次坚持“守拙”的时候，都会收获意想不到的成果。当旧的红利渐行渐远，新的技术革命尚未普及时，一切“奇巧淫技”只能暂时解决眼前的问题，但很快也会有更多的麻烦需要解决。唯有坚守真正的复利理念，才能找到属于自己的坐标。

本书分为这几个板块：“国家的复利”“时代的复利”“品牌的复利”“企业的复利”和“投资的复利”。这样的设计，是本着既要脚踏实地又要仰望星空的理念而进行的。其中融合了这几年来我走访数百家企业获得的一线数据与实操经验，融合了不同国家、地区的商业故事和产经政策的分析，融合了脱离时空限制的畅想，以及我的真情。我希望你最终看到的，既有我对行业的一些洞见、对趋势的把握，亦有我的赤子之心，如果本书能引起你的一点共鸣，我就非常满足了。

是为序。

目 录 | contents

第一章 国家的复利

今天绝大多数成功的中国企业，本质上是抓住了中国改革开放40多年来的某个机遇或某几个机遇，进而形成复利，并且不停地去坚持，做持续的创新。市场每年都在变，企业一定要有一套系统的方法，去了解市场的变化，然后践行创新，才能在不断变化的市场上永立潮头。所有的企业最后都是根植于国家而成长，这就是我们国家的复利。

2021 年，我们又踩在了一个时代的节点上

01

大家都知道，前中国首富曾经说过："清华、北大都不如胆子大。"显然，在高杠杆的扩张周期中，这就是金科玉律。但今天这一切都变了，首先，靠粗放型投资带动经济回报的范式已经不成立了。我们举一个例子：中国目前起码有 1 亿平方米以上的已建商业综合体属于重复开发、无效开发，其中大量商业综合体没有营业过一天，或者从来没有靠经营赚到过钱。那为什么过去要盖那么多呢？因为只要有配套商业性质的楼宇，就能批到地盖住宅，住宅那一部分非常赚钱，足以覆盖这一部分的成本。其次，早年消费者对软件的要求很低，综合体可以粗放经营，但今天消费者已经不吃这一套了。

现在做好一个商场，需要从前期的建筑设计、建筑配套到内部的商业组合设计，再到后期的招商运营能力、数字化能力，进行一体式考虑。前些日子，黑石资本谋求整体收购 SOHO（这个交易已终止，关于为什么终止，我们这里不做讨论，只分析它当初的构想和底层逻辑）。大家可能不知道，黑石还拥有全球著名的酒店希尔顿（Hilton）集团，故而当其收购大量商业综合体的时候，一定会考虑到全局性经营，将高档酒店引入被收购的综合体，改造优化写字楼和商场，使得这块地不断升值。所以，当中国商人的思维还停留在盼着国运昌盛，等地价上涨的时候，领先的资本已经在玩专业活儿了。

我可以断言，在未来胆子大不如专业主义重要。各行各业都需要一批专业的人。那什么是专业主义呢？这和大家热炒的长期主义有什么区别呢？

（1）专业主义更关注某个行业和事情本身，而不是持阿 Q 的精神胜利法。

（2）专业主义有更务实的表现，它以专业素质为核心目标。

我觉得强调长期主义，不如强调专业主义，因为最终还是专业硬才能有饭吃，才能活得久。长期主义容易变成口号，或者变成借口，如果你不适合这个领域，再长期也没用。专业主义，尤其适用于个人。我们一定要相信，作为普通人的我们，要想过得体面，最终靠的是自己对一个领域的极致专研。

02

最近与我合作的企业中，越来越多的是与财富管理相关的企业，无论是大型公募基金，还是国内外的保险集团。由于我个人职业的便利性，我早早地感受到了这是巨大的没有被满足的时代痛点。

如果在改革开放后的头 40 年，“脱贫”“奔小康”“逐步达到中产”“一部分人先富起来”等是关键词，那么在后 40 年到 60 年，这 20 年间，从国家层面来说，最为重要的是找到共同富裕的模式；从个人的家庭层面来说，最重要的是完成个人财商的学习，完成家庭资产的组合配置，实现兜底和增值的双重诉求。

华大基因的董事长曾说：“60% 的中国人将 60% 的积蓄用于自己生命的最后 28 天。”这件事在中国的当下依然是极其普遍的。我觉得，虽然本书更多讲的是一个个商业故事和理性的商业分析，但我仍然想和大家说的是，我们花这么多精力研究这些，难道不是为了过得更好一点吗？

03

只要不出差，我都会和我们公司年轻的伙伴交流，如果在公司觉得放不开，我会选择在比较轻松的环境和空间中进行交流。我发现每一代人都有每一代人的困惑。我生于 1991 年，但我觉得我和 95 后、00 后还是有很大代沟。他们刚刚进入社会，就面临着巨大的压力。无论是高不可攀的物价，还是已经进入存量竞争阶段的商业环境（当然，很多出生于 1990 年到 1995

年的人，如果没有太早出来实习，或者本科之后又读了几年书，也会遇到这样的环境），都让他们喘不过气来。

有时候，面对这样的环境，大家会感到困惑，觉得理想什么的变得无足轻重。但每一代人都有自己的路，每一代人里最终能出人头地的都是极少数，而那些出人头地的，都拥有一些独特的品质，比如韧性和高远的志向。

有一次年终总结，公司行政问我要不要策划一些企业文化活动，我说不要。因为当时我们正处于创业初期，我相信发展业务、找到盈利模式更为重要。企业文化并不是不重要，只是我认为它更需要沉淀。企业文化是一群人经过自我筛选、自我淘汰、自我补充后，剩下的一些共同特质。如果你告诉今天的年轻人，你要……我相信不会达到什么效果。逐渐地，我找到了一些词语可以来形容我们的价值观。

（1）赤诚。何为赤诚？即真挚坦诚。信任是这个时代最为重要的品质，构建信任的唯一办法就是赤诚，包括对员工、对合作伙伴、对朋友、对读者。

（2）得体。何为得体？言语、行动等得当。该说什么、不该说什么，该做什么、不该做什么，都恰到好处。不站在道德至高点点评别人，不因为一些自身优势而好为人师。

（3）少年感。永远保持作为一个少年的好奇心，坚持梦想，对世界充满爱。不要变成一个暮气沉沉的人，不要变成一个油腻的大腹便便的人。我迄今仍感觉自己还是个少年，我依然对很多东西不喜爱、不接纳。比如毫无意义的互相吹捧和觥筹交错，将时间浪费在内耗上，说一堆假话。我在公司从不多开 1 分钟没有意义的会。

同时，时刻提醒自己，你不代表知识，你只是热爱知识，你拥有的知识可能随时不再有用，所以你必须不断学习；时刻提醒自己，你不是时代的脉搏，你只是在记录时代的脉搏，不能狐假虎威，迷失自己；时刻提醒自己，最大的通胀仍然是能力的通缩。不要沉迷于毫无价值的事情，而是要找到自己对社会有用的部分。

04

一位资本大佬在他的书中写道，他的第一份工作是在老家的工厂做管道工，因为偶然的际遇，后来竟然成了投资界大佬。他回老家的时候，当初和他一起做管道工的老朋友还在那里,老朋友将仅有的几十万（一生的积蓄）托付给他理财。他说，那一刻他泪流满面，因为那钱比起别的大老板委托的要沉重得多。

每每有人向我咨询一些生意和理财问题的时候，我总是诚惶诚恐，因为也许对我来说，就是很简单的几句话，对别人来说却是关乎身家性命的事情。我既不能轻描淡写，也不能过度揣摩，给出不符合对方实际情况的建议。

今天，我们总是习惯于对别人评头论足，这是毛病，必须得改。我们必须有同理心，学会换位思考。因为，这个世界变得前所未有地复杂。很多时候，我们要防止自己身上出现世俗、势利的情绪和态度，这是一种个人走向衰败和油腻的熵增。在日常生活中，给予他人更多的包容和同理心，才是这个世界上的一道光。

05

《寻梦环游记》里面有一句台词，大意是：真正的死亡是世界上再没有一个人记得你。我经常想起外婆曾说过的道理，想起爷爷带我吃的大个儿生煎，想起老宅里的桃花树，想起那些已经彻底消失的家族往事。就像我妈会和我说她奶奶的故事一样，她还记得她奶奶告诉她的奶奶的奶奶的故事。所以，有的时候，我想那一切都没有真正过去。因为我们还没有忘记那些事情。或许，我们的命运都是汪洋大海里的浮萍，也许有人现在混得很好，但是下一个浪过来就被掀翻了。很多人喜欢从道德层面去审判人们的种种行为，我觉得没什么意义。“屁股在那里，你就是那样”，这是我 4 岁的时候，外婆告诉我的道理之一。

2021年，我们又踩到了一个时代的节点，世界将日益复杂。我们能做的，除了让自己具备更扎实、强大的财富管理能力和风险应对能力，以及拥有专业主义的思维和不可替代的能力，剩下的就是反求诸己。

藏在县城的万亿生意

01

我们都知道中国有960万平方公里的土地,但中国有多少个城市、县、镇、村呢?以下数据来自国家统计局在2019年年底对全国行政区划的统计。

中国有多少个城市?

答:285个地级市、15个地区、30个自治州、3个盟。

中国有多少个县城?

答:2856个县级行政区划单位(其中,860个市辖区、368个县级市、1453个县、117个自治县、49个旗、3个自治旗、1个特区、1个林区)。

中国有多少个乡镇?

答:41658个乡级行政区划单位(其中,2个区公所、7194个街道、19683个镇、13587个乡、1085个民族乡、106个苏木、1个民族苏木)。

中国有多少个村?

答:662238个村级行政单位(包括街道办事处)。

概括一下就是,中国有约300个城市、2856个县、41658个乡镇、662238个村。

02

如果一个人出生在北上广深的中产家庭,那么他是幸运的,也是不幸的。幸运的是,他大概率不会受很多苦,可以过着平顺的生活。但他或许就被限制在这个占国家微不足道的面积的区块里,并以为这就是世界。平顺的生活往往会让人错失真正的霸业，当然不是所有人都渴望霸业。

看透一、二线城市外的市场，才有机会真正逐鹿中原。本文以江苏北部淮安市及其辖区内的县、镇、村为例。江苏省是中国南方排名靠前的富裕省，但北部起步晚、底子差，相比南部的苏州、无锡、南京动辄上百家上市公司，还有较大的差距。淮安市位于中国南北分界线上，所以将其作为我们全国性的参考标准具有中位数的标杆意义。

03

金湖县一家足浴店的捏脚小哥，来自四川南充农村，戴着一副眼镜，经朋友介绍来到淮安金湖县打工。小哥生于 1984 年，20 岁结婚，孩子 3 岁的时候离婚。以前在深圳捏脚，赚得比这里多，但存不下钱，赚点钱就去买彩票，吃喝玩乐。现在来到这里捏脚，每个月赚 5000 元左右，其中 3000 元寄给老家的父母。

他每天的工作就是不停地给客人捏脚，店里管住宿，晚上他会去吃个 10 元以内的夜宵。他不看新闻，说社会上大多数事情和他毫无关系。但他喜欢看“逆袭”类小说，这是他消遣时间的方式。他的一些同事在手机上买小说一年要花 3000 元以上。

小哥说，他每换一家店就被要求重新换按摩手法，这让他觉得很麻烦。或许这就是中国数以千万计的人的问题所在：从来不愿意主动改变和学习，终其一生跟随着命运随波逐流，即使非常非常辛苦。小哥的一生可能会在不同的店里给人捏脚，他早已接受了这个结局。而在中国，足浴按摩这个产业保守估计有 1000 万以上的从业者，他们的出身与命运大多相似。

我与县城里的出租车司机交流，他说以前每个月都能跑一次淮安和南京（约 100 公里的大活儿），现在几个月都没有一单，因为大家都打顺风车了，月收入也从原来的六七千元降到了现在的 4000 元。

火锅店的小妹底薪 2000 元至 3000 元不等，包吃住。她们买手机一定会买送流量的，每个月送几十个G，优酷和腾讯视频等免流量的那种。她们用的口红是在拼多多上花5元钱买的,而这种口红在拼多多上月销10万支以上。

他们对世界正在发生什么、中国正在发生什么、省里正在发生什么都漠不关心，他们从不认为自己有机会成为这个世界的主角，他们是旁观者，也甘愿做旁观者，他们活着就是为了活着，以及消磨掉不工作的时间。

04

大多数县城用20分钟甚至更短的车程就可以完整绕一圈。县城有自己的一套生态体系，即使看起来简单。

县城的大多商店，基本看不到人来人往，都是做熟人生意。一个老大爷开杂货店开了25年，终于在5年前扩张了10平方米，增加了两个麻将桌和一台福利彩票机。

本地人虽然也多是打工者，但很多依然看不起外来的打工者。这种现象在全国都非常普遍。本地人最大的期待就是拆迁，根据全新的计算方法，平均每家宅基地和自留地拆完，能得到两套房，还有二三十万的补贴。因为对树木还有单独的补偿，所以很多人都突击种树，密密麻麻，跟种菜似的。

历年来，金湖县里的学生考大学时，大都往南走，去南京或者上海，鲜有去淮安市的。普通家庭的孩子改变命运最有效的方法依然是高考，毕业后可以去到新兴城市寻找更多可能性和机会。一代又一代人背井离乡，为的是改变命运，抑或是给下一代创造更好的起点。这是中国人生生不息的力量源泉。中国一线城市的重要意义是给予普通青年通过自我奋斗换得一片天空的可能性，即使这个窗口正在收窄。

05

农村的人口流失已经非常严重，所到之处，基本上看不到年轻人。在一个村里，我们看到大妈们在路边晒黄豆，用极慢的速度翻筛，对她们来说，时间是最不值钱的。很多农村，如果没有卷入新的社会分工，除了修了柏油路，几十年来都没有太大的改变。而像浙江桐庐这样的快递之乡，早已发生了翻天覆地的变化，福建甚至出现了镇级市。

如今，农村的很多土地承包给了大户或企业。江苏基本是平原，非常有利于机械种植收割，对劳动力的需求大幅下降。

根据第六次全国人口普查数据，居住在农村的人口为 6.74 亿人，占总人口的 50.32%。到 2014 年年底，中国农村劳动力共有 40506 万人，其中从事非农产业的农村劳动力 22629 万人，农业劳动力为 17877 万人，职业农民已经降到了历史上的最低比例，并且会持续下降。一个基本判断是：中国的城镇化尚未达到饱和，还会继续保持增长，我们也需要解决农转非之后的很多问题。

06

在中国的土地上，互联网广告占据的依然只是极小的份额，地面市场依然大有前景。中国人对白酒的热爱达到了狂热的程度，这支撑了一个消费额达数万亿元的市场。行驶在京沪高速，从南向北，几乎 60% 的高速大牌全部被洋河股份和古井贡酒包了（其中洋河酒是古井贡酒的 3 倍以上）。行驶 5 个小时后，如果问我晚上喝什么酒，我的脑海里只有洋河的天之蓝、海之蓝、梦之蓝了。这就是另一个维度上的饱和打击。

我们来看白酒市场的头牌茅台。2017 年，茅台销售收入 764 亿元，同比增长 50.5%，超年度计划 27 个百分点。茅台集团前总经理李保芳表示，2018 年茅台集团目标含税收入 900 亿元，同比增长 18% 以上。

再来看洋河股份，2018 年上半年，洋河股份实现营业收入约 145.43 亿元，同比增长 26.12%，归属于上市公司股东净利润约为 50.05 亿元，相较于上一年同期的 39.08 亿元，涨幅为 28% 左右。除了主阵地江苏省外，增长最快的是山东省和江西省。

07

高速大牌是全国市场品类兴衰的最好见证。除了白酒外，在高速大牌猛砸广告的主力品类是电动车、家居（卫浴、厨电、家具）。家居市场是伴随着中国房地产而生的品类。连续40年的城市化进程，使得这个市场诞生了大量的巨富企业。而今天，中国的房地产走到了拐点，家居品类亦走到了拐点，这里就诞生了大量的新机遇，同时会有很多老玩家被淘汰。

我认为，中国自行车市场的消费升级是电动车，而不是小轿车，更不是新能源汽车。中国家用小轿车市场已经接近饱和，剩下的需求更多的是置换，所以二手车市场正在崛起，大规模买第一辆车的需求已经进入下降通道。我看到江苏淮安市市中心的商场门口，停着密密麻麻的电动车。据估算，这个城市电动车的保有量为30万—40万辆，但常住人口才不到200万。我站在十字路口，惊讶于这个城市竟然有这么多电动车。所以，当很多人吐槽为什么雅迪能赞助世界杯，并对此百思不得其解的时候，就暴露了自己并不了解中国的基本事实。

中国最广大地区的普通人民依赖电动车和摩托车生活，而不是轿车，也不是地铁。电动车需要两三年换一辆，那些来自2856个县、41658个乡镇的城市打工者，都是电动车和摩托车的主力用户。电动车市场是一个成长于四环外的万亿级市场。雅迪已经于2017年突破了年销400万辆的关口，紧随其后的还有爱玛等品牌，均实现了连续性的快速增长。如果你觉得5000元的雅迪和2000元的爱玛档次低，那么你就大错特错了。在拼多多上搜索，会出现很多500—800元的电动车。如果你认为肯定有很多差评，那就又错了，我看到的几乎全是好评，并且是晒图好评，而背景基本都是农村的环境。所以，电动车已经形成了分层，它们内部也有一个鄙视链，这种鄙视链是一线城市的很多人所不能理解的。

08

vivo 和 OPPO 的成功是有理由的，也是极难复制的。它们的下沉能力达到了中国邮政的水平。江苏北部的一个小镇有一条“商业街”（如果可以称为商业街的话），一纵一横不到 100 米，vivo 和 OPPO 店基本占据必经之处的核心位置。

vivo 和 OPPO 在整个印度的覆盖也是做得相当好，甚至还冠名了地铁站，整个地铁站都是 vivo 蓝。这要归功于 vivo 和 OPPO 精细运作的地面渠道。地面渠道的组织能力是一种短期内无法复制的能力。这对我们的启示是，欲成霸业，必先与泥土为伴。所有的空中楼阁，都只是幻觉；所有的幻觉都如雾亦如电，随时会消失。

09

如果从未见过真的，是不是假的就是真的？

三星是从模仿起家的，只是它后来做大了，就成了高端品牌了。看到这一点，再来看山寨这件事情，就很有意思了。从短期生意来看，这是一条借船出海的捷径；从长期生意来看，我们需要花数倍的精力去思考我们的长期核心竞争力是什么。但第一步往往是激进的。

如果你的生活圈子很封闭，很少离开所在的县城，也不去省会城市，周围人也鲜有用正品的，那么你接受并认可山寨的概率是极高的。

那么我们是不是要思考一个问题：正品如何补足自己的短板，来真正适应中国市场？这么多年过去了，中国市场分裂出了无数层，所以不能用西方商业理论来概括，更需要对本地市场深入理解。

10

在一、二线城市连锁品牌已经饱和的情况下，肯德基、麦当劳、德克士最多只能覆盖到人口 30 万级的县城，且县城里品牌化依然是非常原生态的。中国连锁业态应该放弃饱和市场，真正重视并进入下沉市场，改变基于大人流模式的加盟方法，定制出适合几十万人保有量的县城的模式。

服装连锁业态中，海澜之家、柒牌、七匹狼已经锚定了县城的高端品牌，很多县城的高收入人群，逢年过节必须买一套以上三个牌子之一的西装，而售价可能是上万元。

酒店产业中，一般带有“国际”“时代”的就是县里的高档酒店，一定要金碧辉煌，并自带洗浴中心。在大城市，如家、汉庭被认为是廉价的酒店，放在全国看，这是大错特错的，商旅不一定是“五星级酒店—机场”的路线，一个县城到另一个县城做买卖也是商旅。大量的私人小旅馆依然存在，100 元以下和 100 元—198 元一天的价格区段都存在着巨大的市场。尚客优是在这个领域做得最强的，已经成了中国第四大酒店集团。

这就是一片万亿级的市场，谁能够用最有效的方法在这里建立起品牌，谁就能做大。

县城的开店法则

01

商业世界总是那么奇妙，它既螺旋上升又循环往复。

就好像开店这件事，要是在几年前，你和投资人说到线下开个店，投资人一定觉得你脑子坏了，但是今天投资圈都在积极寻找能开店、擅长开店、能开很多店的人和项目。所谓“三十年河东，三十年河西”说的大概就是这样的情况。

一方面资本都在寻找线下项目，另一方面曾经在线下开店的巨头们在全球范围内都遭遇了重挫，尤其是在中国。无印良品（MUJI）连续降价，宜家净利润暴跌……

开店，从来都不是一件容易的事。即使你是世界级的巨头，在今时今日的中国线下市场中，仍然大概率会饮恨收场，而门店又是一个最古老的商业模式。早在东周时期，中国就已经领先世界出现了很多门店，其中最古老但最有生命力的就是客栈和酒家。线下创业和线上创新的一个巨大区别是，它更像是一道证明题，你需要用新时代的解题方法去解答这个千古永存的生意的题目，而不是向线上去证明你的猜想是成立的。

尚美生活集团和北欧家居生活馆 ONEZONE 的创始人马英尧先生拥有 6000 家门店，涵盖酒店、KTV（歌厅）等。我和他就开店这件事从各层面和维度展开了深入的探讨，现对谈话内容进行深度加工，力求厘清逻辑、消除碎片、适当编排，并尽可能保留思想的碰撞。

02

线下不可取代，但线下早已是红海。为什么今天商界的热情又回到了门店？因为线上已经饱和了。但这个逻辑有个重大的缺陷，那就是谁说线下不饱和呢，10 年前线下就已经出现饱和了，所以人们才去做电商的。今天回到线下的大多是铩羽而归，因为线上更血腥、更难做。

所谓跨界打击，是存在的。但前提是你跨进去的那个行业，别人懂的你都懂，别人不懂的你也懂，那么你是可以打击的。如果别人懂的你不懂，那么还没轮到你拿出技能，就被打死了。2020 年失败的绝大多数零售项目都是如此。

所以，你做线下的理由绝不应该是线上不好做。

在过去 10 年，媒体不关注、资本不关注，不代表线下就没有机会。过去的 10 年，华住集团、安踏的市值都从几十亿元升到千亿元；森马布局童装，把握住了街铺转型购物中心的流量红利，成功超越了自己的“师父”美特斯邦威，实现了超过 20 亿元的净利润；尚美生活从小镇出发，渐渐成为中国第五大酒店集团。

尽管这些轰轰烈烈的、千亿级的生死演变被所谓的主流人群漠视，但它们一直存在着，不是因为今天流量变化，主流人群又发现了一个什么洼地。

马英尧说：“互联网经济来袭的时候，我们也经历了自我否定的阶段，很焦虑，担心被颠覆，担心自己的护城河突然就不在了，然后急急忙忙在 O2O（Online To Offline，即线上到线下）和所谓互联网项目上花了 1 亿多元，但后来发现都是伪需求。线下的本质从未变过，只有坚守本质才是核心价值。”

03

进军线下的最好时机来了吗？进军传统行业的最佳时机是六七年前，街铺转型购物中心和服务业品牌化的时候，是开 50—300 平方米小店的流量红利期，闷声不响发大财的品牌们都在那个时期完成了原始积累。线下街铺行业里，酒店、量贩式 KTV、餐饮品牌都实现了井喷式的发展，但 2018 年几乎所有的服饰品牌门店销售都有所下降，租金都在提高，酒店投资回报率也趋向平稳，不再是暴利行业。

现在适合开什么店，我观察到的机会有三种：一是利用先进的互联网管理手段、技术手段、数据能力对原来的小商户进行整合与赋能，也就是 To B（To Business，即面向企业用户的）业务，比如 OYO 酒店、便利店；二是变革传统行业的服务方式，比如宜品生鲜；三是在传统行业里重新寻找差异化的商品或服务，ONEZONE 家居、爱库存线下店都是典型的代表。

如何做调研？福特说过，如果你去问消费者需要什么，他们只会告诉你需要一匹更快的马。但实际上，用户真实的想法是希望用更短的时间完成相同的距离。我以前开店的时候，做了一个价值百万却失败的调研，我问了几百个不同地区、不同职业、不同年龄的女生，喜欢喝什么饮料，她们都说是健康饮品，于是我就信以为真，开了一家健康饮品店。最后发现她们的饮食习惯是，偶尔吃一次色拉、喝一次果汁，然后拍个照片配上自拍发个朋友圈，并配上文字“今天又是健康的一天，Fighting”。她们所谓的减肥往往是中午不吃饭，到了下午 4 点钟，吃奶茶和炸鸡排。

所以，基于传统线性的消费者调研几乎是失败的。在做线下调研的时候，获得真实的数据和需求反馈是决定这个生意能不能做的重要依据，而要想获得真实的数据，先要琢磨他们在什么场景把真话告诉谁。你问一个开酒店的朋友生意怎么样，如果他担心你借钱，就会说快要破产了；如果他想炫耀，就会说生意火爆得不行。

马英尧提到了他做酒店入住率调研的一个场景，他每次去一个城市都是坐最晚的班车，半夜到达。这个时间是获得酒店入住率的最佳时刻，因为过了零点除了极少数突发事件，大多数酒店住客都已经订完房间睡觉了。他总是装扮成旅行社的导游，到酒店询问：“你们还有多少间房？我这儿有一批旅客临时要住店。”这个时候，前台一定会很认真地去算还剩几间房。然后他再问：“你们一共有多少房间？我过几天还有一批旅客要来。”这时候前台告诉他的一定是真实的数据，他一算就得出当天的入住率了。用一个晚上的时间把县城所有的酒店走一遍，他就知道这个县城的大致情况了。

04

一线、新一线、二线城市与三、四线城市有本质区别，一线、新一线、二线城市放在一起看还算大致接近，但是很多人把二线城市和三线城市放在一起看，这是个很大的错误。二线城市和三线城市的本质区别在于，二线城市多少都有一定的产业集群，有产业才有成规模的人才引入，而三线城市大多没有成规模的产业。二线城市还有能力拆迁，三线城市就不太喜欢拆迁了，就直接在边上圈块地盖新城，购买者也主要是本地人，这决定了开店的本质差别。

在黄金发展期过后，很多经营者开始盲目尝试下沉。“下沉”从某种角度来看是一个伪命题，其实没有下沉市场，只有分级市场。一、二线城市的商业模式拿到三、四线城市甚至小县城套用，后果会很惨。有人说，用一线城市的品牌复制国外的东西，叫作“借鉴”，而用三、四线城市的品牌复制一线的品牌却叫“山寨”，这本身就是一种错误的观念，是一种偏见，本质上是傲慢。在三、四线城市开店离不开更高的定倍率、更强的销售沟通，缺了这两个是必输无疑的。如果将一线城市的开店方法直接搬到三、四线城市，那么最后会“死”得连骨头渣都不剩下。因为这里很少有流入人口，都是固定的人流。

05

在一、二线城市，消费者通常有明确的消费目的和清晰的消费路径，因为时间就是金钱，而在许多小城市，这个前提条件是不存在的。

马英尧说，在尚客优酒店里，有 60% 以上的客户在线下门店问价，而预约客户只占 40% 以下。那些拉着行李箱在县城游荡到晚上 10 点的人，并不知道自己今晚要住在哪里，也没有计划什么时候离开，他们心里想的就是因为天黑了，所以住店吧，今晚不回去了，明天再说。这种强随机性的消费，让无数品牌在所谓的下沉之路上死得很惨。并且消费者的心理特征也不同。我去小县城出差的时候，在内衣店发现了一个细节：在大城市受欢迎的豪华内衣店，在县城往往门可罗雀，真正卖得火爆的是那些在门口放几个篓子，里面塞满了五颜六色的内衣，然后在一堆内衣上插个牌子，写着“3 件 100 元”的小店。

而这种门店，在一、二线城市看来，根本是不入流的，很多人可能连进都不想进。这里的基本心理特征是什么呢？小县城的大多数普通女人一辈子都生活质朴，她们对特别豪华的店以及比顾客还多的营业员感到紧张，这会导致她们放弃购买。

06

一个门店能否做成功的决定因素不可能只有一个，深究背后的根源，至少有五个因素。这五个因素是选址、品牌命名、品牌 logo（标识）、内容、客流加价率，它们会对门店的成败起到至关重要的作用。

门店的租金和位置好坏的关系永远呈正相关，位置越好，租金越贵，对门店盈利的影响也越大。选址永远是开店最重要的事，没有洼地，没有秘籍。用六个字概括开店重点，那就是位置、位置、位置。

在经济高速增长的近 10 年中，全国商业地产总面积飞速上升，据中国指数研究院发布的《2018 中国商业地产发展白皮书》，仅 2018 年上半年，全国 300 城商办用地推出规划建筑面积就已经达到了 1.2 亿平方米，同比增长 15.6%，成交 0.9 亿平方米，同比增长 11.8%。

商业地产的高速发展，曾为不少品牌带来机遇。作为具有吸引客流量能力的“门面标配”，许多商场在经营初期会为了降低空置率而为大型连锁品牌提供低扣点、无保底租金、长回款期、优质地段、大型广告等优惠服务。在经营初期结束后，商场会更青睐内容多元化的消费场景，不再甘心将大面积的优质铺位继续保持低价交给这些连锁门店。于是优惠条款取消，门店的盈利压力旋即上升。

2018 年上半年,我国商业地产成交楼面均价 2334 元 / ㎡,同比下跌 7.4%,国内的商用地产整体供应已经过剩。这从我们的日常生活中就能够感受得到，身边的大型购物商场越来越多，在上海几乎每个地铁站附近都有大型商场，新楼盘附近的购物中心更是标配。

购物中心的压力直接转嫁到品牌头上，许多连锁品牌扣点上升，一方面失去了引流能力，另一方面失去了商场给予的福利，在双重打击下，门店和购物中心的博弈关系开始崩盘。在这种前提下，更要必须好好思考选址，尽量选择对品牌来说最好、性价比最高的位置。

品牌命名是第二重要的开店因素。在给品牌命名时，马英尧选择了尚客优，谐音是 thank you（谢谢你）。在如今的商场中，有多少个品牌你念都念不出来？又有多少个品牌，你能看一遍就过目不忘？

顾客的核心记忆点来自品牌的 logo，像无印良品和宜家，在看到这些品牌的时候,大部分顾客可以直接回忆起它们的 logo,这就是品牌 logo 的影响力。在最热门的商区，在鳞次栉比的招牌中，这些经过设计的品牌 logo 会深深印在顾客的脑海里，对门店来说，这是最省钱的广告。

尚客优的客户有 60% 来自线下门店问价，他们拎着行李箱就走进去了。为什么走进尚客优？不光是因为选址，还在于店铺的招牌大，有记忆点。大红色的招牌在很远处就能看到，且看到就能记住。可能他们在市里转了一天，最后在找住处的时候忽然想起来白天见过一个叫尚客优的酒店，然后才有了拎着行李箱走进去的行为。

对门店来说，内容主要是指一个门店对消费流程的把握。在单一门店内多线开花,很可能让消费者感到混乱。你能想象在咖啡店里卖袜子的场景吗？你会在买咖啡的同时买一双袜子吗？大部分人不会，但在买咖啡的同时买一个咖啡杯或者三明治，就很有可能了。内容对一个门店的经营非常重要，增加或减少，都会产生很大的影响。

20年前的中国，三星级宾馆有很多。这些宾馆里普遍有健身房、会议室、洗衣房、餐厅和咖啡厅，但这些都是不盈利的，大都是宾馆的冗余内容。有这类高端需求的住客大多会直接入住五星级大酒店，而对于一般游客或轻办公人士而言，健身、洗衣、咖啡的需求都是没有必要的溢价。于是三星级宾馆在全国范围内遇冷，快捷酒店乘势而起，它们以更低的价格和更简单的服务开遍全国。也就是说，在20年前，一个酒店取消健身房和会议室，或许才是明智的。

但20年后的今天，需求又回来了。人们又开始需要这些了，健身、会议、洗衣、早餐成为住客们的关注点，拥有这些设施才是酒店服务和档次的基本体现。所以说，把握和及时调整门店内容是很重要的，其中的变化能够直接影响门店的经营和用户消费频次。

价格是盈利的关键，根据不同的客流，商品的价格也必须做出调整。不同客流的门店，加价率是不一样的。

做生意必须知道自己面对的是什么流量，在一线城市可以开面积很大的低价店，因为人们的消费频率高，客流量大，但在四、五线城市这么玩就不行，客流量小，消费频率又低，如果客单和毛利再低，店铺经营就有危机了。

因此，应该根据客流量调整客单价，配合不同的销售打法，灵活定义自己的商业模型。在有些情况下，标准化可能反而会拖累门店的经营，因为越标准越难下沉。所以，做人要灵活，开店也要灵活。

07

2019年最火的四大零售市场是家居生活、生鲜、轻标准式连锁酒店、服装行业的去库存。

猫眼首席执行官郑志昊在一次分享中说过：“当你足够强的时候，生态也会选择你。”当你足够努力、足够强大、足够让人信任的时候，每天都能遇到贵人。这是偶然中的必然。马英尧说自己一生中遇到过很多贵人，在青岛开第一家店的时候，愿意无偿在自己酒店挂上尚客优招牌的老板是贵人；找加盟商的时候，一起吃着包子喝着矿泉水就给了加盟费现金的光头也是贵人。

但所有的信任都不是凭空而来的，都是用不断为对方解决问题、创造价值换来的。青岛的酒店老板愿意无偿挂上尚客优招牌，是因为马英尧帮他解决了经营不善、设施老旧、交不上房租、入住率差等一系列的问题，这就是机会；加盟商敢果断加盟，是因为马英尧当时在大树底下，坐着马扎跟他们口干舌燥地讲了一整天商业模式、酒店的设计图纸，他们才敢说：“我信你，马老板，你这个事情能成。”

马英尧一直说自己是超级业务员，其实做超级业务员最关键的就是要“膨胀”。

马英尧刚开始做酒店时候，市场环境是一年能开 50 家就很了不起了，但马英尧说一年要开 200 家，让员工们按照开 200 家的目标去想办法做业务。最终的成果是，那年开了 100 多家。如果目标也和别人一样是 50 家，那一整年可能最多也就开 40 家。

现在马英尧做 ONEZONE，是因为他相信自己做的事情是对的，是符合未来趋势的。他对员工们说：“3 年之后不知道你们还在不在，但我肯定在，只要我活着，我卖掉房子也会做下去。为什么？因为我信。”

有人问他打算把 ONEZONE 做到多大，他说要做 1 万亿的市场规模。现在零售市场有 25 万亿，做二十五分之一，就是 1 万亿。因此，心一定要大。

08

我曾经开过的很多店都倒闭了，那些岁月给了我最深刻的启发。从断水断电的那一刻起，我对自己智力的骄傲瞬间崩塌。我重建了一套价值观，那就是这个世界并不一定属于所谓的精英。

做地面生意，必须足够吃苦耐劳，足够顽强，足够坚韧，足够笨又足够智慧。直言不讳地说，我不看好坐惯办公室的人第一次做线下，不看好花钱大手大脚的人第一次做线下，不看好高谈阔论的人第一次做线下，他们必须交足够多学费，交到肉痛，交到洗心革面，如果那时还没有崩溃，就还有希望。我更看好生于斯，长于斯，战斗于斯，且同时拥有大格局的人。这是我自己用百万元学费买来的教训和感悟。

在《云集上市：一场普通人和妈妈们的大胜利》一文中，我说："或许世界确实属于那些实干、接地气、执着且具有扩张性人格的人。"

马英尧就是这样一个人，这也是我一直跟踪他的重要原因之一。他像草莽英雄一样快意恩仇。他的起点低到尘埃里，却在尘埃中看到了这个商业世界的另一套运营规律，这套规律有别于高大上的模式，具有中国特色的乡土性，却如此有效。

人到了一定岁数，价值观基本就定型了。我承认成功的道路有千万条，但我最欣赏的是出身平凡却不甘心平凡的人。我永远相信蕴藏在中国普通人身上的那种神奇的力量，正是这种力量让我们生生不息、热泪盈眶。

我与马英尧先生谨以此文，向所有开线下店的和想要开线下店的人致以诚挚的祝福。无论是开 1 家店还是 1 万家店，在我们的心里，你们都是最可爱的人。

下沉市场彻底改变了

01

我发现一些新的动态，这些动态意味着下沉市场已经改变，如果还按照以前的标准式样和思考路径去打，大概率是要做炮灰的。目前一、二线城市的品牌对下沉消费者形成的固定认知是，生活压力小，可支配收入并不低；对下沉市场形成的固定认知是，单一市场容量稳定且接近固定，以熟人关系发展业务，充满机遇。

下沉市场，除了用户侧，还有若干极其重要的环节正在发生本质性的改变，让我们一一来看。

02

是谁组成了犹如毛细血管的下沉市场网络？是无数毕生以开店为唯一生存方式的开店人。但是，过去我们的品牌主对这些开店人的理解过于浅显，笼统地称他们为“客户”“经销商”“代理”，在此我们要仔细洞察他们的“前世今生”，才能找到真正的法门。

他们中有的终其一生，也不过是一两个店的店主，这些人占了 7 成以上。有人会成为一个县城、一个地区某些品类的王者，比如我认识的有的老板控制着某个四线城市 50% 的服装、首饰、皮具等品类。这些品类的品牌想进这个城市，必须先过他这一关。我有个朋友，她 20 岁时进入西部某个省会城市当时唯一的百货公司做采购员，25 岁成为采购主任，30 岁就下海单干，代理品牌、开店，现在快 50 岁了还在做这一行。

他们是怎么走上这条路的呢？有的是从在路边摆摊开始，一开始只是为了讨口饭吃。他们的学历基本上不高，但是他们讲义气。有人的地方就有江湖，有江湖的地方，就要讲义气。生意能做好的，大多是讲义气的人。还有一批人，家族本身在地方上混得不错，他们是先拥有了适合做生意的物业或关系，与其让别人干了，倒不如自己干。这是渠道商的主要形成路径和种类。

这个群体有一个重要的特征，那就是他们毕生的荣誉、关系和财富都是靠经营地面渠道、门店终端获得的。他们在小地方生活，是当地的成功人士，很多时候对自己是非常满意乃至自负的，但有时候又知道自己的不足和局限，所以又是极度自卑的。他们有极强的途径依赖，这辈子几乎只能一直开店，要么退休。

由此可见，下沉市场之所以变了，是因为这一批人正在发生改变。他们的变化不是一夜之间发生的，但确实比很多人想象的更快。

03

互联网带来的信息平权，对于下沉市场来说，比一线市场更显著。这意味着他们比过去更容易感知到一线市场正在流行什么，什么是真的。率先知晓的一定是当地最有钱的一批人，包含这些浸淫渠道已久的商人，当互联网一杆子把过去的屏障打破后，浑水摸鱼的模式就不行了。

2019 年，在大多数企业的订货会上，渠道商的热情大减。在新品牌的订货会上，渠道商基本就是拿着计算机在算怎么赚钱，而不是脑门一热就去开店了。不管你怎么吹，他们的第一反应都是打开百度搜一下。

老刘，深耕湖北地区 20 年，从一个退伍军人转变成地方上有名的鞋类代理商，每年起码有 3 个月在全国看品牌、款式，他基本看一下品牌就能大致算出营业情况。他对自己所在城市的几个商场人流动线如数家珍，哪个铺面多少流水也倒背如流。

能在中国的生意场上活下来的人，没有笨的。这句话，请反复读读，直到记住为止。我们不能把学历高、有文化、高大上的概念说得溜就等同于聪明。在中国的语言体系里，更多的时候，有信誉、讲义气、善于妥协、灵活才等于聪明。

我见过很多聪明但骄傲的人，他们几乎都没有在下沉市场中做好。因为他们骨子里看不起低线市场，他们就是想去“割韭菜”。但还是那句话，能在中国的生意场上活下来的人，没有笨的。下沉市场的商人和消费者都很聪明，你高高在上看不起别人，别人也不傻，自然也不会跟你合作。

04

我认为在当下及未来打造下沉网络最重要的是做到这四点：（1）没有架子，和加盟商迅速打成一片。（2）根据具体情况给予加盟商最大的支持。（3）从加盟商的角度出发思考问题，这样才能获得他们真正的支持。（4）与加盟商不是“割韭菜”的关系，而是共生关系。

没有雄厚资本支撑和激进的做法，就无法快速打开市场，打不开市场就无法获得小业主们的认同，显然，如今战局进入了没有运营经验就无法与小业主们长期结盟的阶段。只有相辅相成，才能形成正循环，通过规模优势，降低运营成本，获取数据资源。

05

另外，各个资本向下沉市场投放了数千亿元的资金，使得很多企业在下沉市场快速收编单体门店，形成规模优势。这使得过去的盈利模式变得极度脆弱——过去的模式是收加盟费，而现在资本可以为了规模放弃这些。

第一批垮掉的是餐饮行业里的快招公司。快招公司就是以放加盟为唯一目的的销售公司。比如喜茶火了，有人立马推出一个 99.99% 高仿喜茶。巅峰时期，有的大型快招公司拥有上千个销售，旗下有 100 多个假品牌，覆盖几乎所有餐饮品类。

这一招在今天开始失灵了，一方面加盟商更加谨慎，另一方面消费者更加聪明。据行业内数据显示，很多快招公司半年内业绩掉了70%。

第二批垮掉的是快攻公司，快攻公司就是用资本堆的方式快速扩张，但是如果盈利模式无法建立，那么普遍在第二季度就“断粮”了。今天冷静的投资人看待项目时，一个基于单店的盈利模式是一定会考虑的因素。

06

巨头和资本并不看重短期收益，他们看重的是能不能把整个盘子扩大，变成一个大生意。所以在渠道侧，他们可以不收加盟费，甚至补贴并赋能，他们用强大的会员体系、运营能力、品牌势能帮小老板们把生意做好。而不是像过去那样，把货甩给小老板，收了小老板的加盟费就结束了。

在用户侧，巨头和资本已经完成了两轮对小镇青年的教育和洗礼，小镇青年的审美品位有了很大提升。2019年，淘宝聚划算猛增的用户量均来自下沉市场，苏宁零售云激增的门店数似乎证明了巨头的力量。资本和头部企业的合谋，正在快速催化整个下沉市场呈跃进式的发展。

电商平台侧，各大平台砸了几百亿元来拓展下沉市场，这对于原本传统的渠道可以说是致命的一击。此时各个行业的存量改造模式亦风起云涌，酒店、家电、超市、服装店和便利店的改造模式在3年内就会定下来。

07

用户侧、渠道侧、资本侧都发生了巨变。这三者相互作用，会使得各个行业发生跃进式的迭代。什么意思呢？第一代地面网络主要输出的是货，第二代地面网络主要输出的是品牌＋货，第三代地面网络主要输出的是品牌＋供应链＋数据＋运营。看懂这三代的区别，就看懂了未来5年真正下沉的奥秘。

总结成一句话——“共赢互生是核心”。也就是说，各自做各自擅长的事情，同时对品牌而言，全方位的能力是必需的。

以酒店行业为例，第一代模式就是粗暴地放加盟，第二代有了更好的品牌和培训，第三代有一个强大的会员体系和运营体系，以此来帮助单体酒店赚到钱，击败同区域的对手。拿电器行业来说，第一代就是供货，第二代需要输出一个品牌＋供货，第三代必须帮助加盟商运营流量、拉客以及解决库存问题。

还在说下沉市场有机会的，为时已晚，因为下沉市场已经彻底改变了。

中国高铁，光荣与梦想

01

本文的核心词汇是八纵八横、枢纽、规模、高铁经济、品牌加速迭代、物流、人流、加速。涉及的企业及品牌主要有永达传媒、洋河股份、晾霸、沃尔玛、德州扒鸡、周黑鸭、顺丰等。

我国国土面积约为960万平方公里，约占全球陆地总面积的1/15，居世界第三位。在古代，从东部到西部，日夜兼程起码也要十天半个月。无论是秦朝初立时的车同轨，还是隋代起数次修大运河，都是为了让这个幅员辽阔的国家能够更好地连接在一起，从而实现更高效的运转。

1909年，北京市丰台区的柳村——一个名不见经传的地方——成了京张铁路的起点，这是中国第一条自主修建的铁路，它的主导人叫詹天佑。自工业革命后，铁路就成了强盛国家的标配，今日印度之所以一直无法实现真正的现代化，原因之一就是连铁路系统都没有完善。

02

中国高铁的成功，意味着这个古老的国度在新一轮工业革命中抢得了先机。随着中国高铁的八纵八横战略的推行，过去散落的小城市重新被连接；人与货的移动被加速，时间成本和资金成本大幅降低；巨型枢纽形成，使得城市群协同发展变得更加容易；中国独有的规模优势被发挥得淋漓尽致，围绕着全新的商业模式应运而生；全新的弯道超车机遇窗口出现；城镇化进程加速。于是，“高铁经济”一词进入了我们的视线。用学术一点的话来说，“高铁经济”泛指依托高速铁路的综合优势，促使资本、技术、人力等生产要素，以及消费群体、消费资料等消费要素，在高速铁路沿线站点实现优化配置和集聚发展的一种新型经济形态。

从某种程度上说，中国高铁承载着无数人的光荣与梦想。

03

据中国铁路总公司数据显示，自 2008 年京津城际铁路开通运营以来，截至 2017 年 9 月 30 日，中国高铁动车组累计发送旅客突破 70 亿人次，旅客发送量年均增长 35%。2017 年，中国高速动车组保有量达到 2700 余组，每天开行 4500 多列，居世界首位。以京沪高铁为例，运营 6 年来累计安全运送旅客 6.72 亿人次。据估算，2018 年全国高铁实现了一年运输 22 亿—25 亿人次，也就是说，中国人每人平均坐了 1.5 次高铁。

元末明初，由于京杭大运河漕运繁忙和陆路古道兴旺，德州成为京城通达九省的御路，德州扒鸡从此随着商路远传全国。因为当时从德州到南京走水路需要几天的时间，德州扒鸡最适合垫肚子了。

高铁的崛起带来一个意想不到的结果，德州扒鸡的销量直线下降，因为从德州到南京只需 2 个小时，时间短到都吃不了一只鸡。另外，周黑鸭、久久丫和绝味鸭脖围绕着高铁站铺设网点，开始出售零食零嘴，销量也节节攀升。

这一正一反，非常有意思。

04

当高铁形成了年 20 亿人次运量的时候，在 550 个城市（数量正在逐年增加）的站点就形成了全新的场景，在这样的场景下必然会诞生增速远高于平均 GDP（国内生产总值）增速的企业。厨卫、家居和建材行业是上一轮房地产繁荣期和城市化进程中的获益品类，高铁是它们投放的重镇，玩法有很多样。

永达传媒就是赌对高铁的企业。永达传媒最初起步于户外大牌，周志强董事长告诉我，2011 年，他预测高铁一定会崛起，于是赌上前半生赚的所有钱，用房子做抵押，竞标拿下了大量核心站点和核心线路的广告经营权，但当时并没有多少人认为高铁会成为下一代主流交通工具。这是一场豪赌，赌对的人，一遇风云便化龙。因为果断下手，目前永达传媒依然位列高铁传媒行业第一。

05

在对永达传媒的采访中，我发现了一些与其特质相似的企业，亦凭借着高铁的崛起实现了品牌的迅速跃升，而那些没有抓住时间窗口的品牌，则彻底失去了主导地位，甚至原有的地区优势也节节败退。

高铁旅客主要有三大出行目的：商务（约占 37%）、探亲（约占 25%）、旅游（约占 15%）。而以上三种诉求覆盖的人群则是主流商务旅客和家庭旅客，也就是 25—55 岁的人群。

假设在湖南 55 个站点全线及枢纽型站点密集投放品牌广告，那么对于回乡的人来说，从上海出发到长沙，再转到自己的老家站点（某个县级市），会连续三次在三个地理位置看到同样的广告，于是便形成了某种认知——这是个大牌子。

白酒行业的洋河股份是这个玩法的最早尝鲜者，它在重点省份的枢纽型站点饱和投放，那么外出回家的人对家乡的酒品牌印象最深的是不是就是洋河了？很有可能。即使你只想做区域市场，但在高铁四通八达的今天，地域保护变得更加困难。为了防止全国性白酒品牌对山东大本营的渗透，泰山酒业始终保持着对高铁站点的投放，尽管其初衷并不一定是为了换来多少销量。

苏泊尔这个品牌在高铁上做了连续数年的投放尝试，包括定位商务精英的高端产品线，这几年确实一直在美誉度上领先对手。还有个神奇的小品种是电动晾衣架，其中晾霸这个品牌保持多年在高铁上进行广告投放，年销量8个亿。不管是商务旅客还是家庭旅客，他们或许刚组成新家庭，对家庭生活的品质要求有待提升，总之，他们是这个品类的主要消费人群。同时，大量商旅用户中不乏自己做生意的，所以大量 To B 招商型企业选择在高铁进行密集投放。

当一张巨大的高铁网形成后，天上又来了一张互联网。中国人在空间和心理上都觉得距离在大幅度缩小，这对于地区品牌弯道超车走向全国大有益处，但同时更多竞争对手也可以快速兵临城下。所以说，所谓危机，便是危险与机遇同在。

换个角度来看，高铁带给品牌的机遇主要有三个：（1）切入主流人群的商旅出行轨迹，赢得目标人群，快速引爆品牌的机遇。（2）品牌下沉，赢得广大中小城市主流消费的机遇。（3）规模化的主流人群在相对封闭、干扰度低的高铁空间内与品牌高频接触的机遇。

往深层次看，高铁给品牌提供了什么机遇？它让跨地区变得更容易，让人们回乡变得更频繁，使得大城市的品牌被带回县城的概率不断提升。中国小县城的一个基本问题是，日益上升的消费诉求和当地无法匹配的供给产生了矛盾。越来越多居住在小县城的人，一年会去很多次省会城市、很多次京沪深。他们不一定渴望住在一线城市，但是他们渴望拥有更好的服务。

这是一个巨大的商机。

06

高铁网的影响是潜移默化、逐步展开的。成都至重庆的高铁建成后，直飞航班已经大面积取消了。高铁网使得双城生活变成了可能，比如北京—天津、上海—苏州。

京沪线分流了很多航空用户，尤其是“复兴号”分流了很多头等舱客户——“复兴号”的商务座永远是满的。郑州、武汉、长沙、西安和成都这几个大型枢纽的形成，使得之前过于偏重东部发展的格局发生改变，中部和西部也逐渐发展起来，从而实现均衡发展，这对于我国产业结构的调整有着重要的意义，因为枢纽及管道的建成，促进了人流的涌动和资金流的运转。

高铁改变的不仅是人流、资金流，还有物流。

公路货运及高时效的航空货运已经不能完全满足快递企业对于时效和成本的双重追求。它们正在大力开拓另一战场，即高铁货运。截至2018年上半年，顺丰已开通77条高铁线路，目前我国已有40多个城市开通“高铁极速达”服务，最快10个小时即可送达，高铁货运的时效已经可以和航空比肩。

中国零售价格之所以居高不下，其中一个重要原因就是物流成本居高不下，所以这片旅客看不到的市场大有可为。以云南鲜花为例，从云南将鲜花快递到北京，目前只能通过空运实现，运输成本使得售价居高不下，但是如果通过昆明到北京的高铁来运送鲜花，最快只要12个小时，而且运力比空运大得多，分摊到每件鲜花的运输成本会降低很多。

07

高铁时代，小城市最怕的是没有特色，是同质化。也就是既没有大城市的资源优势，又没有特色，那么就吸引不到人，还有可能让人离开得更快。反过来看，特色旅游业其实是一个非常巨大的产业。过去好山好水，由于交通不便，名声打不出去，现在方便太多了，流动的人就是流动的数据，有无限可以挖掘的潜力。

围绕着高铁站兴起的城市综合体，比如虹桥CBD（中央商务区），可以不用挤在传统市中心。流动的货品，能够让我们看到一个地区居民真正的购买力以及偏好性。所以，高铁产业不是简单的送货运人做广告，而是综合地牵动着旅游业、服务业、地产业和大数据业。

08

大约 100 年前，美国铁路网的建成，使得货运变得更容易，于是通过邮政系统发行推荐商品的杂志，人们通过邮局下单购买，由铁路运输到全国各地的人们家中，成为当时最风靡的购物方式——铁路邮购，约等于今天中国的电商。

随着美国汽车的普及，沃尔玛创始人山姆创造了一个全新的模式，在郊区建造大型超市，因为租金低，所以售价低，吸引消费者每周开车去购买一次，变成了新一代的购物模式。于是铁路邮购模式彻底没落。

每一代交通革命，都会带来一系列产业革命。机遇总是与危机共存，真正决定一个企业和一个人命运的是，对光荣与梦想的执着追逐，发现机遇的眼光与格局，还有应对危机的勇气与决心。1909 年詹天佑忍辱负重建造的第一条中国人的铁路，跨越百年，承载了无数人的光荣与梦想。它见证了数以亿计人的悲欢离合、南漂北漂，见证了他们背井离乡去打拼，然后衣锦还乡，或徒手而归。

我们为什么要坐着高铁出发？是因为它承载着光荣与梦想，当然还有爱。

中国财富逻辑，就此改写

01

也许，现代医学可以让人活 10 个 10 年，但决定你人生高度的，只有其中的 2—3 个 10 年，且更多时候，只有 1 个 10 年。那些登峰造极的时刻，总是因为几个核心要素的叠加，从而实现戴维斯双击般的效果，而那些一泻千里的溃败，则是因为某些负面要素的叠加。

其兴也勃，其亡也忽。

2010 年，中国第一神股还不是茅台，也没有那么多人囤茅台、喝酱香，茅台的股价为 100 元左右，而这一年五粮液的营业收入达到了 155.41 亿元，超过贵州茅台营业收入近 40 亿元。

站在那个时间点，如果你写一篇题为《贵州茅台可以卖到 2500 元一瓶》

白酒股重点公司2010年业绩一览

代码	股票名称	营业收入（亿元）	净利润（亿元）	净利润增长率（%）
600519	贵州茅台	116.3	50.5	17.79
000858	五粮液	155.41	43.95	35.46
600809	山西汾酒	30.17	4.94	39
000568	泸州老窖	53.70	22.05	31.79
000799	酒鬼酒	5.6	0.79	35.8
600702	沱牌曲酒	8.95	0.76	42.18
000596	古井贡酒	18.79	3.13	123.71

数据来源：和讯网

的文章，股民们肯定会骂你，毕竟那一年贵阳市的房子均价只有5487元，合肥市均价只有6342元。那时，中国中部的经济尚未崛起。

所以，过去10年最好的理财方式是买房，再把所有闲钱变成茅台储藏在你的房子里。如果再买一点茅台的股票，你就是人生大赢家。但是事后诸葛亮谁都会做，如果我们一定要总结一点道理出来，那就是在那个大增长时代，很多价格不能通过长期的商业价值来判断，而只能用货币现象来解释。房子、茅台、茅台股其实是同一个东西，那就是金融产品，是资金避险的方式，是对抗通胀的等价物。

2010年到来前的两个月，洋河股份上市，这家企业起码颠覆了两个认知：（1）白酒必须是暖色系的瓶子，但洋河主打蓝色；（2）先深耕一个省，再慢慢做开，做到很大。

后来，一个颠覆全体白酒企业的认知是，这个行业原来可以那么大，年销售几十亿元只是起跳数据。还告诉我们一个最朴实的道理：入对行很重要。有的行当，天花板可以到几百亿元，有的行当再折腾也就是几亿元。还有，在中国很多东西都可以用来泡酒。

02

2010年世博会，人山人海。

站在新冠肺炎疫情发生后的今天，突然有点想念小时候的拥挤，失去的总是更珍贵。那时候我和我的一个发小住在同一个小区紧挨着的两栋楼里，我们经常互相串门吃饭，我也经常去他家打超级玛丽。他父亲是警官，由于安保工作需学习英文。我教了他很久，他就记住了一句“Pardon”，所以后来我叫他“怕等叔”。怕等叔一直说：“我就吃亏在英文不好，知识改变命运啊！”现在，“知识改变命运”依然适用，只是这个时代能改变命运的知识和过去不一样了。

2020年乐高推出了超级玛丽联名款和约翰·列侬纪念款，真的是戳中了老去的人们的心。乐高在世界范围内也变成了超越玩具的收藏品，也成了社交货币和大孩子的信仰。乐高还变成了一种兴趣爱好的代名词，两个男人第一次见面，只要说自己是乐高迷，瞬间就会拉近距离。这就是亚文化的力量。

03

2010年，只有一个上海家化日化集团敢站出来说自己要赶超英美。但其实说实话，也没有几个人相信。剩下的大多数国产厂商，要么在县城日化店里抢占渠道，要么在大卖场里争夺大妈，要么在OEM、ODM[1]。

总而言之，10年前，你喊国货崛起，大多数人是不信的。10年后的今天，出于种种原因，上海家化没落了，但新国货真的崛起了。花西子、完美日记等一茬接一茬，连汽水大家也都爱国货品牌了，比如喜小茶、元气森林。

2012年后，淘品牌崛起，比如美妆、女装、包包、内衣，再到后来的食品类。阿芙、御泥坊、韩都衣舍等一系列品牌都是那时候做起来的。同时成长起来的还有一大批TP代运营商[2]，比如丽人丽妆、宝尊等。2013年我到济南调研，在大明湖畔，一位电商代理商老板盛情地接待了我们，并豪情万丈地说起自创品牌的梦想。那夜色，如此美丽，就像梦想一样。

到了2014年，就再也没有淘品牌什么事了。出淘做垂类电商成了那段时间的热点，但后来基本上没有做成。

淘品牌之所以不是品牌，很大的原因就是它是纯线上的，所有的费用都砸在品类词和搜索流量上，没有品牌资产的沉淀。随着竞争要素和成本结构

1 OEM、ODM，指贴牌、代加工，即受委托为其他生产企业进行生产。

2 TP（Third Party），译为第三方，全称为“电商代运营第三方”，主要帮助传统企业开展电商业务。

的变化，很快随风而去。用户其实要买的是 20 元的内裤，至于你叫 AB，还是 BA，还是 CD，对用户来说都无所谓。而品牌就是，我要买 CK，你和我说你那个牌子更便宜，我回答：“哦，但我还是要买 CK。”

还有，单纯依靠线上，品牌的生命力并不立体也不够渗透。电商一路狂奔的 10 年后的今天，我们发现很多小县城还是以前的购物方式，同时，溢价还是来自品位、圈层和品牌认同。近几年，服装产业大跃进，全中国的服装库存够全体中国人穿好几年，唯品会本质上是抓住了这个而一战成名的。

太阳底下没有新鲜事，这几年讨论的去库存、下沉，五六年前也是这么做的，只是不同时间点的不同叫法罢了。如果我们把淘品牌和亟须去库存的商场品牌放在一起看，你会发现另外一个残酷的事实，那就是当商场品牌卖 1000 元的时候,对价格敏感的用户也许会选择买 400 元的淘宝品牌。但是当商场品牌进了奥特莱斯或电商平台，由于压力只能卖 500 元，甚至无限趋近 400 元的平均线，此时，用户才不会选择没有品牌资产的淘宝品牌呢。

04

2016 年,我采访过一个连续创业者。他属于阿里巴巴和腾讯最早期的员工，是有早期股票的，曾做过淘宝前十服装店。在某一年的“双 11”前，由于仓库发生意外火灾，他转行做了汽车后市场的相关产品。仔细一算，如果他只拿着公司的股票什么事都不做，都好过后来去折腾。但是市场上广为流传的故事是：有人放弃了百万股票，做出了 N 亿级的企业。

如果我们把一个人的 10 年拉出来看，会发现，曾经差不多的两个人，同样聪明、努力，10 年后也可能会差很多。这种事情，还真的说不清楚。玄学之所以有巨大的生命力，是因为很多事情你确实很难去解释。或许，这也是成功学故事那么受人欢迎的原因吧。

05

回望2015—2017年，那真的是一个中国VC[1]的黄金年代，那时候的各类资本如雨后春笋般涌出。光参加路演会，一年到头都休息不了几天。

有一次我陪朋友去见投资人，在一个靠做水泥发家的老板的大办公室里，他说："给你1分钟时间打动我。"当时我心里想，您咋不说1秒钟呢。后来50个项目都在1分钟内打动了他，但第二年那些项目都失败了。

在二级市场上，能抓住个10倍股，就是大牛。但在很长一段时间里，风投市场上没有100倍，都不好意思说自己擅长做投资，所有的故事都是1分钟决策，千倍回报。有人一把梭哈上去了，有人一把梭哈结束了，并没有任何一个侧面和正面能够代表一切，它像一颗高尔夫球，拥有无数个横截面。

终于，投资行业迎来了和其他产业一样的宿命，无限向头部以及少数极其垂直的基金集中。募资难，投资更难。如果不是头部资本，很难进入优质项目。

5年河东，5年河西。

这依然是产业现象+货币现象的综合表现。龙王天天下雨，卖伞的、卖雨衣的、卖烘干机的、卖除湿机的就发财。有时候和个人能力真的有那么大的关系吗？或许那些抓住1000倍股的，10%靠的是个人能力，剩下的都是造化。造化可以成就你，也可以捉弄你。

06

2020年的8月，站在亚洲最大的商场之一——广州正佳广场，如果不是大家还戴着口罩，我都忘了新冠肺炎疫情还没有彻底消失。在这个5万多平

1　VC，即Venture Capital，一般指风险投资。

方米的前沿阵地里，每天都上演着激烈的品牌厮杀，几千个品牌在抢夺市场，每个月都有老店铺倒下，新店铺站起。就算你拉着商场的招商问一下，他可能也说不清楚，10年间这里倒下了多少个品牌。

浪淘尽，千古风流人物。

故事，都是幸存者写下的。过去的10年，到底是品牌的10年，还是杂牌的10年？抑或商业地产的10年？或许都是。零售业零售总额在2010年至2014年从15.7万亿元增长至27.2万亿元，近乎翻倍。从2014年到2019年，又从27.2万亿元增长至41.1万亿元。

迄今为止，在诸多类目里，杂牌占据60%以上的份额，比如袜子、内裤、内衣。2019年，全国开业购物中心529个，体量4772万平方米，但总数量还是减少了。因为有大量的商场关停改造。如果说有淘品牌，其实还应该有一个叫作“万达”的品牌，那就是随着商业地产的崛起，跟随着万达系全国疯狂开店而起来的品牌。对应的还有“苏宁品牌”“国美品牌”，比如老板电器，在家电卖场的黄金年代，这些品牌给家电渠道最高的扣点，做最好的装修，深度培训销售员，猛砸广告做推广营销。

这些都是渠道的胜利，也是品类空白时代的品类胜利。

今天对于一批以渠道制胜的企业来说，最核心的问题是，渠道成了负担，资产变成了负债，品牌基本没有，有流水但没有利润。

07

近年来真正的大浪潮当数移动互联网浪潮。但那么多项目，最后谁赚到了大钱呢？信息流、商品流、资金流、关系链，这四者才是生意的本质。

得一个，可占山为王。四者得其二三，便成巨无霸。

头条、腾讯和七小巨头都是这样的。

信息流的战争是最早打响的，因为这个最易于搬到线上。2010年，信息的入口依然是搜索，但到了2013年，就彻底改变了，信息流出现了，主动把你想看的信息送到你的面前，帮你省去搜索、过滤的时间。也因此，一些媒体平台会抢走另一些媒体平台的广告。2010—2012年，是微博的高光时刻。作为一款横跨后PC时代和移动时代的产品，新浪跨越了生死门。微博想攻商品流、资金流和社交链，一直没有成功，后来逐渐变成了娱乐性的媒体平台，离社交越来越远。那两年，腾讯非常紧张，直到握住了微信这一张船票。这得益于关系链的强大和高度符合的马太效应。产品逻辑和产业逻辑经常出现激烈的碰撞，并且互相不对付的现象持续了好多年，直到双方发现原来自己是有短板的，需要相互融合，而不是谁领导谁。

08

2010—2020年横跨了两个周期，它包含了上一个周期的巅峰、下降和下一个周期的起点。一切逻辑正在分区域、分层次地逐步切换。

所谓顺势而为，并不是瞎猜一些似是而非的东西，而是进行科学的判断。是货币、地缘、政策、产能、供需这些因素的组合，这样才有真正的势。正如开篇所说，也许现代的医学可以让人活10个10年，但决定你人生高度的，只有其中的2—3个10年，而更多时候，只有1个。

你要像一个沉稳且敏锐的猎人那样，守候在下一个10年的路上，抓住属于你的机会，那就是你的大时代。

第二章 时代的复利

太阳底下没有新鲜事，人类历史其实就是一部经济史，一切今天正在发生的，以及尚未发生却即将发生的，都或多或少曾在历史上发生过。仰仗丰厚的历史，我们总是能从浩如烟海的记录中找到关于商业选择的蛛丝马迹，接下来我将从不同角度，对这个时代的消费趋势进行解读。

性价比时代已经到来

01

20 世纪两次工业革命的成果已经广泛应用于各个行业中，生产力的解放释放出强大的消费能力。在造就大量新行业新岗位的同时，很多传统行业也受到极大的打击。20 世纪 80 年代，日本石英表的出现让瑞士传统制表行业岌岌可危，这种由电池和石英构成的廉价指针表，一天之内的误差不会超过 1 秒。有趣的是，瑞士钟表行业则依然以手工制作为主，廉价石英表并没有成为主流。

1964 年，连续 17 次独占奥运会计时权的欧米茄被日本诹访精工表击败，首次无缘奥运。1967 年，在全瑞士表计时大赛上，精工表更包揽了第 4 名至第 10 名。从 1970 年到 1980 年，瑞士钟表陷入了崩溃危机：年出口量下降至 30.7%，从业人员在 5 年内减少了 60 万。传统手表渐渐沦为不实用的奢侈品，市场和年轻人转投时尚潮流的电子表，对瑞士钟表敬而远之。

在这样的环境下，一个叫尼古拉斯·海耶克的人突发奇想，决定减少制表工艺，削减制作成本，在降低售价的同时提高产品质量和精度。于是塑料首次在瑞士钟表中登上舞台。经过无数次改进，制表工匠终于用 51 个零部件代替了之前的至少 91 个零部件，大幅降低了表盘的厚度，最终使塑料表成为可能。石英机芯、人工合成材料制造，兼具防水防震、计时精确、价格便宜的全新瑞士手表出现了，这种能批量生产并色彩丰富的手表，一经上市就扫清了瑞士钟表市场的颓态，成为极具性价比的年轻化象征。

这就是 Swatch。前面的 S 代表瑞士，watch 则是手表，也有一种说法是 S 代表“second”，即“第二块手表”。不论如何，Swatch 以塑料代替水晶、流水线代替手工、石英代替机械的方式，大大提高了性价比。短短5年，瑞士制表行业就再一次登上王者的宝座，重新成为包揽高、中、低三大市场的全球钟表统治者。

这是性价比在欧洲的凯歌。

02

在瑞士钟表行业陷入至暗时刻时，美国正在经历自己的黄金时代。彼时“二战”刚刚结束，美国作为“二战”的最大赢家，迎来了经济的持续腾飞。西部和南部呈现的繁荣景象至今仍然难以想象，佛罗里达和加利福尼亚等红利地区至今仍在享受那个时代所遗留的辉光。1955—1957年，美国的投资增长率超过了10%，被普遍认为是战后美国经济最繁荣的时期。但这种情况持续的时间并不是很长，由于黄金大量外流，固定投资过多，1958年爆发了一次经济危机。

商品滞销，库存增长，整个美国的工业生产下降了13%，钢铁和汽车等行业的生产量折半，失业率上升到7.5%，失业人数达500多万，半失业人数也超过400万，企业破产非常严重。

在这样的忧患中，物价并没有随着经济危机而下降，反而持续畸增，失业的人越来越多，吃不起饭的人也越来越多。在这样的背景下，一家平价百货商场出现了。它就像简陋的大仓库里堆满了琳琅满目的商品。由于成本较低和大包装批发式的走量销售模式，这家商场的相对售价远低于市场上的其他商场。

这就是山姆·沃尔顿在阿肯色州拉杰斯市开办的第一家平价商店：沃尔玛（Walmart）。

超高的性价比吸引了大量不在乎购物环境和销售服务的人涌入购买，仅仅10年后，沃尔玛就在纽交所顺利上市。

这是美洲区性价比的胜利。

03

从 19 世纪开始，法国就成为世界奢侈品的故乡。爱马仕、路易威登、香奈儿、迪奥、卡地亚、纪梵希等无数世界顶级奢侈品品牌在浪漫之都诞生，并从这里走向世界。在这样的市场环境里，法国还有一个在世界零售领域排名第 22、欧洲零售领域排名第 6 的超级零售品牌——迪卡侬（Decathlon）。

马歇尔计划使得欧洲经济在“二战”后快速复苏，各国从分裂走向联合，在由法国、德意志联邦共和国、意大利、荷兰、比利时和卢森堡 6 国组成的“欧洲共同体”，也就是欧盟的前身出现后，法国商人米歇尔 · 雷勒克萌生了一个全新的想法：只做入门级的高性价比运动产品，将低价优质的自选商品推向整个欧洲。

于是 1976 年，在法国里尔附近的小村庄里，一家名叫迪卡侬的体育用品店开业了。目前，迪卡侬不只走遍了欧洲，还在中国扎根了 17 年，遍布全国 46 座城市和 178 家商场，为无数运动爱好者和初学者提供了极具性价比的运动用品支持。2018 年 12 月，世界品牌实验室发布《2018 世界品牌 500 强》榜单，迪卡侬排名第 484。在法国零售领域中，迪卡侬仅次于世界级超市家乐福。

04

无论是欧洲、美洲还是日韩，这些例子都有着极大的相同点：在一定的环境危机下，社会经济和消费者观念会产生巨大的转变，某些企业抓住这种特征，在质量、价格、设计、生产方式等不同维度进行降维，找到产品的性价比刚需，实现对原有品类的弯道超车，用极快的速度成为垂类之王，一步登天。是的，性价比就是一种全球通性的刚需。

我从不认为在长周期之下，会有什么异常趋势突然出现。我更相信，所有的变化本质上是一股酝酿已久的势能。你会发现，凡是在危机中逆势而起的品牌，全都是以性价比为核心武器的，而且这些公司通常可以在发迹后的相当长一段时间内继续保持强势。

太阳底下依然没有新鲜事，但每一次危机对于企业而言都是新鲜的。全新的机会，全新的危险，也意味着全新崛起的可能。谁能抓住这种机会，敢于在这种大变动的环境中大胆决策、永不放弃，谁就可能成为下一个沃尔玛。

中国消费，无法定义

01

我研究了很多个行业，试图去定义消费市场的趋势，最终得出的结论是：我们再也无法像之前那样用简单的语言去描述整个市场，消费市场正在变得多维度化。

何为市场？我认为人口的一切特征的总和叫作市场。

今天，中国的消费观念已经彻底改变，不能再用20世纪的任何理论去套用。消费者在所有的衡量维度上都发生了深刻的改变，而多维度的改变叠加在一起，使得消费行为也有了巨大差异。加之我国处在经济增长速度的换挡期、结构调整的阵痛期以及前期刺激政策的消化期的三期相叠时刻，这对所有经营者而言都是巨大的考验。

当我们说到90后，目前整个大消费品市场对90后的理解可以说是错误甚至荒诞的。一部分原因是决策层基本都是50后、60后，他们跟年轻人是脱节的。另外，90后看似脱离普通人，他们的精致生活成为理解真相的屏障。同时，过去七八年的社会舆论的偏向性问题，导致人们对90后的判断出现标签化和巨大的偏见。

事实上，我认为90后是没有共同标签的一代人，他们有七情六欲，有爱，有恐惧，有贪婪，有懒惰，也有梦想。要说明白这个事情，我们先把时间拉回到1990年。当历史进入20世纪的最后10年，中国度过改革开放的第一阶段，即将进入一个全面腾飞的阶段。1990年，中国的人均GDP只有344美元（当时的人民币和美元的比例是4.7:1左右），对应的本币是1617元。再以1995年和1999年为节点来看，1995年是604美元，对应的本币是5046元，1999

年是 865 美元，对应的本币是 7159 元。

这组数字意味着什么？意味着出生在 20 世纪 90 年代不同时期的人，像是出生在不同的经济体中。这必然体现在人的性格、价值观和消费观之中。

对比欧洲的数据，20 世纪 90 年代欧洲平均每年增长 2%，而中国每年增长 10%—14%，这意味着中国的 1 年相当于欧洲的 5—7 年。放到整个 90 年代，这种增速给人的冲击感相当于欧洲近代半个世纪的跨度。

1992 年，全国的平均城镇化程度是 27.63%，那时沿海地区城镇化刚刚起步，内陆基本还没有开始。所以在 1995 年前，不考虑城镇和农村生育率的差异（农村更高），也可以很清楚地看到，出生在农村的人口占 7 成以上。另外，以 1995 年前的上海为例，作为远东第一大城市，还是非常工业化的，城市的主体是工人，但已经出现了一部分商人。

90 后之所以不可能有统一标签，是因为他们诞生在一个变化快速又激烈的时代，他们的父母和故乡也在快速地变化。他们有的是工人的后代，有的是农民的后代，有的是商人的后代；有的在沿海，有的在内陆；有的直到考上了大学才看到省城的高楼，有的从小就生活在城市；有的从小就需要奋斗，有的长大了都不需要奋斗……他们的经历复杂且不统一，所以 90 后根本无法标签化，更不能简单归类。

02

那么除了年龄，还有一个重要的划分标准就是所属城市级别。首先是关于房子，唯品会调研数据显示二线、三线、四线、五线等城市 90 后的购房比例已超过 40%，而一线城市该比例为 29.91%。一线城市的房价抑制了消费能力。另外，因为过去几年的房产膨胀，很多人都成了“千万富翁”，这种良好的感觉支撑着他们去进行某些高消费：做高档 SPA（水疗），去高级餐厅，购买性价比很低的小物件等，只是在大宗消费上已经无力支撑，比如换车。

无论是房价因素还是城市整体逐渐走向成熟，从结果来看，一线城市都呈现出消费的理性回归趋势。消费者信心和实际拥有的财富不是完全成正比的，它与自己对收入的预期，对当下的满意度，对认为需要多少存款才能应对未来有直接关系，在一线城市，人们因为对教育和医疗的不安全感，抑制了很多消费。

另一个数值恰好是反过来的，那就是储蓄。一线城市有超 15% 的 90 后拥有 10 万元以上的存款，但三、四线城市不到 10%。腾讯社交广告提供过另一组数据：如果算总数，90 后的平均存款只有 800 多元，比 00 后还少。

我也在研究隔海相望的日本，研究它消失的 20 年。大前研一的《低欲望社会》中提到：在日本消失的 20 年里，银行储蓄多了 600 万亿日元，日本城市的老人，在离世的时候人均有 3000 万日元的存款，由此可见，日本的内需不振是因为人们倾向于储蓄而不喜欢消费。

这与我国是完全不同的。

中国人正处在强烈的消费主义思潮中，也就是说只要有钱肯定会花，没钱还会借着花。过去 40 年的滚滚浪潮，改变了中国人的消费观念，尤其值得注意的是，95 后已经大学毕业正式进入社会了，当他们有了第一笔可支配收入的时候，他们与上一代人不同的消费观念将影响整个消费市场。

我曾经开过店，我的一个店员生于 1997 年，初中毕业就出来打工，差不多每月有四五千的收入，一年到头几乎存不下一分钱。他会买新款的手机，去海底捞消费，去好乐迪唱歌，不落下一部新电影。

有一个词叫作“局部有钱人”，说的就是那些在某些地方特别能花钱的人，比如有的人特别爱玩耳机，大部分可支配收入都用来买耳机，这在 95 后一代人里是非常突出的。既然是局部有钱人，那么局部之外的地方往往是要回归现实的，体现在对性价比的追求。同时，90 后拥有较高的文化水平和高度对称的消费信息，他们很擅长使用各种工具去比价，从而躲过商家的“花招”。

这对我们品牌的启示是什么呢？那就是平均可支配收入对我们很多行业可能没什么参考意义，用户喜欢某个品牌，即使没钱也会想办法去买；不喜欢某个品牌，就是有再多闲钱都不太会去买。我们应该积极地找到那些骨灰级粉丝，并给到他们“死忠”的理由。很多时候就是一种优越感，一种信仰，在支撑他们的消费。

唯品会的调研数据显示：近九成的90后会在比价后选择购买商品，近八成会参与打折、秒杀等特价活动。请注意，性价比和局部有钱人是不冲突的，是会同时存在的。

03

凯度发布的《2020年China MONITOR第一季度洞察报告》显示，“健康：保持身体和心理的全面健康”是排在第一位的。

从麦肯锡对5400人调研分析后发布的《2020年中国消费者调查报告》中可以看到，72%的城市消费者增加了与健康相关的支出，其中运动鞋服、酸奶鲜奶等占支出排行的前列。更详细地来说，有60%的消费者表示会经常查看食品包装上的成分表，会购买看起来更健康的产品，有55%的消费者表示健康和天然原料是购买产品时的首选因素，此外也比较看重无糖、有机等概念。

运动健身、吃得健康属于显性的健康因素。根据GNPD（全球新产品数据库）发布的《中国健康生活趋势概览》，影响人们健康生活的重要因素除了定期运动健身和均衡的膳食外，还包括充足的睡眠和积极的精神状态。依然有接近一半的人认为自己在这些方面做得远远不够。

意识到重要性和真正做到完全是两回事，这里面的市场空间依旧非常大，无论是从哪个细节的角度切入，我们应该思考的是，如何帮助用户在更健康的同时节约他们的时间。

对内在健康的追求也体现在护肤上。消费者认为生活方式对皮肤状态有很大的影响，这一意识甚至超过了对护肤品的追求。说明大家都想追求一种长期的、稳固的、彻底的健康状态，而不是在表面上掩盖问题。

至于心理层面，除了心理咨询外，我们还应看到的是人们在消费的时候，会越来越注重内在的感受。我问了一圈办公室的姑娘们，她们告诉我：奶茶热量的确高，但是喝的时候能让人快乐；吃甜品是为了解压；工作压力大的时候，会在深夜打开淘宝，下单一套躺在购物车里的护肤品来犒劳自己。感受美好和快乐，变得开心，本身就是一种消费动力。

这里我们可以继续延伸两大点，一方面是人们对消费品的要求越来越专业；另一方面是人们希望品牌能给予自己更多正向的反馈，比如感觉生活更美好、更快乐、更健康。

04

前面说到有60%的消费者表示会经常查看食品包装袋上的成分表，会购买看起来更健康的食品。对于这一点，相信你一定是感同身受的。比如，你和同事一起吃午餐的时候，总有人会说这是碳水，那个热量太高，这个蛋白质含量高……仿佛人人都是健康专家。

你还不得不承认一点，随着越来越多年青一代消费者变身科学成分党，他们在买买买上也表现出惊人的学习力和探究精神，一定要买看起来最对的产品。就拿护肤品来说，近1年在天猫国际平台上，最受Z世代[1]欢迎的热门成分有氨基酸、玻尿酸等。

同时，中国消费者也更愿意为天然、安全的成分埋单，其中果酸、芦荟、茶树等天然植物配方成为热门。无论是主打“天然为本，科学为证”的较高客单价的悦木之源，还是“以成分打动肌肤”的平价护肤品HFP，在社交媒体上持续营销的永远是这些护肤品的成分。

展开来讲，不仅是美妆领域，各个领域都越来越细分化、专业化。比如在手机发布会上，除了会看到价值2万元一页的PPT外，还有手机的各种性能、参数、规格。

1　Z世代，也称互联网时代，是指1995—2009年出生的一代人。

2019年天猫国际最受Z世代欢迎的高效护肤成分TOP5及消费增速

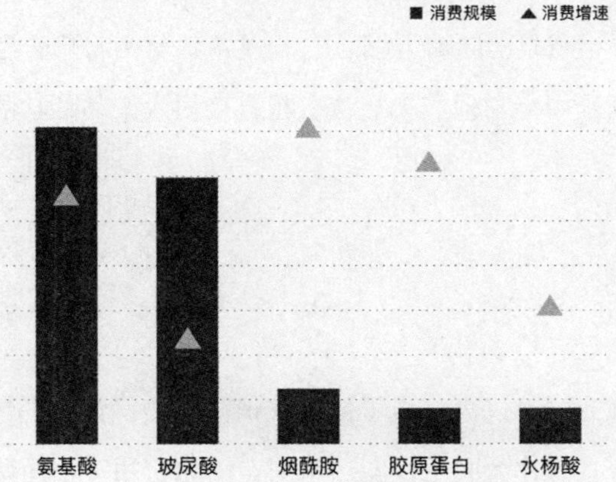

数据来源：CBNData消费大数据

2019年Z世代天猫国际热门消费天然植物成分举例

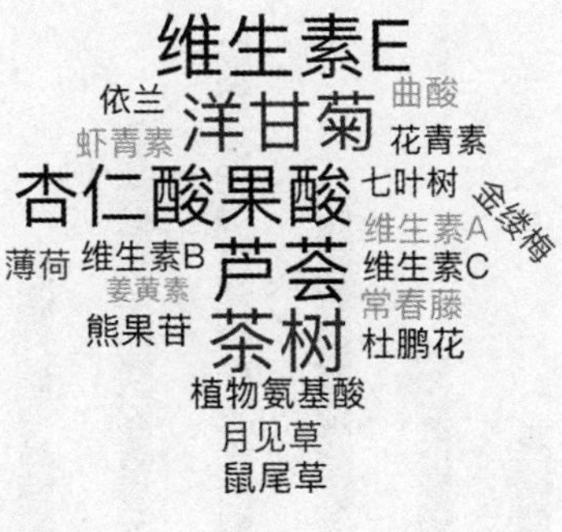

数据来源：CBNData消费大数据

现在已经不是好的东西需要藏着掖着的年代了，消费者的整体素质在提高，他们更希望拥有上好的产品、专业的品质。面对新一代消费者，好的成分、原材料乃至设计理念都该直截了当地说出来。所以，如果是面向年青一代消费者的广告，别试图给他们洗脑了，而是应该努力将广告融入生活、旅游、游戏、家居等场景中，与他们去交流。越直接切入产品的功能性，越能提高转化率。

05

近年来，激光脱毛仪太好卖了，天气稍微一热，各大平台都开始纷纷推出脱毛仪的广告。为什么脱毛仪能热销呢？因为它用一个简单安全且性价比极高的方式解决了女孩在体毛方面的烦恼。专业器材的快消品化，从专业场所走入寻常百姓家已经成为常态。除了脱毛仪、护眼仪、美容仪等产品外，

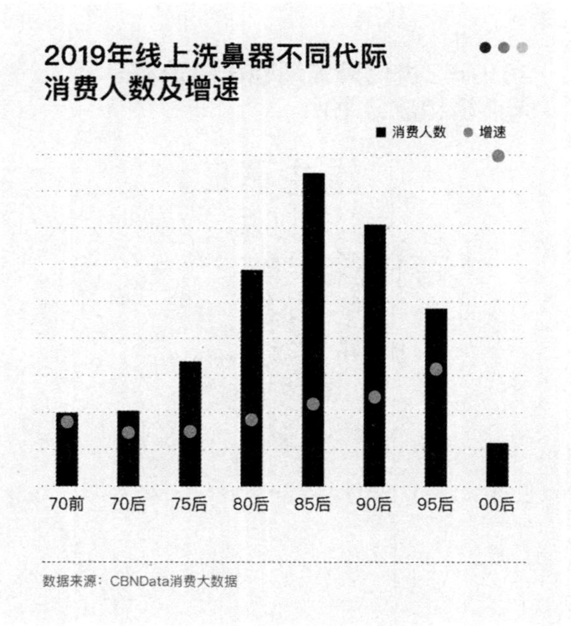

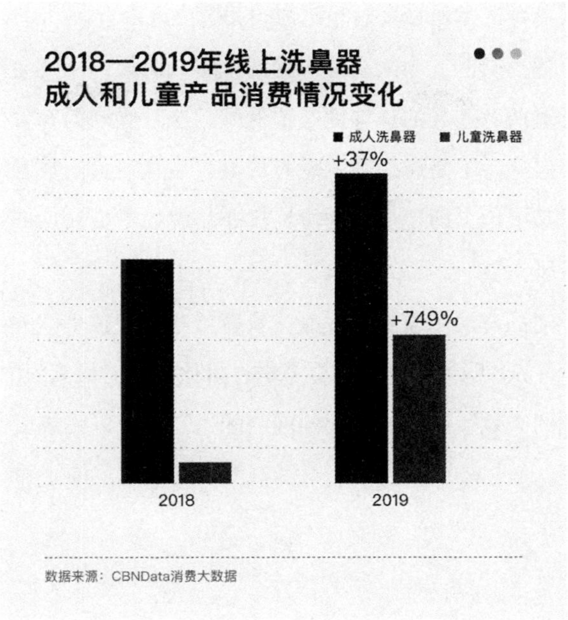

还有很多原来只能出现在专业场所的器材也变得快消化和生活化，如医用面膜、牙齿美白仪、洗牙器、中医艾灸、洗鼻器、单水平呼吸机、手持雾化器等，这些仪器使用起来简单方便，基本只要一两个步骤就能自己完成整个操作。

简化专业设备的功能和操作步骤，再引入寻常百姓家，将会获得较好的销量，这在多个品类上已经进行了验证，如果你是相关行业的从业者，或许可以从中得到启发。

06

大众消费品最大的特点是消费频次高，客单价低，具有薄利多销的盈利属性。目前直播电商销量高的基本都属于大众消费品，其实也不难理解，只有受众广、价格优惠的产品才拥有全民爆款的潜质。

中国消费者协会调查数据显示：商品的性价比高、是自己喜欢的商品、价格优惠是消费者选择观看直播并购物的关键决策因素。

尤其是日用百货品，今天买清风牌的纸巾，明天可能就会买心相印牌的纸巾，消费者对两者差异的认知度是很低的，这时候谁拥有价格优势，消费者就选择谁。但这并不是说品牌就没有价值，品牌给了消费者品质方面的信心，如果同样是纸巾，即便清风的价格比非品牌的更贵一点，大多数消费者依旧会选择清风。

因为这类产品都属于家用消耗品，具有居家型和独享型的特点，没有社交属性，所以消费者购买的时候会更考虑性价比。这时候高效的供应链管理、规模化自动化的高效生产、规模化的网络配送，都可以构成大众消费品成本优势的护城河。

07

为体验和感受埋单，消费者在追求健康的大前提下，还期待品牌给予自己更多更好的体验和感受。在饮食方面，根据大众点评的数据，美食销量排行榜 TOP3 为烧烤、火锅、小龙虾，这些食物是否真的健康，我想消费者心里都有一杆秤，但在夏天的晚上，和朋友一起戴上一次性手套吃小龙虾、撸串喝啤酒的时候，那种快乐是发自内心的。大多数消费者会在情绪低落、烦躁、孤单的时候通过食物来调节心情，让自己恢复活力。

在美容个护产品方面，消费者也更期待那些在使用之后能让自己看上去更好或者感觉更好的产品。网络中总喜欢用男人习惯在车里抽一根烟再上楼的故事，来表达男性的压力大，其实现在的很多职场女性压力也很大，要兼顾家庭和事业，对她们来说，去美容院消费除了可以变美之外，还可以带来一种精神上的愉悦感和轻松感。

据调查，79% 的中国受访者认同美容护理是一种缓解压力的方式。也就是说，护肤的仪式感会让女性感觉更快乐，在晚上睡觉前，用半个小时的时间去做一套完整的护肤流程，会让她们感觉一整天都特别美好。

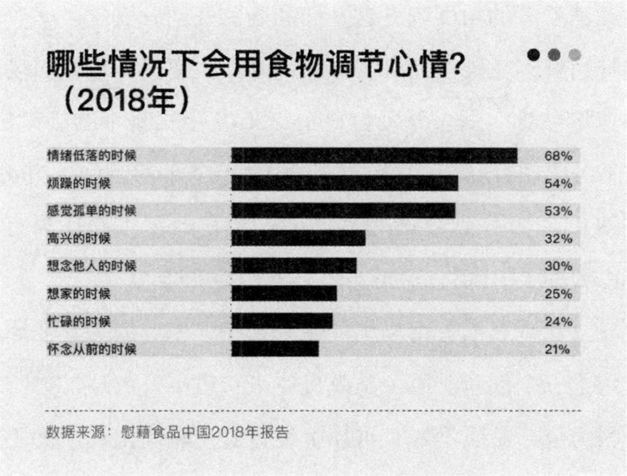

08

过去打造一个品牌需要几十年的时间，而现在品牌从出现到出街的时间变得非常短。对于新锐品牌来讲，发挥“小而美”的敏捷优势，捕捉不断变化的消费者需求，切入细分市场，精准获得目标消费客群并持续沟通，是有效建立品牌认知的方法。也就是说，如今可以非常快地打造一个在消费者心中具有认知度和喜爱度的品牌。

比如这几年快速兴起的完美日记、泡泡玛特、三顿半、拉面说、花西子等。《2020 中国消费品牌发展报告》将新锐品牌成功的秘诀总结为以下五点：

（1）摒弃复杂的实体渠道，积极拥抱电商渠道，最大化新兴渠道品牌的建设作用。

（2）充分利用多样化的数字平台营销资源。

（3）把握不断变化的消费需求，瞄准细分市场，实现产品创新与组合并快速迭代。

（4）专注消费客群的直接沟通与服务。

（5）品牌视觉化。

我们站在消费者的角度来看这些新品牌到底新在哪里。举个例子，三顿半是一个咖啡品牌，在长沙拥有实体店，真正让它突破地域限制成为网红品牌的是精品速溶咖啡。据公开资料显示，2019 年三顿半的年销售额达到 1.5 亿元，仅“双 11”的销售额就超过了 2018 年全年的营收，并超过了雀巢，成为天猫“双 11”咖啡类目第一名。2017 年它的销售额还只有 1500 万元，两年时间销售额翻了 10 倍，这得益于它的速溶咖啡。

三顿半在这个垂直细分市场里能做到第一，主要因为它在原本速溶咖啡的基础上做到了三个创新。第一是改良原来味道不好的速溶咖啡。传统速溶咖啡难喝是因为豆子品质不好，再加上经过好几轮高温高压的工业流程，导致原本的咖啡风味流失。为了保证口感，三顿半采用低温萃取的方式，重新设计萃取流程，保证咖啡纯正的口感。第二是包装设计，相信你看到三顿半咖啡的图片就可以感受到，对于年轻人来说，颜值即正义。所以三顿半的成图率也特别高，成图率是指买了该产品的用户有多大比例愿意拍照发到社交媒体上。第三是新喝法，三顿半把产品分成 6 款不同口味的咖啡，分别标上 1—6 的编号，还推荐了每一款咖啡最合适的喝法，加牛奶、加热水、加冰水、加苏打水都可以，打开之后 3 秒就能融化，都不需要搅拌棒。

所有的网红品牌都不是创造出一个新品类，而是在原有的基础上进行改进，他们更加懂得如何跟消费者沟通，如何打造出消费者喜欢的产品。

听到这里，你是不是也想要去创立一个精致的网红品牌？我想提醒你的是，事实没有想象的那么美好。大多数消费品创业品牌的天花板就是 1 亿美元，按照消费品行业营业规模的 5—8 倍来计算，就是年流水为 8000 万—1.2 亿美元。在资本市场良好的状态下，是这么一个数字，这还是乐观的。能做到 1 亿美元的小目标，还是不容易的，它需要太多方面的能力，大多数创业团队能够把控住最多几千万美元的生意，但破亿需要锤炼。

另外要重点强调的是，打造一个网红品牌，你要考虑的不只是营销和包装，还有很多隐形成本。当你发现一个小市场，自己在边缘搞搞的时候，行业巨头并不会来管你。但是只要有人试错成功，并证明了市场的潜力，往往在破亿的时候，巨头就会立刻用资源和金钱来碾压你。此时你就会面临过去从未有过的竞争，无论是价格战还是渠道战。有非常多的创业公司就倒在这里。所以，如果你现在正在做，或者计划做这样的创业，务必打起精神，做好一切准备。请丢掉过去非常错误的认知：大公司不懂市场，因为大公司没有警惕心。

世界上本没有网红品牌，之所以叫网红，本质上是因为擅长与用户沟通。由此可见，消费品品牌或用户品牌更适合打造成网红品牌。在成为网红品牌之前，要建立好与用户对话的管道和方式，当到了一个拐点的时候，一定要迅速补齐供应链上的缺陷，改良成本结构，不然很快就会被淘汰。因为用户的爱好变化太快，且难以捉摸，而对一个品牌来说，营销从来都不应该是唯一的核心能力。

09

知萌的数据显示，2019 年中国电竞用户数量达到 4.4 亿，这样的人群中，有 50.8% 的人每天会花 1 个小时在电子竞技上，41.9% 的人每天花 2 个小时左右在电子竞技上，电竞成为当下年轻人新的生活方式。

2019 年就有一些经典的案例，比如知名彩妆品牌 M・A・C 和国民游戏《王者荣耀》联名出了口红，设计灵感来自《王者荣耀》中的五位英雄：露娜、公孙离、花木兰、貂蝉和大乔，江湖人称“峡谷五美”。这样的联名其实是非常门当户对的，因为《王者荣耀》的用户中，女性玩家占 54%，已经超越了男性玩家，且大部分是年轻的女性玩家，与 M・A・C 的用户高度重合。

所以，这里我们要看到一个事实，打游戏再也不是宅男的爱好了，而是宅男宅女的共同爱好。

在 M・A・C 与《王者荣耀》取得让人惊讶的成绩的同时，我们也可以想象未来会有更多类似深度的跨界合作出现。

2019 年在上海梅赛德斯奔驰广场举办的《英雄联盟》8 周年狂欢盛典上，我们也看到了不少品牌大佬的身影，他们为了了解年轻人的兴趣爱好去现场感受氛围。比如，哈尔滨啤酒与英雄联盟职业联赛 LPL 展开深度合作，打造出哈啤 LPL 电竞罐，吸引了众多电竞粉丝纷纷抢购。总之，电竞商业已经成为品牌和年轻人沟通的新方式之一。

10

比价、看材质、看成分，现在的年轻人精明起来完全不输于老一辈。唯品会联合南都大数据研究院发布的《中国社会新人消费报告》显示，在质量有保障的前提下，近九成的年轻消费者会在比价后购买商品，近八成的会参与打折、秒杀等特价活动。

而在“钻研”后，他们也更敢于大额支出。报告显示，超 50% 的年轻人表示，虽然自己收入水平一般，但在购买大牌服饰、高端护肤品时绝不手软。这点同样表现在他们点外卖上，超 15% 的用户在预订外卖时，会先后打开饿了么和美团外卖对比商家的优惠活动。

2020 年京东“6 · 18”活动首日，参与空调以旧换新的用户数量同比增

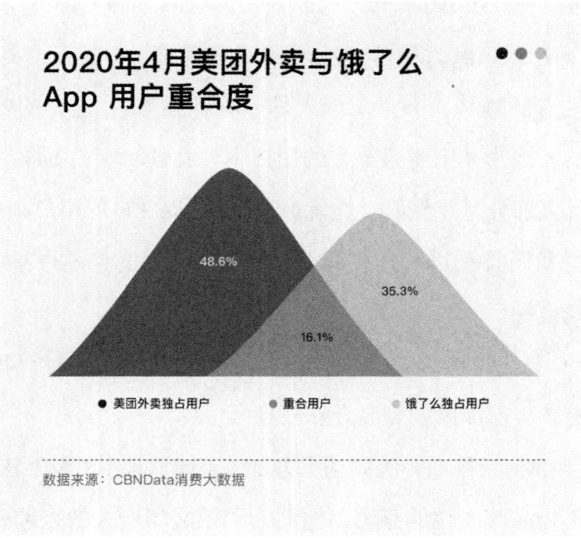

长 390%，参与手机以旧换新的用户量同比增长 170%；而购买 iPhone 11 并选择京东独家的“保值换新”版本的用户超过 80%，这说明以旧换新、保值换新等服务受到青睐，人们消费时变得更加理性。

11

我在几年前就提出过“消费分级”这个概念，而 2020 年消费分级表现得更加明显，往后会越来越明显，这说明笼统的行业数据对我们认知市场、分析消费者已经不具备参考价值了。

比如这两年市场的一个基本论调是，汽车市场在萎缩，从整体消费量来看的确是呈下滑趋势，但从分层来看，即便是在 2020 年的 4 月，经历了 1—3 月车市的销量下滑后，部分豪车市场却已经超过了去年同期。

购房上也是同一个道理，比如“深圳土豪戴口罩抢房”“北京 20 分钟卖掉 800 套房”“苏州 12 亿房源 60 秒抢购一空”“杭州再现万人摇号购房”，那是因为这一人群的财富积累已经到了一定程度，他们的抗风险能力本身就很强。

No.	高档轿车·当月	2020.4	2019.4	同比
1	奥迪 A6	13, 881	6, 101	127.5%
2	奔驰 C 级	13, 235	13, 527	-2.2%
3	宝马 5 系	12, 970	10, 098	28.4%
4	宝马 3 系	12, 422	13, 569	-8.5%
5	奔驰 E 级	11, 318	12, 361	-8.4%
6	沃尔沃 S90	2, 806	3, 475	-19.3%
7	凯迪拉克 CT6	1, 951	1, 073	81.8%

数据来源：根据公开资料整理

No.	高档SUV·当月	2020.4	2019.4	同比
1	奔驰 GLC	12, 868	11, 827	8.8%
2	宝马 X3	11, 921	8, 707	36.9%
3	奥迪 Q5	10, 897	6, 356	71.4%
4	沃尔沃 XC60	6, 381	5, 233	21.9%
5	途昂	5, 595	5, 669	-1.3%
6	凯迪拉克 XT5	5, 582	2, 785	100.4%
7	奔驰 GLB	3, 912	-	-
8	普拉多	3, 636	3, 514	3.5%
9	蔚来 ES6	2, 907	-	-
10	理想 ONE	2, 622	-	-

数据来源：根据公开资料整理

12

我们必须明白的是：一旦消费者的结构发生不可逆的变化，过去所有的经验可能都成为累赘，而全新的消费方式其实是全新的思维方式。一个基本事实是，再也不可能用一种通用方式去打动消费者。

消费者彻底改变，对于经营者来说，只有跟随其变化才能活下去。多维度变化的叠加，加之宏观大势的改变，使得中国消费者已经走向了碎片化、理性化、圈层化。中国消费特色已经无法用单一的词汇来描述，它的横切面变得越来越多，人群和品类都在走向细分化。未来的生意只会越来越精细化、专业化，所以经营者必须深扎行业，尊重生意本质，尊重产业逻辑，走进用户群中去。

不是所有杂牌都叫新消费

01

毋庸置疑，2021 年的中国商业是属于新消费的。在中国，消费的某个领域能够火热起来，一定会经历四个阶段的演变。第一，某个领域从不被关注到被关注，直到获得很多资源，并做出很多有价值的创新。第二，有人发现某个领域有利可图，大举进入，浑水摸鱼，泡沫逐步形成，随之更多人涌进来，哪怕过去根本不懂新消费的，也说专注新消费 100 年。泡沫持续扩大，所有人都说这个东西很牛。第三，由于事物发展的客观规律，泡沫被刺穿，杂牌被洗出去，那些只想做短线的自动撤出。第四，行业回报均值回归。资源向留下的真正优秀的项目靠拢。总体来说，我们现在处于新消费的第二阶段，就是泡沫的放大期。

过去，大家都很清楚什么是杂牌、什么是品牌，哪怕你说不清楚，你的钱也会准确投票。但今天，杂牌搞个马卡龙色包装，甚至与山寨的 Supreme（美国潮流品牌）合作，签约了一个号称前多少任爱马仕设计总监的设计师，没有长期的品牌理念与坚持，没有自己的产品哲学和主张，甚至没有敬畏心的团队，就自称新消费了。

由于泡沫高涨，也有半路出家的投资人，出于害怕错过的心态而不断进入接盘，但市场终究会因客观规律而回归正常。

02

我走访过很多家消费品企业，发现不管是做酒、做面条，还是做洗发水、做牙膏，它们都有一些相通的地方，不是面上的相通，而是一种内核的相通。其中一家企业恰好集中体现了所有点，我觉得非常有必要深入探寻一下，并和大家分享。

有个品牌叫理然。这个定位男士专用综合个人护理的品牌，诞生至今，短短两年时间，其间还经历了疫情，产品线已覆盖护肤、理容、洗护、香氛、彩妆等多个类目。

2020 年，品牌上线第一年，全渠道 GMV（商品交易总额）近 2 亿元。数个单品一经推出就达到了月销千万级。截至 2021 年 5 月，GMV 已经超过 2020 年。我为什么要关注这个“小赛道”的企业呢？毕竟我还写过广为流传的关于超级品类系列的文章，比如《只有超级品类，背后才有超级企业》，以及各种《×× 的万亿生意》。如果我能将这些企业是如何在困境中做大做强的写清楚，我想没有什么比它更有价值了，所以请看下去。

03

我们先正面看看这个赛道的真实现状。了解我的朋友可能知道，10 年前我在中国本土最大的上市日化企业工作，不能说那时的企业没有好的资源，但是年年说男士雄起，从没有真正地雄起。其实这里面有一些深层次的原因。在过去，男性品牌的护肤品基本是女性品牌的衍生产品线（×× For MEN），如果你需要精致护肤，消费层次很高，那你就去买对应的高端女士品牌，如 SK-II For MEN（男士神仙水）、DIOR For MEN（男士迪奥），次之是去买欧莱雅男士等。

只有少数几个专攻男士的品牌，但它们往往隶属于大型品牌集团，占公司的体量往往在几个点以内。很多年来，每年都说男士护理品牌增长很快，但基数又不够大，所以它们很难获得集团真正的重视，独立的男士护理品牌数量总体来说还是很少。

而从消费者侧来看，“直男”不重视护理，最多用用洗面奶，买了套装也很难坚持用下去，男人在家用的沐浴露是他老婆买的，男人不关心品牌，男人在家庭中的消费排在狗后面……使得这个行业的天花板变得很低。

这些过往的事实等于未来的趋势吗？显然不是，实际上男性消费市场被大大低估。相对于以女性消费者为主的“她经济”，以男性消费者为主要受众的市场被称为“他经济”。许多人认为女性比男性更愿意或更擅长“花钱”，这实际上是一种由性别刻板印象带来的错误认知。

2017 年，波士顿咨询发布的相关研究报告指出，中国男性的消费种类和额度正在飞速上升。尤其是移动支付和线上消费领域，男性消费者的年支出远远高于女性，平均达到 10025 元。同时，据美国互动广告局携手中国联合发布的调查结果，中国网民中男性消费者占比超过女性，其中移动支付方面，男女消费者占比分别为 53% 和 47%，PC 端这个比例差距更大，达到了 57% 和 43%。

市场繁荣永远与国民收入呈正相关，艾瑞咨询数据显示，2017 年高收入男性是女性数量的 1.7 倍。在钱包鼓起来以后，越来越多的男性开始追求外在形象、社交体验和个人内心的满足。另外，受近年高房价、高油价、高婚姻成本的“三高”影响，消费主义持续走高，大量单身男性放弃现金储蓄，转投“今朝有酒今朝醉”的怀抱。据国家统计局 2018 年发布的人口数据，我国内地男女人口比例达到 104.64∶100，男性人口比女性人口多 3164 万，男性基数总体大于女性，这也意味着男性消费潜力势必大于女性。

与女性与生俱来的爱美之心不同，男性对消费的需求通常起始于拥有一定的社会地位或经济水平趋于稳定之后。据我个人的观察，18—35 岁是女性的黄金消费年龄，而男性的黄金消费年龄则是 25—45 岁，这也是为什么“他经济”比“她经济”来迟了近 10 年。

相较于女性消费，男性消费具有三个明显的特点：一是男性在消费活动中更缺少耐心，希望信息完全透明；二是男性的消费心态有一定的钝感，较少会冲动消费；三是男性对品牌的忠诚度更高，品牌切换频率相对更低。这些特点造就了大众认为的男性消费力弱的刻板印象，这是一个很大的误会。

相较于女性消费者，男性消费者的消费动机更多元化，而且由于女性消费市场早就被充分精耕细作，相较之下，男性消费市场不啻于一片刚刚被开垦、充满希望的新大陆，反倒是更值得关注的领域。如果对男性消费产品加以针对性的引导，那男性消费市场很可能会爆发出远高于女性的消费潜力，以男性为主的消费品牌也更容易快速崛起。在行业内，男性消费品牌的崛起，被大家认为是一个今天没有，明天不知道有没有，但后天肯定有的事情，所以核心是时间点，而我认为已经到了这个时间点。

以男士护理为例，男士护理不仅仅指护肤，实际上护肤、洗护、造型理容的大牌都活得挺滋润，市场份额近乎被垄断，比如清扬占男士洗护近70%的市场份额，中国年GMV超50亿元。其他专研男士的品牌也有类似的竞争力，而这些“霸主”品牌已经很多年没有进行产品创新和品牌迭代了。相对而言，国外已经有非常多男士的DTC[1]品牌开始成长起来，如美国剃须刀品牌Harry's的估值已达17亿美元。

我们看到天猫护肤的大盘，男士自主购买的占比近几年一直在增长，目前已经接近四分之一。过去是单一品类单一品牌，都已经在个别维度上验证了男士的从0到1，接下来应该进一步演化，渗透到全品类中去。对于男士来说，满足一个部位的需求是不够的，因此需要一个基于男士护理完整需求的超级品牌。理然，正是一个全品类的男士个人护理品牌。理然在做的男士赛道，不同于它所在的美妆个护的行业共识，是非共识的。

04

为什么要做非共识？手机界面不需要很多按键，这在15年前还不是共识。

---

1 DTC是Direct-to-Consumer的缩写，就是直接面向消费者的营销模式。简单概括，是通过直营渠道，移除批发商、零售商等中间环节，直接面向消费者进行产品销售和品牌传播等活动。

直播不低级，且可以卖掉很多东西，在几年前还不是共识。汉字印在胸前可以很潮，在5年前也还不是共识。

我们先来看灵魂三问：创新的本质是什么？是非共识。那微创新是创新吗？微创新的本质是共识之后的改良，所以不是真正意义上的创新。为什么在中国商界，真正的创新不那么被看好呢？因为在过去发展的初期阶段，复制圈地是最佳的短期竞争策略，久而久之商场变成了劣币驱逐良币的市场。虽然明面上大家都说要创新，但心里想的往往是如何先找个点子收割一把、抄袭一把，赚到钱再说。过去做共识的生意，总是能得到确定的并且很丰厚的回报，那为什么要做非共识呢？因为今天这一切都开始改变了。非共识的胜利，正在各个领域出现。

在商业竞争中，当B端（企业商家）对一个品牌形成高度的共识，就会引发指数级的竞争加剧。因为大家都认为它可以赚钱，所以最后没有几个人能赚到钱。而C端（消费者）形成了某种共识之后，大家就会觉得普通的产品即使经过细微的调整，本质上也改变不了什么，于是整个行业就开始内卷。时至今日，当绝大多数显而易见的消费需求都可以轻松被满足时，所有的商业创新都将指向——非共识。

这便是真正的新消费的第一个特点，它往往从非共识而来。

理然是怎么做到非共识的呢？

05

发现目标人群的核心及未被解决的痛点。

讲到某个企业，一般的套路是，上来先说品牌定位多牛，蓝海多大，创始人和团队多厉害，然后某几个战术和战略多牛，最后提供情绪价值，讲伟大的理想。但我认为这么分析没什么用。为什么？因为MBA往往擅长倒推。但事实上，真正的创业没有倒推的机会。它考验的是创始人摸着石头过河的能力，所以必须找到自己的核心抓手，即自己到底提供了什么样的产品，这样就抓住了 C 端痛点。

我们先来看几个理然超级单品背后的底层逻辑与解决的核心痛点。

男人的彩妆是什么？一般的回答是头发的造型产品：定型喷雾、发泥、发蜡等。就像直男判断女生化没化妆的标准是涂没涂口红，男生认为自己有没有收拾过自己，就是看有没有打理过自己的头发。在每次造型后，男士都感觉更加自信。要是顶着塌塌的油头出门，他说话都没有底气，同时也会被认为很邋遢，或者不重视自己的外在形象。

男人喷香水的目的是什么？答案各有差异。在一线城市，男士喷香水大概率的首要目的是自我彰显、自我取悦、吸引异性，如同所有免税店里的奢侈品强调的那样。但是在东三省，他们的首要目的是清除吃烧烤等重口味的东西在身上留下的异味。在低线城市和县城，由于有些男性未必天天换衣服，除异味是有香味的前一步，所以先去掉身体或衣物上的异味，再喷香水留下自己喜欢的香味。

我在很多次的行业峰会上提到过：不是因为人群新，所以叫新消费。人们不会因为生活条件比过去好了，就为那些不值得多花钱的东西埋单，更不会为不需要的东西埋单。

新消费的本质是对用户的尊重、洞察与满足。

而红利到底是什么？是一旦你真的满足了用户过去不被尊重的需求，用户就会成为你的“自来水”。这一代消费者支持知识产权，他们喜欢分享，愿意支付溢价，而多元化的传播渠道，让好的东西自发扩散，不再被控制在某几个人手上。

新消费的第二个特点，就是结合当代的新变化和新趋势，洞察到以前可能不成立,现在和未来却很合理的潜在需求。正如乔布斯在一次演讲中提道：“从提供给用户什么样不可思议的好处，以及从哪儿获得客户开始着手，而不是和工程师坐下来讨论搞定什么技术，这才是做产品该有的理念。”

所以，新消费的逻辑是产品先行，找到王炸产品，找到用户复购的点，找到自来水，这是最核心的一步。

06

前面说的这些依然不能构成真正的护城河，因为别人可以快速找代工厂复制，然后降价。真正的护城河是找到用户的真正需求后，对产品极致的追求与理解，并构筑起群体的品牌心智。

我们先看对产品的极致追求与理解。男人的彩妆一般指头发造型产品，当这句话被有心人听到的时候，他可以立刻到珠三角找到100多家代工厂，OEM、ODM出产品就可以贴牌卖了。对这个痛点的理解是第一层，但这不够，还需要第二层。过去大家关注的都是造型的结果，而没有人关注造型的过程好不好、手法好不好，其实产品只决定了很小一部分，而造型好不好看、洗没洗头是关键。

有多少男人早上起床能做到先洗头吹头再做造型呢？多睡20分钟比什么都重要。理然这个产品组合的核心场景是，解决男人又忙又懒，早上着急出门，没时间洗头但又没办法接受乱糟糟的头发的问题。第一步去油蓬松，第二步持久定型，对“手残党”极其友好，而且是速干的，可以快速定型，持久一整天。早上起床后，1分钟快速搞定头发造型出门，非常便捷。

理然所有产品的逻辑都是关注类似这种用户在使用过程中觉得麻烦，或是过去没有被关注到的问题，因此这个产品一经推广就广受欢迎。

07

能做到以上这些，恭喜你，你就是一个很牛的“游击队”统领了，或者是“座山雕”级别的山大王了。至于如何从“游击队”升级到“正规军”，其核心就是建立规则和信誉。对于品牌来说，那就是真正关注并愿意构筑品牌心智。在我见过的无数企业主中，做To C（To Consumer）行业的人分为两个明显的流派。一类是渠道为王、终端为王，他们发迹于品牌意识薄弱的年代，那个时候占领渠道即占领一切。总体来说，他们也在逐步提升品牌，但品牌建设不是他们的核心基因，他们也不够擅长，且过去的渠道先发优势尚存，还有钱赚，所以没有到必须拼命提升品牌的时候。另一类是品牌为王，很不幸，他们中的很多人一直没有做大。因为市场是极度血腥的，如果只持一个品牌的信念，没有很多拼刺刀的能力，根本挺不到核心竞争力派上用场的那天。这就是很多从大企业出来的品牌高管创业不成功的原因。

如果两者都强，基本就是王者了，比如农夫山泉。

很多老板其实不是真正想做品牌的，别看他嘴上叫得欢，其实就是想赚钱。想要成为王者就要有所牺牲，做大哥，总是要有所付出的。做品牌就是要克制，有所为而有所不为。克制的过程就是克制短期收益最大化的过程。比如，拍企业形象片到底有没有价值？如果说有，但它往往不能在短期内带来比促销更高的收益。又如，我在机场吃了一碗米粉，里面有八块肉，把我感动坏了。毫无疑问，这个店一定是连锁大牌，开在机场是为了建立品牌形象，提升可见度。但是个体户在机场开店，一般不放或放很少的肉，因为它们在机场开店就是为了赚钱，它们不是连锁店，也不想做品牌。

所以，是不是真的想做品牌，比你懂不懂品牌的路数更重要。当我们谈及心智的时候，在今天的行业里是有争议的。主要的争议点是：今天的品牌过多，信息过载，平台算法控制了大家的屏幕界面，到底怎样构筑心智？确实，女性的各种快消品品牌如烟花般一闪而过。

这里我们要分析一下男人和女人的逻辑，比如，在线下购物场景中，女人喜欢逛街，哪怕她一开始只是想买一把梳子，也会逛几个小时，最后拎着大兜小兜的东西回家，结果里面没梳子；男人是想好要买或被广告刺激到了要买什么东西，会直接冲到店里去购买那个东西，完了直接回家。在线上购物的场景中，男人会直接打开购物软件搜索需要的品牌，或者在功能、品类下选择价格区间，差不多比一比就结束购买，而女人则喜欢来回反复地刷。

所以，男性品牌的本质是什么呢？对他们来说，你能满足他们的需求，在他们彻底跳出这个消费区间的时间段，基本不会换品牌，你就是好品牌。

这也是男人对品牌忠诚度极高的原因。比如男装，大多数男性希望在一个门店里，把从底裤到领带的一切服饰都买好。这也是为什么“男人的衣柜”是一句极好的广告语。

我们发现理然的品类连带销售额在同类产品中的比例高达 80%，这是多少企业主梦寐以求的数字。男性的心智一侧是满足需求以及适当引领需求，另一侧是引领精神。我们可以看到所有头部的男性运动品牌，都是一手强调运动科技，另一手强调精神内核，无论是“Just do it（想做就去做）”还是“一切皆有可能”，都是如此。

理然目前的英文名字是 Make Essense，后面品牌会更改为 Make Sense，正是想表达“男士护理，理所当然”的品牌观点。男士通过 Make Sense 的个人护理，使得他们的形象更得体，更招女人喜欢，同时也让男士护理成为理所当然的事。这是一种对社会意识的引领。

对品牌笃信与坚持，而不是把赚钱作为第一目的，这也是新消费极为重要的一点。

08

“你怎么这么爱漂亮”，这句话不只是理然广告片中的台词，也是理然的创始人黄伟强小的时候，他妈妈对他说过的话。我妈也曾这么说我，这不是什么孤例。在性别意识明晰之前，男孩子也会偷妈妈的口红，我相信正在读这篇文章的读者中也不乏这样的人。

我第一次见伟强，是在约了 N 次之后都没见上面后的一个清晨，在上海新天地一家酒店的大堂里，那时还没有什么人，他没有说什么豪言壮语，我们就产品、品类、行业进行了一些探讨。后来，我们约在他的公司见面，公司人数已经从 2020 年的 30 人扩大到了 150 人。公司有一个乐高墙，贴满了以每个员工名字定制的小人儿。这是公司两周年的时候，他跟团队一起做的乐高墙，每个乐高都是大家一点一点亲手拼起来的，寓意是“理然有你”。

他还说 HR（人力资源部）给他找了一个新的办公室，稍微贵一点，但他觉得没什么必要。我问他为什么，他说因为现在处于早期阶段。永远像创业第一天那样去干，这是他的信条。他讲了自己如何理解产品设计包装，理然产品的设计理念，为什么这样排版，为什么使用无衬线字体，下一步的产品规划是什么。没有太多的情绪渲染，也不拔高，他就是很务实、很专业。

最后他说“感谢你的时间”，而这句话往往是我对无数的创始人说的。只有有同理心，有足够的社会愿景，受过“正规军”体系化的培养，同时又有着极高的敏锐度，才是好的品牌人、好的创始人。

冥冥中，我感觉到这一代品牌人有些不一样，他们受过好的教育，经历过锤炼，创业之初希望解决一些具体的问题，但他们想实现的不只是可预期的东西。他们都成长于这个国家蒸蒸日上的年代，他们心中永远有一个少年梦，永远相信少年中国，所以他们会吸引更多志同道合的人，一起去创造他们心中的宇宙，然后在这个宇宙中展开他们的产品体系、品牌哲学。同时，他们是有少年感的团队。什么是少年感？也许既像李荣浩的歌词“年少有为，不自卑”说的那样，又有不向世界妥协，非要证明自己的意味，还有就是拒绝油腻，拒绝用论资排辈来看待人与人之间的关系。充满少年感的团队，总是在寻找增量，把人们的美好向往赋予产品和品牌，而不是利用人性的弱点去卖货。

09

见面的当天，我看到了他们第二天要官宣发布的品牌 TVC（商业广告片），非常震惊，尤其触动我的是这三句话：“世界上没有奥特曼”“我觉得你不行”“你怎么这么爱漂亮”。作为男人，每一句都直击我的内心。

第一句是关于童年的热爱，第二句是关于自信与自尊，第三句是关于对自我形象的要求。以前大众的认知是，男人打扮等于“娘”化，不阳刚，这种人极少。后来，男人打扮等于精致讲究，但这种人还是很少。但总有一天，男人打扮是因为赤诚，是为了让自己得体、有少年感，而这种精神是大多数人渴望的。

“赤诚”“得体”“少年感”这三个关键词也是理然的品牌精神。而真正的力量都是这样一点点形成的，当这股力量在我们心底默默汇聚，突然有一天，我们发现原来自己的朋友也是这么想的，然后小溪汇成了江河，变成了洪流。

10

我认为，理然为新消费打了个样，这也是我今天以它为核心案例进行解读的主要原因。最后梳理一下何为新消费：

（1）通过洞察到的 C 端痛点，发现一个正在变化的趋势，这往往跟所在行业的共识是不一样的。

（2）发现目标人群的核心及未被解决的痛点。

（3）找出需求后，对产品极致的理解与追求。

（4）真正关注并愿意付出足够成本来构筑品牌心智。

（5）有少年感的团队。

我的生活需要长期高密度输入，又需要高密度输出，还要有高强度的体力加脑力。职业作家是极其痛苦的工作，100 次的探访，也许 90 次都基本雷同，且让你感觉平淡、乏味和枯燥，但那 10 次真正的碰撞会让你觉得一切都是值得的。

茨威格的传世之作《人类群星闪耀时》中记录了 14 个瞬间：逃亡者巴尔沃亚的不朽事迹、千年帝国拜占庭的陷落、亨德尔奇迹的精神复活、《马赛曲》的诞生、滑铁卢决定胜负的瞬间、老年歌德热恋的悲歌、由“黄金国”引发的悲剧、英雄壮丽的一瞬、飞越大洋的对话、托尔斯泰未完成的戏剧、南极探险的斗争、封闭的列车、伍德罗・威尔逊梦的破灭和西塞罗之死，这些历史瞬间神奇地降临到 14 位传主的身上。他们或是被命运高高举起，送入英雄们的殿堂；或是被狠狠嘲弄，抛入千秋遗恨的行列。当个人的强烈意志与历史宿命碰撞时，火花闪烁，从此照耀着人类文明的天空。我想，在这属于新消费的大时代中，也会出现一批这样的人，他们在年富力强的时候，找到自己的使命，然后用尽一切力量去实现它。

而我想做的便是：真实地、准确地记录下这些时刻。

被误读的小镇青年

01

在我们这个古老的国家，人们的命运如同横亘在中华大地上的长江、黄河一样，注定一生奔流，永不停息，直到入海。春运这个最大规模的短期迁徙便是最好的印证。我在这里要说的是春运的主要组成人群之一：小镇青年。

回看 1978 年，我国的城镇化比例只有 17.92%。1949 年新中国成立的时候，只有 10.64%，甚至低于汉代的水平。历史总是爱和我们开玩笑，我们曾数次徘徊在现代商业文明萌芽的边缘，却总是出于种种原因与之擦肩而过，一直到 1978 年，伟大的改革改变了一切。

2018 年，国家统计局公布的城镇化数据是 59.58%，比 2017 年年底提高了 1.06%。总的来说，中国改革开放 40 年以来的三大核心引擎是工业化、城镇化、全球化。用一句白话来说就是，中国嵌入全球化分工，通过制造业代工实现了第一阶段起步，从一个农业国家迅速发展成工业化国家，并开启有史以来最迅速的城市化进程。40 年前，82.08% 的人都生活在农村，生活在小镇都是令人羡慕的。随着中国经济的腾飞，小镇人变成了夹心层，他们既不是靠种地为生的农民，也不是时尚的大城市人。

02

在我正式开始落笔写小镇青年这个主题时，我发现比想象中难太多了。如果简单地将他们符号化、标签化，那不如不写。没有调研，就没有发言权；

没有理解，就没有尊重；没有尊重，就无法共情。有意无意地把小镇青年描述得很惨，很没有审美，很没有未来，是一种自负文人般的优越感。所以我们要把那些误读的地方纠正一下。

03

小镇青年涉及之广，数量之巨，或许超过了大家潜意识的认知。

自 1978 年改革开放至今，中国奇迹般地实现了快速城市化，但回到改革之初，你会发现这个国家的绝大多数人都出生于小镇。即使是今天有北京、上海户口的人，其中也有大量是撤县改区后的居民。上海行政区属各郊县的语言几乎是互相听不懂的，包括但不限于宝山县、吴淞县（后合并至宝山区），他们说去人民广场是“去上海”。小镇青年的量级或许超过 10 亿人，包括曾经是青年、如今是中年的。在城市尚未扩大化时，他们其实亦是小镇青年，他们的性格中保留了大量的小镇青年的特征，即使他们今天已经非常摩登了。中国很多小镇文艺青年的偶像是韩寒，他来自上海市亭林镇，现在他工作室的微博名字还叫亭林镇工作室。

以下是关于十万万小镇青年同胞的故事，充满了他们的爱、恨、情、愁，他们执着的梦想和挥之不去的乡土记忆。他们或背井离乡，或囿于故土，没有统一的标签，他们就是我们，我们身边的每一个人。

04

每个人都有他自己的名字，都有属于他自己的故事，即使在大时代下，他很卑微、很渺小。任逍最喜欢的歌手是刘德华，最喜欢的一首歌是《上海滩》，他读完初中，就跟着扬州老家的亲戚来上海打工。从那之后，他每天的生活就是给人捏脚将近 10 个小时，后来他又学习了推拿等技能，逐渐成了高级技师，再后来是领班，现在他的月收入将近 2 万。

任逍和同店的来自四川山区的姑娘结了婚，后来他们被分到不同的店里当领班，两个店虽然都在上海，但间隔 40 公里。他们夫妻俩一周就见一次，和异地恋差不多。虽然他们的收入加到一起远超很多文艺青年，但是他们依然保持着勤劳朴素的特质，他们努力存钱，希望让下一代过得更好。他们没有奢望在这座城市扎根，老了还是要回老家去。

但他们其实并不焦虑，甚至很快乐。这里我们看到的一个事实是：今天大城市的收入分布里，白领可能是垫底的那一拨了，尤其是还没有什么核心技能的办公室人群，已经不如服务业技工了，并且随着未来技术工种成本上涨，差距会越来越大。

据我保守推算，中国有 1000 多万年轻人在从事足疗按摩行业，光北京市就有 20 万足疗按摩从业者。这些年轻人中，有不少收入高于同龄的大学毕业生，但是他们仿佛是两个世界的人，他们的消费习惯、作息、爱好完全不同。

横亘在中国这一代年轻人之间的隐性门槛就是家庭资产及背景。任逍和他的妻子，是最典型的一类小镇青年，他们也有梦想，在大城市奋斗，根却依然在老家。

05

那些想要仗剑闯天涯的小镇青年，在北上广的故事，几乎都是从一间出租屋，甚至是一个小隔断间开始的。严格来说，这不是一个家，而是他们停歇的一个落脚点。

张寰宇来自山西大同的农村，这个名字是他的老父亲请了村里最有文化的先生给起的，意思是好男儿志在天下，要有宇宙观。寰宇大学毕业后，去上海做了销售，在虹口老城区还没被拆迁的老房子里租了一个单间，隔壁住的是性从业者，寰宇在那里艰难地度过了 3 个月，拿到第一笔提成后立马换了房子。

如今的寰宇已是年薪数百万的金领了，但他在很多细节上保持着过去的习惯。比如，自己喝的牛奶能买打折的就买打折的，所有消耗品一定要用完，若非宴请，只喝老家最便宜的汾酒。

在华尔街教父格雷厄姆的自传中，曾记录过类似的事情，即使他早已功成名就，管理着数亿美元的投资，依然会为 1 美元的小东西而精打细算。

这是一个人幼年时期养成的几乎不可改变的习惯，即使他会在很多事情上挥金如土，但依然在很多细节上保留着往日的习惯。所以，不经过起码一代人的时间，一个家庭的小镇属性不会轻易地消失，即使在财富上已经跃迁。

那么值得我们深思的是，在非常多的产品、服务、文案和无数细节中，是否考虑过人们内心深处最隐秘、最柔软的地方，还是说仅仅拍脑袋，根据他们如今的收入、住址就简单粗暴地划分谁是城里人、谁是小镇青年？

06

我在浙江省舟山市岱山县及周边做过一些实地调研，发现南方之富裕超越了我的想象。岱山岛上，一个本地老阿姨在古镇门口卖本地热豆腐制品。我算了一下，淡季的时候，一天卖 300 元，净利应该是 250 元。因为她不雇人，古镇门口那个铺子是祖传的，所以没有人力和房租这两块主要成本。旺季的时候，一天赚2000元都有可能。如果一年中三分之一为旺季、三分之二为淡季，估算有 25 万元的利润，这还不含拆迁补偿等。

在岱山岛边上的嵊泗岛，出租车司机告诉我，他承包这个车一年利润是 40 万—50 万元。真的，不要惊讶，因为在嵊泗岛，连正规出租车都是不打表的，都一口价。他的老婆管理自己家的饭店和民宿（物业也是自己的，员工都是亲戚），一年还能赚 100 万元。他开车的时候顺便往家里带客户，给卖土特产的店引流拿提成。他基本每年都在舟山买一套房，十几年来已经囤了十多套了。冬季给自己放假一个月，他就去海南渡假，当然平时是非常辛苦的，旺季的时候每天都起早贪黑。这位司机大哥今年 35 岁，江苏人，15 年前在广州遇到同样出来打工的老婆，打了两年工没攒下什么钱，就来到嵊泗岛围绕着旅游业开始做生意赚钱。

所以，我们发现勤劳致富的时代依然没有过去，但是要看具体环境，要找到属于自己的空间，这很重要。这些故事告诉我们，大把的小镇青年并不是在老家过着悠闲但低收入的生活，他们中有的也很努力，并且赚得比很多大城市的人多得多。他们一点都不惨，生活其实非常丰富，只是丰富的方式和大城市的人不太一样。

07

以上三种小镇青年，构成了小镇青年的中坚力量，他们的存在告诉我们：小镇青年也有未来。他们用实锤的方式告诉人们：条条大路通罗马，即使不出生在罗马。

当然依然还有很多混日子的人，根据正态分布，这是非常正常的。他们和大城市里混日子的本地土著本质是一样的。我还发现虽然县城的商业发展依然参差不齐，但在诸多领域已经和一线城市同步了。比如线下零售，虽然没有盒马鲜生这样的酷炫门店，但是大型商超内所销售的产品已经和一线城市没有任何区别。所以，在标准流通品领域，南方发达地区已经没有代差，北方也正在快速缩小。譬如，在甘肃白银市，我的同事发现2018年回老家，没有几个人知道小猪佩奇，但是2019年大家都知道了，并且小猪佩奇的相关产品已经铺满了货架。

无数勤劳而聪明的中国商人已经意识到县城的市场非常广阔，所以这个市场已经不是蓝海，正在加大速度进入竞争激烈的格局。所以，又到了该迭代的时刻了，不要再觉得小县城是可以轻易碾压的。

08

说穿了，今天那么多人关心小镇青年，唯一理由是想从他们身上赚钱。

但不好意思，如果永远用高高在上的心态去看待他们，那是不可能挣到钱的。当你用“下沉”这个词的时候，说明你的心态就是一线的、傲慢的。

中国社会零售的增长动力在哪里？我们宽泛地说是在县城。但是正如上面所说，南方及发达地区的县城几乎已经可以和一线城市同频了，所以这句话不准确。我认为，中国社会零售的下一个增长动力是利用技术消除地区差距。目前，零售总量的年增长已经低于10%，并且短期内不会有很大的提升。

这里要提到拼多多。拼多多披露的文件显示：2018年，平台活跃买家数量达4.18亿，GMV达4716亿元，全年订单总量超111亿笔，各项重要运营数据仍然维持着指数级增长。

2018年上半年全国各省人均可支配收入值中，上海、北京达到3万多元，排在后面的只有6000元。差距意味着潜力。

贫穷地区往往有很多很不错的农产品，这些产品用今天大城市的标准来说就是最有机、最健康的产品，但在当地是很不值钱的，所以拼多多一直在促进这类产品向发达地区销售的工作。另外，大量品牌商品在一线完全卖不掉，但是去掉各项营销成本和渠道成本后，可以用更低的价格销售到城乡去。

落后地区的增速已经超越发达地区，2017年，贵州省网上零售增长情况遥遥领先，尽管它在地区收入榜上排在后面。举个例子：低线城市和农村市场年货消费中“餐桌升级”“厨房升级”的双升趋势明显。在拼多多平台上，除传统坚果零食外，海鲜大礼包、车厘子等非传统年货成消费者新宠，其中海鲜类消费同比增长逾400%。除此之外，家用绞肉机、咖啡机、扫地机器人等小家电及智能家居产品需求持续旺盛，柴火灶搭配咖啡机的组合，已成为农村厨房内的新景象。

09

罗芸，1991年出生在河南省新乡市延津县司寨乡李楼村，已经有3个孩子，她的丈夫在外打工，她的日常生活就是带孩子，帮家里人做一些农活。

她是村里第一个使用拼多多买东西的人。在她的推广下，全村 70% 的人都开始使用拼多多。罗芸是全村公认的最时尚的，她的东西几乎都是在拼多多上买的。她去过郑州，知道大城市的人穿什么、用什么。所以你看，县城乡镇消费升级的第一阶段，其实和改革开放之初城市里的变化一模一样，先换一个风格，至于品牌，那是后面的事情了。

“砍一刀，拼一下”在大城市被认为是很没有面子的行为，但在县城农村却并非如此，甚至被当作一种娱乐活动，所以我们不能将拼多多理解为单纯的电商购物，它更是一种生活和娱乐方式。

互联网虽然加速了很多代差的消弭，比如拼多多这样带有社交属性的电商消除了物与物、物与人之间的隔阂，但在另一些维度上加速了隔阂的产生。

一方面，从理论上讲，几乎所有信息都是可以被平等地搜索、查询的；但另一方面，人们只倾向于接收自己感兴趣的信息，技术和代码也使得信息茧房已然形成。几乎所有的电影，在大城市和小镇上线的日期前后就差几天，好莱坞大片触及小镇早已没有任何难度。类似《战狼》这样在一线城市口碑不算最好的片子，就是靠小镇青年支撑起了票房，而《流浪地球》这样的片子更容易引起一线城市人群的狂欢。

10

在放下对这一群体的偏见之前，市场的真相不会向你展现。就如我们文中描述的几类小镇青年，他们并不是一个群体，而是无数个群体的缩影。且不可简单地将他们标签化，只有重新理解小镇青年，才能真正发现真相，消除偏见。他们或许就是你的初中同学，因为没有考上高中，和你在同一个城市过着截然不同的生活。他们或许就是你每天除了同事以外，接触最多的外卖员，因为来去匆匆，从来没有被你真正注意过，连是否要说一句“谢谢”也能在网络上吵得不可开交。

如果你从不关心他们吃什么、穿什么、用什么，只是把他们作为一个世俗成就的参照物，一个今天的热点话题，被陈列在网络上供人参观的对象，那么，你永远不会发现，你以为的放低身段是坐在高脚凳上低头，其实和不低差不多。

而那些成功得不够经典、失败得不够狗血、分布在中国各个角落却还没有资格构成一个爆炸新闻的人，并不是一个小数目，他们是组成这个国家的大多数。

拿什么取悦中产女性

01

如果没有到过非洲，我将不能理解中国崛起之壮阔，亦无从理解成为中产在全球范围内依然是极其奢侈的目标。

在年人均GDP 800美元的埃塞俄比亚，我看到了无数贫穷却快乐的人，这与国内一、二线城市人均GDP达到上万美元却焦虑的中产形成了巨大的反差。在那些GDP仅有800美元的地方，我看到了我们的过去，以及我们很多企业正在丢失的东西，那是对需求本质的把握。

如果没有到过中东，我将无法领悟品牌力量之强大——会穿越宗教、习惯、国界，将全球所有中产阶级塑造成爱好和生活习惯几乎一样的群体。

但是在开罗最好的商场里，中国品牌只有三个，其中一个还标榜自己为日本品牌。这让我再一次认识到，和西方成熟的企业相比，中国品牌的全球化之路不过只是蹒跚学步的孩子罢了。所以，当我坐在埃塞俄比亚首都的酒店里，开始撰写这篇题为《拿什么取悦中产女性》的文章时，我厘清了之前没有厘清的思路。

首先，我们需要回归初心，抓住不变；其次，我们要看看平行世界里不同发展阶段的国家以及自己国家的国情，对比一下就能抓住变化的东西。变与不变，共同存在。

购物是女性自我取悦的必备方式。我在朋友圈发过一个问题："请问各位女性朋友都用什么取悦自己？"高达99.5%的女性（总样本198个）的留言里含有"去购物"。而购物TOP3分别是口红、衣服、包，也就是说，这基本上就是女性的通性。那么我们倒过来看，如果女性不约而同地通过购物来取悦自己，让自己开心，摆脱愤怒、沮丧，那我们在商品的推销和广告上就更需要强调某种幻想的快乐场景，而不是产品的功能性。

这里可以类比的是维多利亚的秘密。从第一场维密大秀到某位女星摔跤那一场为止，她们一直刻意营造的都是美丽、奢华、浪漫、性感的场景，很少能够看到其对产品功能性的强调，而这并不影响它成为世界顶尖的女性内衣品牌。

必须抓牢“爱面子”这个不变的本质。不管是男性还是女性，不管是中产、低产还是高产，中国人历来都有一个非常明显的特质：特别爱面子。这里并不含任何贬义，只做事实陈述。爱面子的特质每个人都有，区别只在于表现的方式有所不同。其中又以中产尤甚，因为他们见过什么是更好的，他们读过书，受过教育，有体面的工作。他们中更高级的一批人无限接近上流（只是接近），所以他们必须将自己包装成更上层的人。

所以，必须紧紧抓牢这一点，无论是买车、买房子还是买化妆品、衣服，都是如此。你必须让产品看起来高于实际用户所在层次能拥有的，这样才能够打动她们。比如RIMOWA（日默瓦）的旅行箱，在很早期的海报中就用了这样的画面：背景是好莱坞，一架螺旋桨飞机，前面走着一对看上去很高级的男女。这个场景给人以强烈的暗示，这种品牌策略是永远不会过时的。

喜欢买贵的，不等于对价格不敏感，而是对品牌敏感。越来越多的女性倾向于买更贵的商品来取悦自己，尤其是用高于自己正常消费水平的产品来取悦自己。但这不等于对价格不敏感，事实上可能是相当敏感。与之对应的是，如果SK-II前男友面膜打7折，她们会疯抢，但一个普通的日用产品如果不包邮，或许要琢磨老半天。

这也充分解释了为什么在机场和海外免税店，女人购物时疯狂得像东西不要钱一样。喜欢买贵的和不看价格这两件事甚至可能是完全相反的。举一个简单的例子，根据唯品会数据，高端运动品牌只要一使用“折扣”这个武器，88.8%的女性都会心动。

02

通过唯品会大数据，我看到了一个很神奇的数据和地图——文胸消费中，A 罩杯增多，C 罩杯在减少。作为“直男”的我不禁在思考，难道是瘦身变成风潮了吗？后来我问了一些女性朋友，她们告诉我，那是因为过去她们会倾向于买更大号的内衣，里面有个垫子，可以起到更丰满的效果。但是现在她们更在意自己是否喜欢和是否舒适，不在乎别人怎么看，自己开心最重要。

与罩杯变化呼应的是：文胸的消费已经从关注形状向自身舒适度、无钢圈、美背的方向发展，这些品种的销量在快速增长。2018 年，无钢圈文胸在唯品会上的增速在一、二线城市中产中是 39.8%，在小城市中产中是 44.8%。美背文胸的增速则更快，在一、二线城市中产中是 138%，在小城市中产中则是 159.3%。

03

不要试图用一种视觉方案去取悦所有人，不要试图用一个品牌满足所有人。人的审美是受年龄、环境、文化等多种因素复合影响的。卖给学生的化妆品的包装往往是高饱和度的，中端化妆品的包装往往是趋于收敛的颜色，而最贵的往往是几乎没有鲜亮颜色的，这符合人的审美上升的规则。

在一定概率上，审美是和文化、学历同步发展的，但不一定与收入同步发展。比如后（Whoo）这个韩国牌子，主打宫廷式样，金光闪闪，贵气十足，是三线城市中产女性的最爱。事实上，喜欢奢华包装的人，很难喜欢性冷淡风格的产品，但你并不能从中区分明显的收入差距。所以，审美分化在现行阶段非常突出。重复一遍：不要试图用一种视觉方案去取悦所有人，不要试图用一个品牌满足所有人。

随着经济的发展，无形消费及服务性消费的比重会越来越大。一、二线城市中产家庭有两项支出比小城市中产家庭高，即子女及自身教育支出和旅游支出。而在小城市，健身锻炼方面的支出正在快速上升。在女性取悦自己的方式的调研里，53% 的女性会选择去休闲地享受娱乐，比如做高档 SPA、看演出等，在所有取悦方式中排名第二。在这里我不禁思考，这些场景不断做大做强，企业如何调整优化自己的产品线，好与之匹配？或许这就是一个破局的方式。

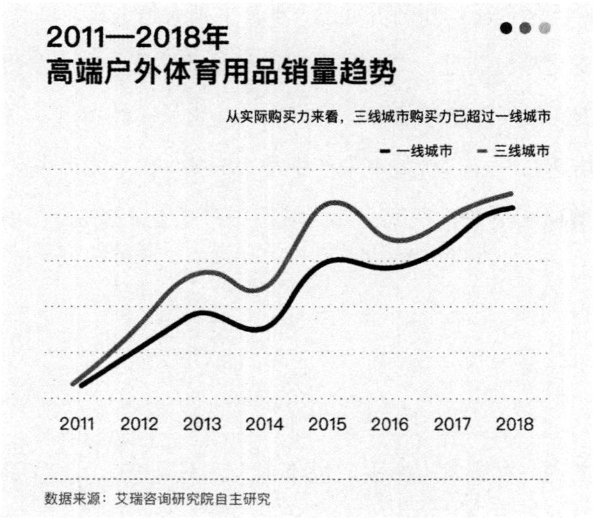

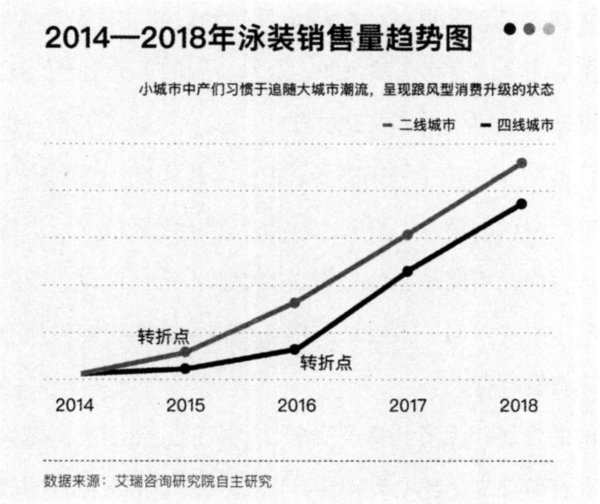

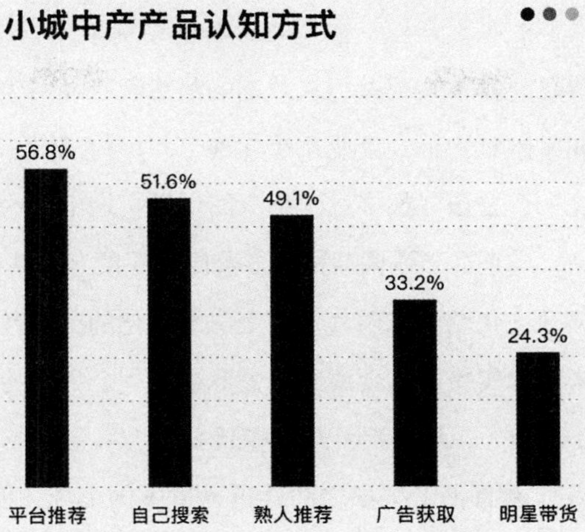

数据来源：艾瑞咨询研究院自主研究

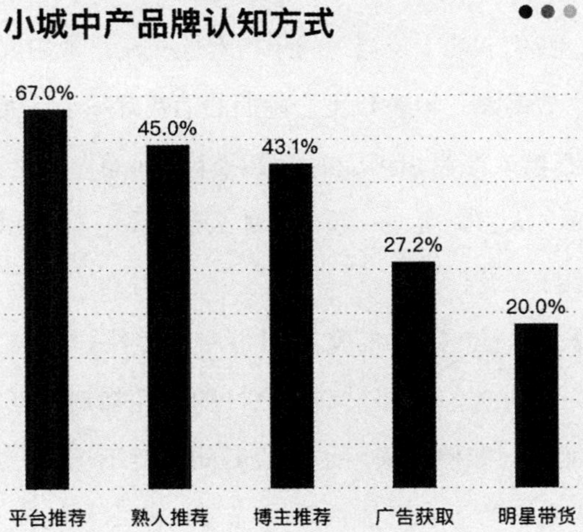

数据来源：艾瑞咨询研究院自主研究

04

国内企业界已经基本达成共识：我国的消费者已经发生了巨变，取悦如今的女性变得非常困难。很多企业在接受这个共识的同时，采取了一些过犹不及的动作。比如，去拓展很多过于小众的市场，推出一些过于高精尖却根本卖不掉的产品，或是过于强调某种大多数国人并没有的精神导向。

比如，很多亚文化圈的东西其实是无法规模化的，一旦某个亚文化变得流行起来，原来的忠实粉丝就会离开，去寻找下一个小众的亚文化。所以在国内做买卖，要想做大，最好不要碰这些品类。

New Balance（新百伦）很早之前就进入了中国市场，但很快就没落了。因为当时的理念是做“总统的慢跑鞋”，但是这不符合绝大多数国人的消费诉求。那年我上初中一年级，只想要一双某个牌子的跑鞋，因为我觉得它的logo大大的，很酷。但是我不需要专门为慢跑配一双鞋，即使是总统的又怎样？

通过前面的图我们发现，自2011年起，高端户外体育用品才开始快速增长，而泳装这个品类，在二线城市的转折点出现在2015年，在四线城市的转折点出现在2016年。一、二线城市的风潮对小城的引领性依然十分明显。在扬州、湖州，我们和几十位当地的中产女性交流，她们大多是公务员或事业单位职员，岁数偏大，40岁以上。她们的消费有一个巨大的特征，就是跟风，并且非常相信熟人推荐，闺密之间互相推荐“种草”的比例比一线城市高。单位午休的时候，大家就凑在一起交流什么值得买、什么划算，大促的时候先买了再说，不好再退。

在扬州，我问一位40岁的女士用不用美容仪，她说会用，是她闺密告诉她的。当一个办公室里超过三分之一的女性都拥有美容仪的时候，会带动更多的人加入，即使买来用了一段时间后就不用了。她们并非不“精明”，只是在社交驱动下，跟风的需求强过消费本身的需求。这点需要品牌注意。

05

以上源于最真实的观察和对谈。无论是在和她们的交流过程中，还是对商业的思考中，我能感受到一个最明显的趋势，在中国，一批拥有独立意识的中产女性正在慢慢长成。她们已经不需要取悦男人了，恰恰相反，她们可以自己取悦自己，并且通过左右商家来取悦自己。

她们不是妇女，也不是女神，更不是女王。她们没有那么高高在上，也不再像过去那样处于劣势。她们是这个世界最重要同时也是最普通一部分。她们就是女性本身。

第三章 品牌的复利

什么是品牌？我认为，品牌就是人们对美好生活向往的承载方式之一。在未来10年，只有真正的品牌才能拥有利润，每个细分品类的头部三家将拥有80%以上利润。中国市场上的品牌战争并没有结束，而是刚刚开始。我们用40年在经济上走过了西方走了100多年的路。过去40年，中国市场的品牌塑造属于各自圈地，尝试了很多方式，未来会有更多更有实力的“正规军”登场。现在是一个换挡期，尤其是各类目技术的进步达到阶段性瓶颈时，掌握品牌心智才能拥有品牌的复利。本章选取了国内最有代表性的品牌，来展开说明什么是真正的品牌心智，如何拥有品牌的复利。

做品牌还有用吗？

01

做品牌还有用吗？新冠肺炎疫情出现以来，发生了太多过去我们认为不可思议的事情。越发强烈的不确定性，让中国商业环境里原本就浮躁的短视的思想抬起了头：品牌是没用的，直播卖货、尾货促销、商超动销就行了；投广告就是做投资回报率，测试素材，找对一条路猛干，干完结束。

我要说，这些全错。

就像你不可能靠吃保健品就能真的拥有一副好身板。要想身体好，还是要锻炼身体，修身养性。就像你偶尔抓一个涨停板，其实是赚不到大钱的。这些好像全对，但你总觉得好像哪里又不太对。因为它像极了广告销售对你说的，你心里肯定在想：糟老头子坏得很，又在骗我投广告。这些之所以像极了“糟老头”，是因为没有展开解释以下五点：

（1）不能因为你锻炼的方法、策略和节奏不对，你就否定锻炼。

（2）花钱是一门真正高超的艺术和一种修行。

（3）“风物长宜放眼量”，你勾选的时间段长度，决定了你的收益。

（4）以终为始。你是要做成天长地久的事业，还是要赚快钱，你心里是最清楚的。做天长地久的事业，就有隐形的必要成本，这是自古以来不变的真理。

（5）均值必然回归。也许某个品牌营销活动在某个阶段出现了以小博大，但是它必然回归，要用复利思维去思考。

02

如果按照常规逻辑推，下文应该是《为什么投广告好》。对不起，并不是。毕竟我不走寻常路。我们需要思考以下几个问题。

第一个问题，以 2018 年为节点，过去两三年里一半以上成功的大传播的底层逻辑是什么？很多人都觉得自己是因为创意、策略而成功的。我觉得不是。这是品类的成功，品类的成功是品牌成功的前提。

苹果的那些大片级广告之所以受大家喜欢，难道不是因为它开创了 iPad、iPhone 和 iPod 这三个品类，以及重新定义了一体机的 iMac，重新定义了无线耳机的 AirPods 吗？所以，如果品类的发展持续在一个天花板上，再也上不去了，你也会觉得苹果的大片广告不“香”了。说实话，从技术角度（非感性）来看，国产大厂都做过同样水准的大片广告，而且不止一条。那么再回过头来看，无糖碳酸饮料和无糖茶饮，就是赢在了天时地利人和的点上。这个点叫作品类的急速扩张期，在这个点上，市场需要这个品类。

元气森林成立于 2016 年，4 年的布局时间刚刚好。那么在这样的黄金时间点，只有一件至关重要的事情需要去做，那就是抢占心智。元气森林的目标受众是公司白领、年轻中产等城市主流消费群体。这类群体有一个共同的特点，就是每天出入公寓楼、写字楼，元气森林就抓住了电梯媒体这个目标人群必经的封闭、高频的生活场景，把“0 糖 0 卡 0 脂”这个简单粗暴的品牌信息强力打进人心，直接抓住新品类的三大核心要义（功能）。

不过，后来者在急速扩张的时期依然可以分一杯羹。这样的品牌，它的核心要义其实是不明晰的，它必须在这个扩张期结束前，找到一个有巨大差异化的精神层面的点来重新定义自己。大传播的核心要义之一就是，如果你遇到一个千载难逢的时间点，就必须抢占定义功能的心智。一旦错过心智上的圈地时机，你就会成为那个绝望的“先烈”。

03

第二个问题，都说产品比广告重要，到底是不是？当代中国消费市场是魔幻的，因为当你好不容易说服自己，产品比广告重要的时候，闷头做了一段时间产品，结果那个你看不上的隔壁家的东西又在直播间卖了 10 万单。

这事必须掰开揉碎了来讲。首先，确实存在 19.9 元包邮一条短裤还赚钱的模式（山东、浙江很多地方发个快递 5 毛钱，很多店家日发 10 万单），也存在 19.9 元酷炫墨镜到付的模式。但那些不是赚钱的模式，而是基于当下的利差做生意，但凡一个要素发生变化，模式就结束了。他们也存在压着一仓库的货根本没人要的情况。不能只见贼吃肉，不见贼挨打。现在全中国所有服装企业库存的衣服,足够全体中国人穿个一年半载的了（保守一点的说法）。

为何产品力要先于广告而行？因为人类对更美好生活的向往是不变的。或者说，人性是贪婪的。最初市场上出现了洗衣机，后来出现了烘干机，再后来，是洗烘一体机引领了一轮增长；最初人们使用鼠标，觉得很方便，后来觉得有根线特别麻烦，于是出现了无线鼠标，又把鼠标的价格锚定提高了 1 倍。

04

第三个问题，投广告是单纯一个部门的行为吗？大错特错。这是一个公司战略级的行为。这些年开始大火的飞鹤奶粉、波司登和妙可蓝多，全都有一整套的战略。飞鹤奶粉，面对国际品牌为主导的奶粉市场，重新定位“更适合中国宝宝体质”，然后将研发聚焦于此，同时放弃低端产品飞慧系列，推出高端产品星飞帆，并且每年在母婴店里推出数十万场迷你秀，对消费者潜移默化。

波司登使用“畅销全球 72 国＋全新的店铺陈列设计＋服装设计”组合拳模式。在此之前，它回购了大量经销商压的老货，清理了不合适的经销商，不然广告被认可也是白搭。你可以看看很多陈旧的服装品牌的广告，拍得都挺好，除了大家不信之外，没啥毛病。

妙可蓝多在大规模投放前，放弃了数百款卖不动的产品，主推奶酪棒，定位儿童健康零食，打动父母的心，同时在大量商超做试吃，在学校门口做派发，引动儿童的馋虫。

品类之下，是产品。但产品之后，是公司战略级的配合，是落地时更关键的一步。以上三个问题，环环相扣，缺一不可。

05

解决了以上三环，我们才能进入品牌战争的斗兽场。因为一旦进入斗兽场，那就几乎要拿命来搏了。刺刀见红，战线先崩的未必是那个实力弱的，可能只是某一环没有做好，亦可能是因为某一些突发事件和不可描述的与命运有关的东西。这一切，像极了“一战”最后的时刻，德皇在大溃败发生之前一直以为自己是最后的赢家；这一切，也像极了孙膑和庞涓的最后一战，庞涓以为最高的桂冠马上就是他的了。

这年头，连房地产都极其看重品牌了。同一个地段，好的开发商和物业就能拥有上万元1平方米的溢价，更何况是本来就极其强调品牌的战场呢。

06

扪心自问，以上都对吗？翻翻我过去的文章，肯定有读者心里会嘟囔，说好的中国市场非常多样化，下沉市场没有品牌也能活着呢？说好的拼多多大法好、白牌大法好呢？说好的很多人收入不高呢？左一套，右一套，话都让你说了，可你形不成闭环，照样不是理论。

不管怎样，我们不能忽视三点：（1）所有人都向往更好的生活，而品牌本质上是一种对美好生活向往的承载方式。哪怕下沉市场打法不一样，人们的心底依然热爱品牌，只是大家所处的阶段不同，喜欢的东西不同。（2）也许存在一个品牌，能够在不同时刻满足不同的人，但绝不存在一个品牌，在同一时刻满足所有人。中国那么大，有的人可能下一站就和你拜拜了，当然也有人下一站就和你邂逅了。总是有人向你提出反对意见，但那真的很重要吗？（3）我想不管是做短期生意还是做长期生意，比起整天搞投机的人，有根据地的更有成就感吧。

做品牌还有用吗？我想，还是有大用处的。

别把品牌资产搞丢了

01

如果你要问我，当今中国品牌资产价值第一的是谁，我想那就是茅台。哪怕你抬杠说它不是第一，你也不能否认它在第一梯队。如果你说现在年轻人不喝茅台了，那可能是因为你没有去县城走一走。

茅台的品牌价值如果拆开来仔细分析，有理性派也有玄学派。综合来看，有几条我觉得没毛病。第一，茅台不需要广义上的销售，都是经销商渴求拿货。第二，茅台在它的顾客群体里已经成为“信仰”，具有排他性。圈层内形成了共识，这种共识包括对口感、品位的多重认可，你永远无法让一个酱香爱好者说出浓香也不错。第三，茅台的价格锚定点支撑力极强，从来不存在打折，按原价卖都会被疯抢。第四，每年都涨价，是一种共同的预期。这些都符合我们对品牌资产的理解。

02

摊开海底捞的财报缓缓看下去，有一个数字足以让餐饮同行们嫉妒，那就是租金成本。做过实业的都知道，商场租金正在成为不可承受之重。海底捞 2019 年全年财报显示：物业租金及相关开支从 2018 年的人民币 684.9 万元下降到 2019 年的人民币 240.2 万元，下降了 64.9%；所占收入百分比，从 2018 年的 4% 下降到 2019 年的 0.9%。如此大幅的下降，或与会计准则的变化有关，但哪怕以 4% 来算，都已经足够具有冲击性。大多数餐饮企业的这一块可能高达 15%—30%，那些生意惨淡的，这个比例更高。

我们再来看星巴克和全家。前些年，星巴克在中国的商场面前就不错，很多非顶级商场都是渴望星巴克入驻的，甚至提出了免租、补贴装修费等一系列优厚条件。那么商场怎么赚钱呢？就是等星巴克入驻以后，再去吸引小商户入驻，星巴克在中国的总体租金成本占比是 8%—10%。

北京全时便利店的大面积停业告诉我们，看似火热的便利店其实要赚钱太难了。但是全家为什么能活得好好的呢？因为它进入一个市场后就先拿下地标制高点，然后带动知名度、品牌资产快速提升，从而获得与物业的议价权，全家的租金成本占比基本控制在 15% 以内。

从火锅店到咖啡店再到便利店，归根结底是品牌资产的胜利。

03

“长期主义”是个热词，很多投机者也喜欢说自己是个长期主义者。“乱花渐欲迷人眼，浅草才能没马蹄”，主要看他是怎么做的，在决策的时候是考虑长期的利，从而做一些割舍，还是选择短期的利，只是嘴上说说。

作为一个接受过多元价值观且认可多元价值观的人，我是绝不会从所谓道德的角度去阐述我的观点的。因为生意有生意的玩法，不是个人主观意志。我相信存在即合理，我相信人人都有自己的难处，企业也是。但我还相信，深夜里不断呼喊你的声音，就是你真正的初心。比如你就是想赚钱，那就卖货，导流量，放加盟，割一波就走。如果你为品牌做点投入，就瞻前顾后，割肉似的疼，就不要太为难自己。但你也不要去嫉妒别人为什么能得到大资本的青睐，会有头部的效应。如果你心里有个品牌梦，你想做的是百年老店，是一个真正值钱的品牌，那你一定要坚守住，别看到别人 9.9 元包邮卖了几十万件商品，自己就动心了。其实今天 9.9 元包邮，这辈子也就 9.9 元包邮了。

凡事有得必有失，王阳明说知行合一，知易，行易，但合一太难。

04

这世界上，没有人和企业是不难的。看看波音，看看万豪，看看东航，是一个比一个难，难才是人间的常态。

你无法改变世界，只能改变自己来适应这个世界。核心的道理，达尔文在几百年前就已经说清楚了：弱肉强食，适者生存。这个适者，不是更大，是更合适。所以霸王龙都死了，微生物细菌却穿越了上古时代。

你必须搞明白自己能活下去的核心是什么。是直播，是裂变，是品牌价值，还是产品主义？都可以，但是别乱拼。你必须守正出奇，优化基因，而不是乱改基因。

比如你有很完善的经销商体系，这可能花了你毕生的心血。那么你搞直播的时候，就不能不顾经销商，只管自己卖了。你必须得有一套基于全体经销商利益的直播模式和体系。如果你的核心是产品力，那么你必须保持在产品上的投入，不管世道看起来多么不确定，你都要坚持住。假设戴森的东西不再那么“香”，你真的觉得大家还会喜欢价格更低一点的飞科吗？不会。因为大家喜欢的就是产品力。

又如水饺在过去的认知里就是一个低端的品类，做大的只有速冻水饺。过去在东北，虽然大家都喜欢吃水饺，但是总是觉得外面的饺子馅很糟糕，直到一个叫“喜家德”的牌子出现，他们只用最好的猪肉来做馅。在哈尔滨，给他们供肉的肉商说，你这样做绝对活不下去的。但最后，肉商自己经常来吃，还到处宣传，吃饺子去喜家德吃，因为肉是他供应的。在哈尔滨做了 5 年没盈利的喜家德，到第六年才盈利，现在已经在全国有 600 多家店了。喜家德推出的高端品牌喜鼎海胆水饺，简直比鼎泰丰还高级。

如果逻辑变成因为用最好的猪肉不赚钱，就用普通的甚至差的，那喜家德就不会有今天了。

05

品牌资产看不见摸不着，但它真的存在。

很多人因新冠肺炎疫情被关在家里的时候，会说等解禁了要去喝喜茶。所以，喜茶是消费品品牌，别的都是奶茶品类。品牌资产的价值在一个品类开始衰退的时候就出现了。当品类增长时，你会觉得做不做品牌都一样，因为都长得很快，比如 ×× 串串、×× 奶茶、×× 电视，但品类一旦停止增长，所有自主流量就导向了拥有品牌资产的人。

过去 10 年，在淘宝天猫上开网店的其实一直有个门派，用品类关键词来获得流量。然后，价格战越打越凶，关键词越来越贵。因为你只是一双塑料鞋，所以只能卖 19.9 元包邮，但如果是菲拉格慕的塑料鞋，那就能卖 2000 多元。但是拼多多已经开始向品牌侧反扑了。如果你有一块最后的堡垒的话，那依然是品牌。这件事百年来没有太大的变化。2019 年奔驰车顶盖维权的事情还记得吗？影响奔驰的生意了吗？

06

品牌资产的划分有非常多的流派，我们在此不为哪种是最好的而抬杠。在品牌大师戴维·阿克的《管理品牌资产》中，品牌资产有五个维度：忠诚度、知名度、认知度、联想度以及其他品牌专属资产——商标、口号、渠道等。

随着时代的变化，我认为其实核心就是数字资产、心智资产，剩下的都是结果和点缀，比如渠道会随着心智的垮塌一起垮塌。因为 Gucci（古驰）、Prada（普拉达）、Cartier（卡地亚）这些品牌太多人喜欢了，所以稍微打点折，国贸、新世界就挤爆了，我们只能感叹有钱人的世界我们不懂。虽然 2020 年上半年机场免税店看似冷清，但是从长远来看，并不影响这些大牌。

如果你的店垮了，那是真垮了，你只能渴求网红主播给你带货，给人家 20%—30% 的利润，你什么都赚不到，最多就是清库存罢了。以服装为例，

100 元的衣服，主播带货享受最低价，如果打三折就是 30 元，再抽 20%—30%，就是 6—9 元，再加上大概 40%—60% 的退货率，就所剩无几了。对，你没有看错，我已经和多位一线从业者和管理者反复确认了，这就是行业共识。一次直播卖下来，品牌可能还要倒贴三五个点，然后咬着牙发喜报。主要原因是什么呢？库存太大了，大到令人崩溃。

最近我都看到海澜之家 25.5 元包邮、美特斯邦威 19.9 元包邮了。这条路再不寻常，也得寻常了。库存的苦，大家都懂，但回过头来，消化完库存，其实你还是只能去重塑品牌，不然会越来越苦。一来一去，发现真的是半点好处没捞到（注意，我认为直播是有价值的，但是只靠做直播也是不行的）。

品牌资产归根结底就两个：心智和数字。用心智获得认同，乃至信仰，从而创造利润。用数字读懂用户，占领网络，从而做出更好的产品和用户池。

品牌的创造有方法，加速亦有方法，但品牌的经营没有一劳永逸的方法。就好像感情的经营，基本上就是日复一日地投入，再无他法。适当地打折清仓，就像情侣偶尔吵个架，是没什么问题的，回过头来赶紧和好就行。如果整天这样，不就透支了吗？

07

国内确实有一阵风，是走白牌路线的，但是白牌依然在有意标榜自己与爱马仕是同一个制造商。其实他们这样也是在创造品牌，并且这个品类只能满足处在某一个心理状态和收入阶层的人，但并不是一辈子都能满足。从终极来看，依然是品牌制胜。

当然，我也写过《10 亿人没坐过飞机》之类的文章，说了更多更低价的逻辑。但是我必须阐明：所有人都希望过更美好的生活，只是大家的收入状态、见识阶段不同而已。奢侈品有奢侈品的路，快销品有快销品的路，下沉市场有下沉市场的路，但人们对美好生活的向往从未改变，而品牌是承载美好向往的最重要的因素之一。

你必须守住你的品牌资产，因为一旦你服务的那群人不再向往你，甚至觉得你不合适，你就完蛋了。丧失了品牌资产，只会打折的品牌本质只是牌子，就像如果你是一个卑微的人，说再多遍“我爱你”，你的女神或男神最多也只会说你是个好人罢了，脾气不好的还会让你滚（点击了“不感兴趣，以后别推荐”）。

当然，正如前面所说，选择自己的路即可，你可以坚持只做打折商品，走自己的生存之道。是赚一时的钱，还是赚一世的钱，是做毛利的生意，还是做估值的生意，完全在你自己。或许这就是人生吧。

超级品类背后才有超级企业

01

是否有“一劳永逸”的投资或是事业？有的。但为什么大多数人遇不到，抓不住，即使抓住了也做不久呢？因为他们没有理解超级品类背后才有超级企业。首先，他们不一定看得懂什么是超级品类。其次，他们遇到了也会被短期更有诱惑力的事吸引走。最后，他们没有在这份事业里用尽全力做到具备壁垒性。

中国有句古话说：“男怕入错行，女怕嫁错郎。”这个“行”，在中国迈入现代化之后，就是超级品类。作为实践者与从业者，你必须进入超级品类，才有可能成就超级企业。这和你努不努力一点关系都没有。

作为投资者，你必须选中基于超级品类里的企业进行投资，才有可能拥有千亿市值。千亿梦想，和梦想无关，只和千亿的基础有关。如今人们形容一个垂直行业的第一名就说它是 × 茅。接下来我通过养鸡产业中的茅台——圣农的发展，为你揭开这个隐形冠军的面纱。但更重要的是，我们要谈谈超级品类里超级企业的底层逻辑。

02

如果 40 年前让你去创业，我想 99.99% 的人不会选择去养鸡。要么觉得苦，要么觉得这东西还是农耕时代的事情，做不大。苦先不谈，我们来谈谈能否做大这事，这在不同的时代是不一样的。养鸡在农耕时代确实是做不大的，因为那时候养鸡是一个离散的低技能行业。

但是今天的养鸡全产业不只是农业，它的本质是高科技产业。这一理解很重要，这一逻辑同样适用于牧原、温氏在内的养猪企业。如果我告诉你，你没听说过的圣农发展 1 年能养 5 亿只鸡，年销售已经接近 200 亿元，这是否颠覆了你对这门生意的看法？

数据显示，2015—2019 年圣农发展的营收分别为 69.4 亿元、91.63 亿元、101.59 亿元、115.47 亿元、145.58 亿元，同比增长 7.83%、32.03%、10.87%、13.66%、26.08%。

2020 年的当红辣子鸡，无糖气泡水赛道与之相比，数量级还差一个 0。

有的行业，就是闷声不响发大财。

03

鸡的养殖与加工产业的规模，本质上是由下游需求来决定的。而我认为，鸡肉未来会成为比现在更超级的品类。麦当劳和肯德基已经证明了“鸡”可以畅销全世界，全世界几乎所有的国家都有各种吃鸡的方法，无论是烤、炸、蒸，还是其他方法。麦当劳在进入中国之初，主推牛肉汉堡，因为牛肉并不是当时中国人味蕾的首选，一度让肯德基的鸡肉汉堡抢占了先机。华莱士形成了 5000 家店的格局，正新鸡排有 2 万家店，德克士用时间差和空间差与肯德基、麦当劳形成了接近稳定的竞争格局。

这些充分证明了真正好的品类是横跨所有人群的。

过去 10 年，餐饮界有过几轮火爆的炸鸡类项目。从炸某个部位到整只鸡，从调料创新到场景创新，永不停歇。2020 年年初，老乡鸡的营销成为年度第一个爆款，并由此拉开了它的全国化战略。这恰恰说明了“鸡汤 + ×”成了正餐快餐化的一个超级爆品（补充一下，老乡鸡目前使用的是黄羽鸡，圣农目前主产白羽鸡）。

我们对鸡的想象空间，始于炸鸡但远大于炸鸡。比如“鸡汤”在中国有两重含义：第一，从小妈妈告诉你鸡汤滋补。第二，指代正能量的文字。这就是一个品类在中国的元认知。然而，一方面正餐快餐化，另一方面在正餐上鸡也有无数的分支：椰子鸡、猪肚鸡、大盘鸡、黄焖鸡……每一个赛道都有头部，每一个赛道都能支撑若干个中型企业。

绝味鸭脖的股价一骑绝尘，颠覆了我们对鸭脖子的想象空间，而它的本质是基于饮食刚需的“万店终端 + 工厂”的零售模式，已经得到了资本市场的认可。不说鸡鸭，就说巴比馒头，2020 年 10 月 12 日登上主板，天天涨，一度飙升至百亿元，本质上也是基于饮食刚需的“万店终端 + 工厂”的零售模式。紫燕百味鸡等在鸭子的隔壁，做起了一样的事情。

不管是肯德基、华莱士、老乡鸡还是紫燕百味鸡，在过去的 40 年里，鸡肉俨然已经成为餐饮的确定趋势。根据 FAO（联合国粮农组织）在 2019 年发布的报告，无论是从产量还是用量来看，禽肉都连续 4 年超过猪肉成为全球第一大类动物蛋白，而 2020 年鸡肉将超过猪肉成为第一大肉类。

另外，FAO 的数据显示，2019 年中国已经超越美国成为世界上最大的禽类消费国，而其中鸡肉消费量首次超越欧盟位居第二。USDA（美国农业部）的数据显示，中国猪肉消费量从 2015 年开始连年下降，2019 年更是有高达

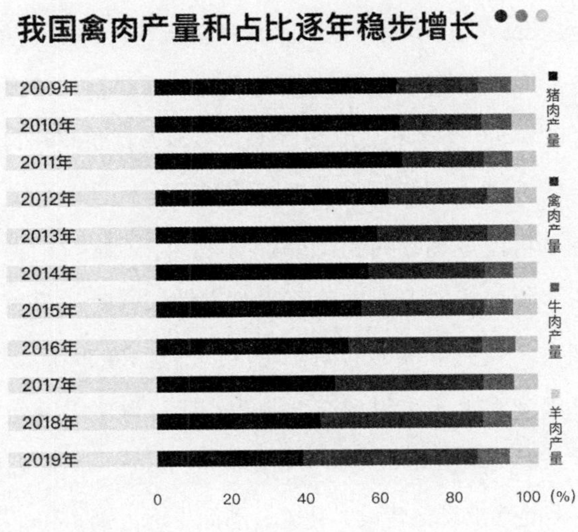

数据来源：根据公开资料整理

500多万的缺口需要依靠进口猪肉和其他蛋白类产品替代，其中以鸡肉为代表的禽类是最大来源。即便如此，中国人均鸡肉消费水平仍低于其他主要国家和地区，随着居民健康意识的增强，尤其是对日常蛋白质的需求越来越大，中国鸡肉市场还有很大的增长空间。

中国工程院院士刘秀梵表示：40年来，中国肉鸡的发展能够成为国内畜牧业的标杆，主要是因为圣农等一批行业代表企业，凭借其高集约化、强产业化、大规模化、严标准化等优势，迅速实现了现代畜牧业的转变。这种转变也是下游需求企业对于超级品类发展的推动。

04

以上分析，是我从消费者的角度来解释鸡为什么是超级品类，下面我要从一个更加完善的商业逻辑去解释。超级品类不完全等于“量很大”，它还需要别的特征。理解了这些，再去看圣农，它或许远远没有到达天花板。

这里先抛出我个人对超级品类的理解，那就是，要看元认知，看这个品类的基础设施建设，看技术是否迭代至具备扩张性，看整个生态是否已经成熟，看消费是否具有周期性、永续性和增长性，看是否具备规模壁垒。

什么是元认知，已经在上文解释过了。中国人喜欢吃鸡，比如做手术后、坐月子时都要喝鸡汤。正能量文字也叫鸡汤。这就是一个文明体系对这个事物的元认知。再说说鸡和鸭的兄弟：鹅。广东地区特别喜欢吃鹅，但是大多数北方人多年养成的习惯中就不喜欢吃鹅，同时觉得鹅不高级。这直接导致在深圳、广州一带很火的鹅“北伐”一直失败，所以它无法形成一个超级品类。因为需求无法得到充分刺激，所以源头上养殖户也不会做出革命性的突破。

看这个品类的基础设施建设。比如，潮汕牛肉火锅，有一段时间特别火，但就是很少有人把它做大。为什么呢？因为“现做”消灭了一半的可能性。

黄牛的产量是有限的，养殖技术上暂时没有突破，淘汰了剩下的可能性里的一半。最后，牛肉贵，食用没有那么高频（属于元认知问题），使得这个品类暂时不可能出现在肯德基、华莱士的店铺里。但是鸡从配种到饲料，再到培育，最后到宰杀，全部已经跑通，也不受限于某一特定地区。

看技术是否迭代至具备扩张性。养鸡、养猪过去都不是什么能做大的事情，如果遇上瘟疫或行情不好的年份，那就一夜返贫，完犊子了。但是技术革命使其变成了一个超级行业，这个在下文细谈。

看整个生态是否已经成熟。比如，下游是否有很多 To C 的消费品品牌。这是一个很好的鉴定标准（但不是绝对的），因为有的品类可能市场很大，但就是无所谓品牌不品牌的。如果没有成熟的具有生命力的上、中、下游，你这个品类也是独木难支。前文已经详细分析过，鸡有海量品牌，其中包含好几个世界最强品牌。

看消费是否具有周期性、永续性和增长性。有的东西消费一阵子就过气了，有的东西很容易迭代，不具备永续性。白酒企业为什么成为 A 股最受券商追捧的板块？我们先不谈资金面的话题，其中有一个很大的原因，就是基酒不会过期，它是资产，同时白酒不存在太大的周期性，而具有某种永续性。

看是否具备规模壁垒。典型的案例是申洲国际，一个专门给运动品牌代工的工厂，市值 2000 多亿港元，可以说是代工界的新高度。过去，我们一致认为代工厂没有什么壁垒，但其实它有很高的壁垒，成本更低的无法保证品质，能够保证品质的无法生产足够多的批次，能够生产足够多批次的垫不起钱，反正全都能实现的没几个。这就是一个行业的头部规模壁垒，也许从业务面来看是没有什么技术难度，但是综合起来，能够取代它的几乎没有。

以上六点，环环相扣，构成了圣农与它所处行业的基本盘。不是行业的总产值高就一定是超级品类，一种碎片化的市场，是无法诞生超级企业的。我们可以这么形容：一片汪洋大海，总能孕育出鲸鱼。

05

我第一次去圣农之前，也是把它归类到了农业养殖企业，直到去了之后才有了明显的改观。我的第一印象就是遥远，非常之遥远。它位于福建省光泽县——处于江西和福建的交界处，这一带都是连绵不绝的山。

在过去没有修好路的年代，你如果和另一个山头上的姑娘谈恋爱，互相喊话都能听到，但是去见她得一天一夜，属于异地恋。

从南平市高铁站下车，坐巴士到光泽县，大概用了近 2 个小时。因为那天从上海到南平的高铁中途停车，一共用了 6 个小时，正常是三四个小时，所以总共用了 8 个多小时。这是已经实现超级基建后的最快速度了，在以前没个两三天都到不了。

在那样的崇山峻岭里，搞出一个上市公司真的令人佩服。后来我了解到，这是福建省第一批注册的民营企业。1983 年 4 月 20 日，创始人傅光明辞去公职，贷款 2 万元，创办了个体养鸡场。

1992 年，光泽鸡业从海外引进第一条中国业内最先进的自动化肉鸡屠宰加工线。

时至今日，虽然女儿傅芬芳已经接班，带领企业在零售与科技化道路上大踏步前进数年，但是傅光明老爷子依然住在厂区，从未真正放下过事业。

06

到底是在 1983 年下海更重要，还是在 1992 年从海外引进第一条中国业内最先进的加工线更重要？从某种角度来看，我认为是后者。因为后者证明了傅光明的梦想和格局，证明了他认为的农业的未来是现代化、高科技化，而不是比谁更辛苦。如今，在圣农的车间里，过去只出现在电影里的欧美设备一应俱全。

1987 年 11 月 12 日，中国大陆第一家肯德基餐厅在北京前门开业。

1990 年 10 月 8 日，中国大陆第一家麦当劳餐厅在深圳市解放路正式开业。因为超级 To C 品牌进来了，它们需要寻找到可以供应足够高品质白羽鸡的企业。如上文所说，它们需要的是这个行业的“申洲国际”，而不是零散的小养殖户。

1994 年 9 月，百胜中国与圣农达成长期的合作伙伴关系。其后，圣农迈入快车道，截至今日，圣农依然供应着肯德基近七成、麦当劳近三成的白羽鸡。你打开手机地图软件，搜索圣农食品，可以看到沿着蜿蜒的富屯溪（武夷山矿泉水在这里取水生产）分布着圣农的一到六厂，一个完整的产业链，就连鸡粪都可以送到就近的发电厂发电。这里有专门改造过的火车站，将东北运来的玉米等饲料原材料直接送到饲料车间进行混合加工。

可以这么说，一只鸡的一生，在这里被安排得明明白白。

07

那么这个超级品类的超级周期结束了吗？我想并没有，我的观察方法很朴素，和很多分析师的方法不太一样。2015 年正新鸡排只有 1000 家，但是 2019 年线上可统计的就有 15000 家，还有 5000 家下沉到了乡镇一级的门店，没在线上统计。也就是说，正新鸡排 4 年时间新增了 19000 家。

我始终坚信：长期的价值判断来自最朴素的思考，而不是各种花里胡哨的分析。

2006 年前后，一个通过炒期货发财的朋友，运用各种分析方法得出一个结论：铜价肯定会跌。后来他差点彻底完蛋，为什么？是他的分析手法不高明吗？不是。中国长达 20 年的房地产周期已经展开，所有电线、各种家电都需要源源不断的铜，在这种情况下，铜价怎么会跌呢？这个故事，是他置之死地而后生之后亲口告诉我的。所以，我始终认为，我们学习，我们观察，是为了成为一个更加冷静、客观、成熟和更有判断力的人，而不是为了炫技。

08

很多时候学习是为了另一件事情，那就是学会放弃大多数事。比如如果养鸡赚到了钱，去改行做房地产，在过去20年也许能继续赚大钱，但未必能通向伟大的道路。与瞎猫碰到死耗子相比，遇上超级品类更难的是什么？是超级坚守。我理解的超级坚守无非是两个维度，时间的纵向维度和产业延伸的横向维度。

从1983年傅光明建立第一个养鸡场到2020年10月26日圣农食品七厂开工投产，37年都在坚持一件事。时间维度可以证明这个企业在某一件事上做了多久，但围绕鸡本身的全产业链建设才是圣农始终坚守的根本。

2019年，圣农对外声明已经自主掌握了“白羽肉鸡育种技术”，击碎了西方在这个领域百年的垄断。而看看其他行业，2020年炒得很火热的和牛依然需要完全进口，国内甚至连养殖权利都没有。除了种源的育种技术，圣农还将饲料、养殖、疫苗、宰杀、食品加工甚至废料利用都做到了极致，鸡粪发电和鸡粪肥料让我对农业现代化和科技化有了更深的认知。

09

深夜，在从光泽县回南平市的车上，我问同伴们的感受，有人说，彻底颠覆了想象；也有人说，感觉养鸡太现代化了；还有人说，能在这个山沟沟里奋斗40年，简直不是一般人。而我则想起了仿佛与之无关的三个人：巴菲特、德鲁克和查理·芒格。他们都居于闹市之外的小镇，虽然他们拥有巨大的财富和名誉，但他们极其克制、深沉和坚定。他们用一生坚守着他们的人生信条，这和傅家父女的坚守极其相似。当我们从表象抽离出来，写书、养鸡、投资，也许本质上都没有太大的区别。

或许，这便是时间的玫瑰。你在超级品类中，做到真正的超级坚守，才有机会成就一个超级企业。

品类战争：水饺之王是如何炼成的

01

在所有 To C 的战场中，最后的终极一战一定是围绕心智展开的。心智的本质到底是什么？是用户对一个品类的元认知。元认知的强大，就像潜意识，如影随形，哪怕你感受不到。在 To C 的品牌语境中，这个元认知就是品类，品类战争的本质是控制品类制高点，实现品牌即品类。

02

你会发现，绝大多数跨品类作战的企业都会面临做啥啥不精的情况。销售额堆在一起，乍一看好像挺壮观的，但是仔细一看财务报表，发现利润比刀锋还薄。用按摩师傅的话说，就是体虚，湿气重。所以在餐饮领域，已经很少有人会投资那些什么都干却没有王牌的餐饮企业了。在日化领域，除了那些大清朝覆灭之前就成立的真正巨无霸海外集团，你也很少能看到什么都做得很好的企业。就算是互联网企业，你仔细一看，大家或许都有一堆产品，但都是沿着一个核心能力展开的，无论是“社交”“电商”“算法”还是“搜索”，能干成的产品，几乎都暗合了自己的核心能力和基因。服装就别提了，很多上市企业的事业部一大堆，最后剩下的资产都是库存。

今天，我并不打算从大家都在讨论的大投放类消费品切入，因为很多品牌并不能突破一旦投放结束就阵地不稳的困境。品类的占领，需要多维度齐头并进，这叫作战略的“配称”，是从产品到组织，再到理念。

接下来我将以一个水饺品牌的 18 年崛起之路来阐述品类战争。创业 18

年，它以极具匠心的产品，独特的组织模式、经营理念与价值观成为现做水饺品类第一。它就是喜家德，现在全国有600多家门店，营业规模也是现做水饺品类第一。

03

品类战争的第一要义：不要在连自己是谁都不清楚的情况下发动品类战争，否则必输无疑。只有搞明白自己是谁，能做什么，会做什么，才能够形成核心力量。这是喜家德创始人高德福给我上的第一课。20多年前，老高在老家鹤岗经营鲍鱼馆、海参馆等大型酒楼。这一类馆子的通病是投资大，对厨师也很依赖，同时菜品复杂，谈不上流水线可复制。可以说，这个品类先天就做不成大品类。

2000年前后，中国本土餐饮连锁化之路刚刚起步。老高是第一批做连锁化的企业家，当时他想做煲汤，做标准化，复制到全国。于是特意托了很多关系找到广东一位泰斗级别的煲汤大师，花重金向大师学习煲汤的配方技术。

大师问了老高一句话："你为什么会来找我学习煲汤技术？"老高回答说："因为全国煲汤最有名的地方就是广东，而您又是广东煲汤煲得最好的大师，所以来找您了。"大师回答："既然你也认为全国煲汤最好的地方是广东，那么你是喜欢喝东北人煲的汤还是广东人煲的汤？"一句话让老高顿悟，他回去思考分析了好久，最后决定做饺子。

其实这就是品类元认知的一部分。用户在潜意识中认为有的东西就应该具有某种形象，很难更改，这是社会环境、历史习俗等原因造成的。我们绝不可能逆天而行，就像你绝不会相信上海人开的涮羊肉馆比一个老北京人开的好，哪怕吃起来真的差不多。

2003年的时候，高总做了一个当时周围所有老板都看不懂也不理解的重大决定：全力开水饺店，取名"喜家德"，并铁了心把这事当作终生事业。

但这个过程一直伴随着挫折。

从鹤岗进入哈尔滨，一亏就亏了5年。这是为什么呢？说好的东北人都喜欢吃饺子呢？因为2003年的东北，大家的元认知是外面卖的水饺约等于馅料不干净。

你看，哪怕东北人爱吃饺子，也觉得东北人擅长做饺子，但是在当时社会的营商环境下，大家一致觉得只有家里妈妈做的饺子才卫生，外面的肉都是下脚料，不干净。正因为这样的认知，饺子这个品类只能开小店，售价都是几块钱，只能糊口，赚不到什么钱。

04

品类战争的第二要义：品类的繁荣要靠品类本身的健康认知。三聚氰胺事件之后很多年，国产奶粉这个品类所受影响非常大。当年的路边水饺也面临着这么一个问题。想解决这个问题，只有一个笨办法：正本清源。这也是最聪明的办法，没有之一。

喜家德从创立起就坚持采购最好的猪肉。当时的猪肉供应商对老高的判断是这样的：你这店开不过半年！整个哈尔滨就没有人用这么贵的肉做饺子馅。但是后来，还是这个供应商，每次都和别人说："你要是上外面吃水饺，就只能吃喜家德，因为他们家的猪肉是我供的，绝对安全。"这句话一传十，十传百，喜家德的生意逐步好了起来，慢慢做成了哈尔滨的品类第一。

这对我的启发很大，那就是——慢就是快。有的时候，说一堆花里胡哨的广告语，其实用户是不相信的。只有解决品类主赛道上的核心问题——信任，才能迎来行业的腾飞。所以，行业里的从业者们只有共同繁荣品类，才是最佳决策路线。没有底线地"互黑"，其实就是搬起石头砸自己脚。另外，喜家德为了强化饺子干净放心，在第一家店里就引入了明档设计。这在十几年前是极具先进性的。

05

从 2003 年到 2008 年，喜家德在哈尔滨连续亏损了 500 万元。曾经有无数高管劝老高赶紧撤出哈尔滨，及时止损；也有无数员工提出喜家德的饺子太少，只有 6 种馅，而且老百姓爱吃炒菜，爱吃烧烤，应该增加菜品，增加 SKU[1]。对于这些言论，一直在亏钱的老高充耳不闻。

这就是品类战争的第三要义：聚焦，聚焦，再聚焦。千万不要觉得和你有关的都是你该做的，或者和你有关的你都可以做，都必须做。因为最后一定是只有少数几款产品定乾坤。

妙可蓝多就是这样的典型，在大规模投广告的同时，他们做了非常重要的一件事情：把 300 多种奶酪产品全部放下，集中一切精力只做一款产品——奶酪棒，然后他们成功了。

那么问题来了，聚焦水饺很难吗？如果要做到极致，确实很难。我们用数字来说话。在一头猪身上，喜家德只用 16 斤前腿肉，只出 4 块酱颈骨；在 10 颗土豆中，喜家德通常只选 2 颗最好的；所有饺子里的虾仁一律手工挑选 3 次；菜品中使用的韭菜要经过 9 道工序；饺子馅用的鸡蛋全都必须经过 245 秒低温精炒。

“看着白、吃着香、嚼着软糯，我们希望不用添加剂就把这些特征呈现出来。”喜家德的饺子粉是一种在外面买不到的特殊面粉，因为它海选自全球各地，是由各个产地最好的面粉混合制成的。澳洲的白小麦用于增加白度，加拿大寒冷地带的小麦增加劲道和口感，内蒙古河套地区的永年 4 号小麦主攻麦香。三种小麦按照特殊比例混合，才有了喜家德独有的饺子皮。

那么问题又来了，不卖老百姓爱吃的炒菜和烧烤，或许没问题，但是多几种饺子口味也不行吗？不行。之所以只卖 6 款饺子，是因为 SKU 多了，根

1　零售业中称单品为一个 SKU，英文全称为 Stock Keeping Unit，意为最小存货单位。

本就做不到所有产品不过夜。为了反向保证饺子绝不过夜，喜家德用的是最破釜沉舟、最直接的方法：门店厨房没有冷冻冰柜，只有冷藏柜，卖不掉的饺子就只能扔掉。

欲练神功，必先自宫。

聚焦之后，过多的干扰就突然消失了。就好像打一场仗不能有过多的目标，否则你很容易输掉战争。朱棣一开始和朱允炆打土地争夺战，发现自己根本干不过全国各地那么多的中央军和地方的保皇党，直到改变战术，放弃一切城池，用铁骑直逼京师，才一剑封喉。品类战争亦如此。

当我们只想把水饺做好的时候，问题就可以更好地解决。因为人的嘴巴是 5—8 厘米宽，所以喜家德把饺子做成 9 厘米长的“一”字形，让顾客在吃饺子的时候两口一个，咬一口剩一半，直接看见饺子馅，就能感知到饺子里的馅料到底好不好。什么颜色、什么比例、什么构成、是否足够干净卫生等一目了然。

以前喜家德的饺子是每份 16 个，总共 350 克，每个饺子的重量是 21.875 克，不是一个整数，这个标准员工难以掌握，所以后来又调整，改成一份 15 个，总共 360 克，每个饺子 24 克，员工方便记忆和操作，量化标准，精准配料。

这一切，只有聚焦，才有可能去思考。

06

这就够了吗？如果只做小范围的生意，就够了。但喜家德今天已经做到 600 多家店，这远远不够。产品之外，核心就是组织。

老高在扩张的道路上也是吃过亏的。有一段时间，喜家德陷入了盲目扩张的困境，不到 1 年时间就在全国几十个城市里开了 100 多家加盟店。最后由于加盟商的素质和专业水准良莠不齐，总部根本无法形成品控。加盟店里面卖什么的都有，极大影响了消费者的就餐体验，让喜家德多年积累的口碑遭遇重击。老高发现这一切之后，赶紧放弃加盟策略，把战线收回去，把门店重新握在自己手里。

于是，他又琢磨，所有的企业，最后能不能打仗，都是看组织力强不强。组织力强不强，就是看创始人能不能把人给琢磨透。他发现，加盟商自己不管事不行，员工纯打工也不行，给多了不行，给少了也不行，没有价值观也不行。把这一切琢磨透了，老高就算彻底从餐饮老板升格为企业家了。

一方面，他独创了一套叫作“358”的机制：3 就是 3%，即所有店长考核成绩排名前 50% 的，可以获得 3% 的干股收益，这部分不用投资，是完完全全的分红；5 就是 5%，如果店长培养出新店长，并符合考评标准，就有机会接新店，成为区域经理，可以在新店投资入股 5%；8 就是 8%，如果 1 名店长培养出 5 名店长，成为区域经理，并符合考评标准，再开新店，可以在新店投资入股 8%。

另一方面，他吸取了加盟的教训，采取只合伙不加盟的模式。即他和所有门店的合伙人一起投钱，做好了才能继续开店，不然不能开，合伙人再有钱也不行。这样一来，形成了一种与中国大多数企业完全不一样的风格，所有店的利益都是共生的，大家不用担心自己会被老板忽悠。

同时，喜家德是我见过总部管理人员最少的餐饮集团。并不是因为他们疏于管理，相反，人才精简是因为大量终端合伙人都在总部负责自己擅长的一摊子事情，并以此为荣，人人争着上岗。喜家德总共有 15 个平台，所有负责人都非常明确自己的本职工作。哪怕是新冠肺炎疫情最严重的时候，喜家德总部也没有崩溃，因为成本可控，管理可控。这就是品类战争的第四要义：在没有形成独特的组织力之前，你不可能赢得真正的胜利。

07

今天，喜家德的客单价已经接近 40 元，这在水饺连锁品类里似乎已经到了最高峰。同时，老高又布局了更加高端的产品线，那就是客单价接近

200 元的喜鼎海胆水饺，是整个品类的制高点，也是水饺之光。喜鼎大连旗舰店，已经成了很多人到大连必去的打卡之地。

这就是品类战争的第五要义：如果你成了头部，那你就有义务去引领与开拓，去做别人没有实力做也不敢想的事情。

08

依稀中，我们看到了一个中国餐饮老兵的 30 年。无论是因为好学还是因为灵性，他总是能把握住品类战争的核心要义。老高说，他创业最初，就是为了买一双有底的鞋子。现在，他为中国的水饺能够走出国门而努力，为更多伙伴能够实现理想而奋斗。他的起点或许只是一丝微光，但星星之火，可以燎原。

这样的历程，就是中国梦。

品类再造：小仙炖是如何成为品类第一的

01

时间如电光石火，站在2021年回望2016年、2018年，那已是三五年前，我们看到一批在那个时间段发芽、沉淀、成长的品牌，在今天开始被人重视与讨论。很多人问我今天做新消费品怎么样，如果你在过去做了很多积累（人脉、资源、打法、认知），那也许是非常好的契机（但可能已稍晚），但如果你不是专业的，也没有什么积累，那这个风口和你没什么关系。

新消费之所以“新”，肯定不是换个包装，换句文案，以及定位一个自嗨的点。在《为什么如今的新品牌，业内人士都看不懂》一文中我写道：今天的新品牌基本上是在该品类的物质供应红海里，找消费者的痛点和痒点，然后以一个有明显差异化的新产品理念作为支点，撬动起第一轮核心用户池，并结合新渠道、新主张实现一轮轮的飞速增长与沉淀。

02

后来我又对自己的观点进行了琢磨和细化。“什么是该品类的物质供应红海？”“为什么占尽优势的老牌抓不住？”“新到底新在哪里？”“这种新的壁垒到底在哪里？”“我们该如何借鉴？”我将带着这五个问题，以中国传统滋补品类的再造以及小仙炖为核心案例进行论述。

鲜炖燕窝领导品牌小仙炖在2020年“6・18”天猫大促期间，仅6月1日至8日销售额就突破1.02亿元，成为天猫“6·18”史上首个破亿的滋补品牌。另外，2020年天猫医药发布的6月1日品牌排行榜显示，小仙炖位居天猫医药成交 TOP10 品牌中的第一名，超过斯维诗（Swisse）和汤臣倍健这两大滋补保健品牌，中式滋补品也因此第一次反超西式保健品。在随后的“双 11”大促中，小仙炖更是稳坐健康、滋补、燕窝品类第一，再次超越西式保健品。

03

我们就以中式传统滋补品来解释第一个问题：什么是该品类的物质供应红海？事实上，干燕窝的供应就已经属于红海。网上有很多文章在反思，为什么中国有几百万家茶叶企业，就是做不出中国的立顿。这个话题已经讨论了十几年了，我想其中就藏着老消费和新消费的路线之争。即使思想老派的老头穿上印着“Fashion（潮流）”的衣服，他还是个老头，包括花胶、燕窝、茶叶、酒等在内的太多品类，其实这么多年一直都还是在用老派的思路。

所以，我认为在消费品领域，所谓红海就是用老的供应方式、老的方法一起争夺存量。“蓝海”也许就是换一个供应方式。我们看到在 2017 年 1 月的时候，即食燕窝还只占 30% 的份额，干燕窝占 70%，但这个比例在 2019 年 10 月发生了彻底逆转——而在更早的 2015 年，即食燕窝只有不到 20% 的份额。

04

干燕窝做到中后期，已经出现了这几种情况：（1）虚假宣传化。由于价格不透明，产品鱼龙混杂，出现了通过夸张的语言在朋友圈销售的情况。（2）玄学化。讲了一大堆的无法证伪的故事来抬高价格。在中国自有的很多品类都有类似的现象，比如茶叶，非得说这个山头就是被选中的，与众不同，所以价格高 10 倍，必须由 16 岁的少年去采摘。（3）过度礼品化。过去大家很少把燕窝归在消费品类里，因为其主要在药房销售，作为礼品不停被转送，至于收到的人吃不吃，无所谓。

这样做也许能赚到小钱，但都不是做一个新品牌的有效方法。所以，当我们说“为什么占尽优势的老牌抓不住”的时候，上面的论述已经回答了一部分，就是业内人士最后都会陷入一个奇怪的内卷循环。另外，他们会认为这东西就不应该改变，一定要遵循古法，但凡改变了，它就不是正宗的燕窝、正宗的茶叶了。

05

我们来看第三个问题：新到底新在哪里？

大多数新产品最后都会死掉，因为很难切中核心的问题，就是我们说的痛点和痒点。举个例子，你真的认为消费者要喝无糖的饮料吗？不，他要的是无糖且好喝的饮料，如果无糖不好喝，那不如不喝。那传统燕窝的痒点是什么？原料难鉴别。如何挑选好燕窝对于消费者来说是个难题，非常麻烦，除此之外，自己在家炖也是个麻烦，自己炖不好，还不好吃。于是，市面上有了很多糖水燕窝。其实今天的消费者不傻，特别会看配料表。消费者购买燕窝，不是为了购买糖水加一丢丢燕窝，而是为了滋补。这是真正的痛点，就是在满足滋补的前提下，还要很方便。

小仙炖取名自创始人之一林小仙，林小仙出身于中医家庭，在做小仙炖之前，自己已经吃了 8 年的燕窝，她的初心就是做一款好燕窝。另一位创始人苗树，2003 年大学毕业后，在一家奢侈品手表企业工作。苗树回忆，他去做这个品牌的原因是，这个品牌要做中国人自己的民族手表，要做中国人的奢侈品。在过去的工作历程中，他掌握了良好的沟通、管理、洞察和运营等综合能力。我想这是小仙炖在运营端和其他品牌不同的重要原因。

小仙炖在第一年刚创业的时候，做了很多不同口味的燕窝。最后根据长期跟踪数据分析得知，只有那一碗新鲜、料足的鲜炖燕窝是用户最需要的，至于到家之后自己加牛奶也好，加黑糖也好，那是用户自己的喜好，并且可能随时变化，千人千面。当然随着市场的发展，会出现品类分化的情况，但小仙炖坚持 3—5 年内就做这一碗鲜炖燕窝。

06

下一个问题：这种新的壁垒到底在哪里？

很多东西都很新，但是很容易被人给 copy（复制）走，并被干掉。当然在中国，被 copy 是常态，不被 copy 的往往是因为技术壁垒和投入产出有问题。所以，我们讨论的重点是壁垒在哪里，毕竟理论上燕窝厂都可以增加鲜炖的产品线。

第一道壁垒：品类第一的心智

创业初期小仙炖也有干盏燕窝，后来做了断舍离，全部砍掉，专攻鲜炖。注意：鲜炖和即食是两个概念。

鲜炖燕窝是短保质期，不添加防腐剂，产品更新鲜、更营养。产品力是构建品类的核心。为了更好地为用户提供新鲜营养好吃的鲜炖燕窝，小仙炖在品类创新的基础上进行了一系列革新。首先是革新了生产线，建设符合鲜

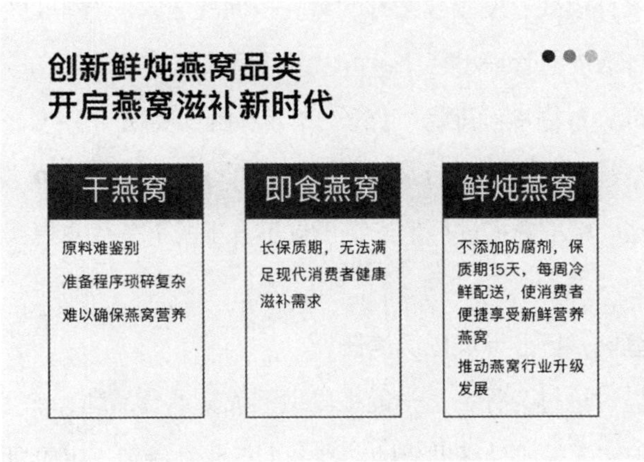

炖燕窝标准的生产线，并自主研发设备。目前小仙炖已建成鲜炖燕窝方便食品 SC 许可的工厂，标志着鲜炖燕窝正式区别于即食燕窝的罐头食品生产标准，真正拥有了独立的生产标准。

在此基础上，为了研究出科学的炖煮方法，小仙炖创新了鲜炖工艺。值得注意的是，这种鲜炖工艺有别于“大锅炖煮”后灌装，而是先灌装再炖煮，实现单瓶炖煮，还原了家庭手工“隔水炖煮”的方式，真正做到了用现代科学的方法还原一碗手工炖煮的燕窝。

优质的产品得到了广大消费者的喜爱。在获得了阶段性成功后，小仙炖没有放慢脚步，而是进一步巩固鲜炖第一的心智。小仙炖通过小红书、微博、微信、朋友圈等以各种形态的内容与用户进行沟通，将快速消费品的打法与逻辑复制到了这个品类中。

第二道壁垒：模式重塑

过去这个产业的主要逻辑是“To B 和小 B”，大家主要发展经销商，所以几乎没有用户运营的思想。小仙炖开创了新的 C2M（短路经济）模式与用户服务体系，并且重点放在线上。在做初代产品的时候，小仙炖就很重视用户体验和用户调查。他们对早期沉淀用户进行了长期跟踪，深入洞察，找到了我们上文说的在保证滋补的前提下，好吃又不麻烦的真正痛点，打造出了创新的周期滋补模式：按年或按月购买，按周配送，一对一的专属滋补管家服务，还有自助周期管理小程序，可以灵活修改订单信息。

下单鲜炖，每周冷鲜配送，保质 15 天。由于实现了 To C 的沟通与预购周期下单，就解决了巨大的后端难题——库存。提前可知订单规模，知道用户是谁，按这个精准数据进行生产，形成了真正的下一代零售模式。

第三道壁垒：行业标准构筑信任

前面我们讨论过为什么玄学的手段做不成新消费品牌，除了内卷外，最大的问题在于玄学是排斥标准化的。当一个行业发展到一定阶段，需求爆发，就一定会滋生很多乱象，因为大家都看到了行业曙光和消费风口。所以对于品类领导者来说，制定标准除了能让全行业健康发展起来，更重要的是可以构筑信任，包括供应链上下游企业的信任、消费者与品牌之间的信任、消费者对品类的信任等。

2021 年 3 月初，由中国产学研合作促进会、北京市小仙炖电子商务有限公司牵头，联合中国标准化研究院、中国检验检疫科学研究院、厦门海关技术中心、广州中医药大学、中国农业大学、厦门大学、中山大学等权威机构以及鲜炖燕窝产业链上下游头部企业，起草了《鲜炖燕窝良好生产规范》标准。这个标准是针对鲜炖燕窝全产业链中各环节而制定的，包括原料燕窝管理、生产加工、物流管理三部分。这是中国第一个针对鲜炖燕窝制定的标准，另外，这是针对全产业链制定的标准，不是某个产品和环节。为什么呢？因为它是燕窝，就必须对上游供应商、燕窝品质有严格的规定；因为它是鲜炖燕窝，就必须对生产及运输的过程进行严格的规定。

对整个行业来说，这个标准填补了这个行业在标准化领域的空白，势必会促进行业积极健康快速地发展；对于消费者来说，最大的意义莫过于能够高效、稳定地购买到高品质的燕窝产品，尤其是在一些行业乱象丛生之后，帮助消费者重拾对这个品类的信任；对于产业来说，能够帮助符合标准的各环节企业健康发展，让掺杂其中的不规范企业规范化，或者被淘汰，而不至于陷入劣币驱除良币的尴尬境地。想要在红海里找到新消费的出路，就要突破这些壁垒。

07

最后一个问题是“我们该如何借鉴”。“分析一时爽，借鉴火葬场”，过去有些商学院最大的毛病就是说得头头是道，然而根本不知道怎么用。古人云“触类旁通”，所以我想这事依然可行。第一，在中式滋补这个赛道中，这个模式是非常有可行性的，同时我个人认为小仙炖未来占据的赛道就是中式大滋补。第二，我认为花胶、雪蛤等相近品类都大有可为，都有重新做出一个厉害的新品牌的巨大可能性。第三，对于中、高客单价的产品和品类，这依然有极强的借鉴意义，锁客、提频、复购，一定是未来品牌竞争的核心。第四，每一代之所以能出现新品牌，除了趋势的变化，从微观上来说，还因为一些老品牌对显而易见的问题视而不见，认为不需要做出改变。我们需要一双善于发现问题的眼睛，找到属于自己的超级杠杆和机遇，这样，真诚终将穿透一切冰冷直达人心深处。

高端奶源战争：绵羊奶的产业化与百亿布局

01

我始终认为，中国的商业故事之精彩，并不是仅靠平铺直叙和倒推式的竞争模型就能解释清楚的，其中有一些东西永远无法量化。这或许与时代的巨大机遇有关。世界上第一次出现了如此巨大且基础设施完善的单一市场。哪怕只抓住 1% 的人，也可以创造出一个巨大的市场。如果你足够聪明和志向远大，能够不断拓宽外沿和摸高上限，那就可能创造出一个百亿甚至千亿的企业。或许和大时代下中国独特的企业家精神有关，他们的内心深处总是渴望在实现了自我成功之后，能够缔造出一个走向世界的品牌，总是渴望证明我们民族是会成功的。这或许与中华文明深层次的精神有关，就是那种仿佛矛盾但又自洽的思想体系。中国企业家既相信命运，又认为自己可以改变命运。这使得他们既能够韧性十足地面对困难，又能够在机遇出现的那一刻不顾一切地扑上去。

02

蓝河乳业集团，就是集中体现这些特点的一家企业。2020 年 12 月发布的《2020 年中国羊奶粉行业短报告》显示，2020 年羊奶粉市场销售额已超过 100 亿元。其中，蓝河位居中国绵羊奶品类销量第一，并在同年“双 11”取得销售同比增长 276% 的佳绩。2019 年销售增长 968%，连续 3 年位列新西兰乳品出口增速第一。而它从创立至今只有 5 年历史。

蓝河选择了一条非常与众不同的道路：用珍稀绵羊奶在牛奶粉一统天下

的市场中，一步步杀出一条血路。本质上它完成了一个品类开创与市场教育的过程。与此同时，蓝河又进一步抢占行业高地和整合行业上游的核心资源，并细分出绵羊奶粉的赛道，将其视为一种自我超越。这些充分地体现了我所理解的新锐品牌的样子。新锐不是指用户是 20 岁，而是一种气魄与灵魂。

03

我们首先要思考一个原点问题：品类从何而来？事实上，这个世界上最难的事情就是：已经做大的品类，你没有机会，而暂时没有做大的，你又发现不了。我在前文中总结了超级品类的核心特征和很多业内人士的六点评判标准，但更多人的评判方式还是通过结果倒推。比如他们认为牛奶肯定是超级品类，绵羊奶现在不够大，因此不是。

这种思维更适合做中后期投资，获得相对稳定的回报，但是无法抓住下一个百倍项目。事实上，相马不看皮相，而是看骨相。你需要有洞悉黑暗的眼眸，需要有从 0 到 1 的魄力，以及整合再创新的胆识与勇气。

04

那么羊奶粉这个“骨相”该怎么看？它是不是下一个大品类呢？

在蓝河乳业集团国际羊乳营养研究中心大楼的启动仪式上，我们与董事长陈立韬聊到“对于属于全新品类的高端羊奶粉赛道，蓝河是如何估算和开拓市场的”，他说了四个基本面：消费者认知、上游资源、渠道需求和品牌建设。这实际上与我对超级品类的定义一拍即合。首先从元认知上，更多的中国人潜意识里就认为羊肉比牛肉更贵，羊奶比牛奶更稀缺、更滋补。但是喝羊奶一直不是那么流行，因为数十年来，企业砸数百亿资金，都是在教育我们喝牛奶。但在这里，我们发现了一个至关重要的要素：总有一部分宝宝对牛奶过敏。

中国有巨大的人口基数，哪怕出生率降低了，依然还有1000万的年出生人口数量。而一个宝宝在出生后的3年里，消耗的奶粉大概是20—30罐。所以，这是羊奶粉这个品类的原点利基市场。羊奶粉更接近母乳，不容易过敏。与此同时，无数科研团队的研究成果也不断在教育消费者，绵羊奶更好、更贵、更稀缺，是奶中贵族。行业数据显示，绵羊奶的产量仅占全球奶产量的1%，远低于牛奶，绵羊奶不仅含有8倍于牛奶的天然乳铁蛋白和1.5倍于牛奶的天然乳钙，而且脂肪球颗粒比牛奶小1/3，比牛奶具有更多天然营养，更好消化吸收。

这给我们的启示是什么？从表面上看品类，你很难抓住正在涌动的潮水，只有深入其中，才能发现真正的命门在哪里。"羊奶粉市场有一个特殊的情况，就是资源决定市场，而不是市场决定资源。"深耕羊奶粉多年的陈立韬谈到了绵羊奶市场目前的"命门"。

蓝河创始人陈远荣2014年在新西兰考察时，看到一份奥克兰大学与新西兰初级产业部联合研究的绵羊奶营养价值的报告，敏锐地发现了其中的商业价值。之后两年，他与儿子陈立韬联合创业，分别完成了对新西兰的蓝河（Blue River）绵羊奶品牌和意大利撒丁岛Alimenta品牌的收购，建立起了如今的蓝河，而这两场并购将全球70%的绵羊乳清资源收入他们麾下。

之后，蓝河国际羊乳营养研究中心联合新西兰皇家农科院、意大利卡利亚里大学，基于对羊水解蛋白的研究成果，首次完成大规模试产，不仅极大地提升了产能，还在其自主研发的D90绵羊脱盐乳清粉的供应上形成了资源和技术壁垒。这就是品牌的基础设施建设与技术的壁垒。

看整个生态（时机）是否已经成熟。随着一轮又一轮的市场教育，奶粉行业的客单价一步步抬升，牛奶粉同质化却越来越严重。与此同时，更多消费者开始格外关注高端奶源和创新品类市场。谈及生态，陈立韬认为"过去5年甚至10年内羊奶粉的增长，还是以功能性需求为核心，蓝河未来将逐步把羊奶粉的功能型需求转化成营养型需求，让更多消费者不仅仅因为过敏才来买绵羊奶，而是真正认可绵羊奶的品类价值"。

在中国，父母都希望给孩子最好的一切。可以这么说，时机已经成熟。

看消费是否具有周期性、永续性和增长性。总的来说，奶粉的需求没有太强的周期性，但是和生育率有关。国家统计局等公开数据显示，婴幼儿配方奶粉中的高端和超高端产品销售额占比接近 50%。随着消费升级、新时代消费人群崛起等，高端市场迎来爆发，蓝河正在重塑高端奶粉市场版图。陈立韬表示，“根据羊奶粉的数据，这 10 年基本上都保持 20% 以上的复合增长率”。而天猫也宣布与蓝河共建天猫婴童食品绵羊奶粉类目，天猫婴童食品行业运营专家燕紫对此表示，“天猫坚信绵羊奶粉将为天猫婴童食品创造新增量”。所以，牛奶粉已经进入存量市场，但是绵羊奶粉还在快速增长。在人类发明人造人奶之前，该品类应该还是具有永续性的。

看是否具备规模壁垒。由于蓝河拥有全球 70% 的绵羊乳清份额，其除了自用，还做 To B 的业务，因此本质是已经拥有了规模壁垒。同时绵羊产量有限，壁垒效应明显。一位知名投资人朋友曾和我说过：“起势靠流量，但成败还是靠供应链。”他们的核心投资理念就是先看供应链，没有强大的供应链，基本就免谈。蓝河也有相同的企业理念，所以它在一开始搞的就不是流量，而是拿钱收购核心工厂和供应链。

05

但光靠这些是不够的，大母婴行业有一个特征，就是每 3—5 年就会洗牌。陈立韬说：“因为一个消费者的小孩从出生开始吃奶粉，基本就是 3 年时间，这就意味每年都会有新的消费者进来，一部分消费者出去。”当然，这不仅仅体现在商品上，传播和品类教育上也是如此。2010 年至今，母婴品牌已经切换了好几轮了。常青树也有，但一定是永远能抓住这一代妈妈的人。所以，蓝河选择了一系列既先锋又基于复利框架的打法：以年轻人为主轴的品牌和品类教育，不仅产业端从上游布局全链路，在营销上亦遵循先播种再开花的长期主义打法。但即便秉持长期主义，在每一波脉冲式营销的宽频阶段，蓝河也并不会保守，而是全渠道、分平台，根据媒体属性输出相对应的让年轻人喜爱的内容。

聪明的读者肯定在想，蓝河为何在互联网营销之外还可以如此“面面俱到”？事实上，我们又对其后端结构进行了分析，发现蓝河的成本结构和别的很多品牌有本质上的不同。其全产业链布局的优势极大地优化了成本结构，蓝河的绵羊奶每一罐都是自主生产加工，核心原料不需要采购，甚至还能靠原材料的 To B 业务赚钱。这使得蓝河有更多的精力把控与提升产品品质，也能够用一部分收益结余助力品牌影响力的传播扩散。

所以，真相往往在后端，而不是前端。我始终认为品牌的本质是创造溢价和区隔，现在市面上流行的纯销量打法，我认为缺乏厚度，缺乏持续的动力，并且很多投放渠道的回报率已经普遍低于 1∶1.5，这意味着它已经变成一种充钱的金融游戏，一旦后续资金跟不上就结束了。唯有品牌的厚度才是解药。

06

蓝河的第二、三曲线在哪里？

乐高在最初的几十年里，主要生产给孩子玩的玩具，后来又找到了第二曲线，就是成人玩具。事实上，乐高现在有大量的成年用户，我就是其中一个铁杆粉，其 IDEAS（创意）、TECHNIC（科技）等系列单价最高已经达 3999 元人民币。所以，品类的衍生，抓的不仅仅是物理上的属性，或者服务人群的新需求，更应该将自己的拳头力量发挥到极致。中国人对羊肉的认知就是滋补，对羊奶的认知就是更有营养。所以蓝河在坚定做大绵羊奶粉品类价值的同时，还将基于高端绵羊奶开创第二曲线，推出成人绵羊奶产品和绵羊奶奶酪产品，基于水牛奶研发全年龄段产品和水牛奶奶酪，培育出第三曲线，将应用场景拓宽至成人日常赠送长辈补充营养等。

蓝河正在最大限度地扩大绵羊奶品类优势，实现组合创新和错位竞争，实现百亿突破，并引领高端消费需求，创造新消费场景，让一个小众品类逐渐成为主流风口。

陈立韬说：“这是我一辈子碰到的绝佳的品牌创新和品类迭代的机会，我一定要抓住它。”“中国有这么多行业、企业，但不是每个企业都能够做到全球化、全产业链和全品类的，并且还是个创新的品类，绵羊奶有这个机会。”全情投入基于品类研发第二、第三曲线，其实也源于蓝河董事会主席陈远荣在创业初期的一个执念，这也是整个蓝河集团的企业“成就感”的来源。

07

当我坐早班机前往蓝河总部时，来回的路上正好都在下雨。去时，我带着很多疑虑，就是正在读本文的你所想的一切。回时，我打消了一些疑虑，能够用言语表达的，我已在上文逐一展开，但有的东西是只可意会、不可言传的，那就是我在开篇所写的务虚的内容。我想一个企业和品牌最终能走多远，也和这些很虚的问题相关。

对于我们普通人而言，寰宇之间，什么力量最强？我想是心力。唯有心力，无远弗届。

江小白的第二曲线

01

2020 年，新国货有点热，在我看来，江小白就是国货里的初代网红，也是网红里少数经过激烈战斗发展到今天的白酒品牌。

和很多人一样，我对它最初的认知基本建立在“有情怀的网红产品”上。后来我发现，如果真这样，应该早就垮了，毕竟每年叫 ×× 小酒的新品多如牛毛。

2020 年 9 月，江小白完成新一轮融资。华兴资本领投，Baillie Gifford（百利投资）、正心谷资本、招银国际资本、坤言资本及温氏国际跟投。股东阵营中，除了被业内视为“新经济推手”的华兴，还有投资了特斯拉、亚马逊的英国资本 Baillie Gifford，这家著名的国际投资机构专投“狠人”。江小白称，本轮融资后将继续推进“新酒饮计划”，新获融资全部用于技术研发及老酒储备，围绕“农庄＋酒庄”做深酒业全产业链，满足消费升级趋势中多元化的酒饮消费需求。

后来我发现，事情应该没有那么简单。以下将从品类归属与行业分析、时代特性与机遇、自身的业务底盘、第二曲线和更上一层楼需要什么，层层展开进行分析。

02

当你说“品类归属有什么好讨论的”时，说明你根本不懂江小白。事实上，中国白酒从物理属性上分成酱香、浓香、清香等主要香型，另外还有七八个小的香型，但这种分类属于专家视角和专业用户视角，对大多数人来说是隐性品类。你在路上随便抓 10 个人去问，茅台和五粮液分别是什么香型，我想一半以上的人是说不清楚的。

关心股市的朋友都知道，2020年白酒股一度牛气冲天。以茅台为首，汾酒、古井贡酒纷纷创新高，其中有几条支撑逻辑：第一，白酒哪怕因为新冠肺炎疫情积压也不会过期，这和牛奶什么的不一样，放久了还能卖得更贵，库存属于资产。第二，高端商务消费基本不太受影响，且恢复最快。第三，每年都在涨价，越涨越能卖，哪怕销量不涨，总营收看似还能支撑增长。第四，核心白酒群体仍未衰退。其实每一条都指向一个事实：中国意义上的白酒分成两个品类，一个叫作社交货币酒，另一个叫作口粮酒。

酒桌文化最近也炒得很火，本质上这是一个资源分配和勾兑的话题，它所对应的酒就是社交货币类，包括茅台和五粮液，以及各地区强势品牌，比如安徽地区就喜欢古井贡酒，其核心逻辑就是面子、社交和身份。

什么是口粮酒？我的理解就是日常以自饮为核心，无社交压力的酒。自饮很简单，就是日常自己喝喝，自斟自饮。什么是无压力社交？就是可以和一起穿过开裆裤的兄弟喝酒（你非说你和你兄弟喝茅台，我也没办法），大家很熟，不需要假装有钱，也不需要担心拿不出贵的酒他不高兴，你不是为了赚他的钱或想获取某种资源而和他喝酒，等等。

所以，如果你非拿茅台、五粮液的逻辑去衡量江小白，“你看，我根本不可能拿江小白去请客，我不会收藏它，我也喝不出身份感”，那确实你说得都对，但问题是人家一开始就不是传统意义上的社交货币属性的酒。社交货币的意思是说，就像用钱买礼物一样，能让你获得家人、朋友和同事的好评和好印象。从本质上来说，茅台是商人和富裕人士圈子的社交货币；喜茶，是年轻人在办公室、交友场景中的社交货币；哈苏、哈雷、黑胶唱片是人到中年时，想显得自己很与众不同的一群人的社交货币。

物理属性上江小白是清香型白酒。汾酒是清香型的佼佼者，在 20 世纪八九十年代是中国第一大酒品牌。但是，我不认为它现在和汾酒是一路人。

因为汾酒现在走的还是社交货币的发展道路，所以你感受不到它们是一路人。因此，我更愿意把江小白归到威士忌、伏特加、精酿啤酒那一类里去。当然它们在渠道和营销上也非常相似，这个在下文我们会分析。

03

神奇的赤水河边诞生了中国两大酱香酒，一个是茅台，另一个是郎酒。这在定位界被誉为一个经典案例。郎酒的成功不能简单归因于定位，它和时代息息相关。

事实上，中国社交货币类白酒的成功都应该归功于过去20年的市场繁荣，它成就了数量庞大的50后、60后和70后为主体的第一代精英商务人群，并助推价格不断攀升，但这个量和价都已经基本见顶了。

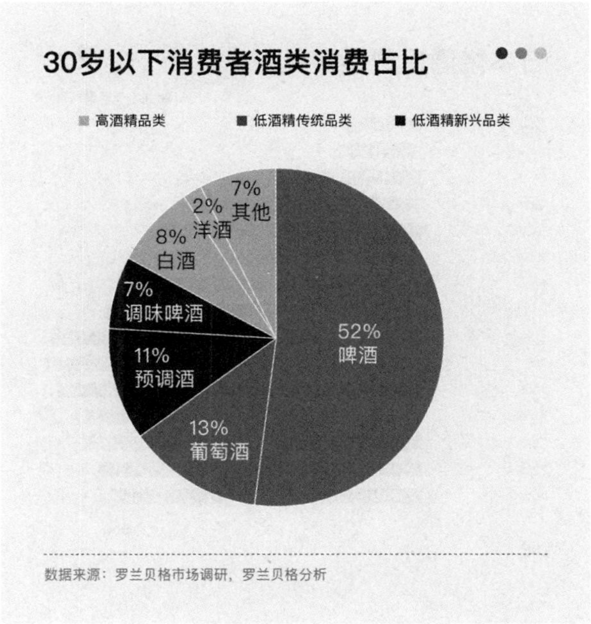

“年轻人不喝白酒”上了热搜,本质上是因为他们不喜欢油腻的酒桌文化。猛喝的话,威士忌也一样能把人搞死。但是来一杯香槟、起泡酒、精酿,慢慢来,其实在年轻人里还是能流行开来的。也有很多年轻人是白酒爱好者,来个二两小酒,喝到微醺,达到短暂的意识与现实分离的状态,就会感觉“好快活”,会爱上那种感觉。

咨询机构罗兰贝格的调研报告显示,2017 年中国内地 30 岁以下消费者的酒类消费占比分别为啤酒 52%、葡萄酒 13%、预调酒 11%、调味啤酒 7%、白酒 8%。从这组数据上,我们也可以看到当下的一个市场情况。

当然,我认为随着时间的推移,变数很大。毕竟你父亲小时候,大概也不太会热爱白酒。还有就是“每一个时代有每一个时代的机遇”,每当消费领域有什么变化,我们都可以望一望对岸的日本,无糖茶饮料 20 年前就在日本引爆,去 logo 化也是。

从 20 世纪 90 年代初到 2007 年,在日本酒水消费量总体下滑的背景下,

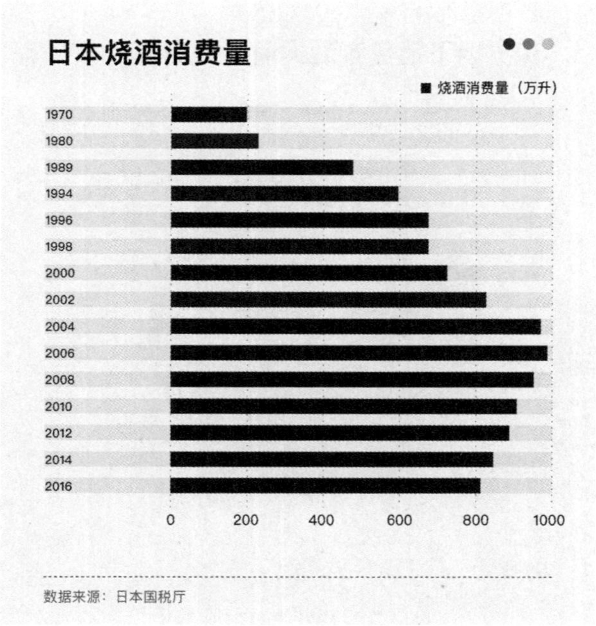

日本烧酒消费量却实现了翻倍增长，带动了烈酒的消费。根据立鼎产业研究网的研究，日本经济长期停滞、人口结构老龄化带来巨大的社会压力，居酒屋等饮酒文化盛行，下班后的聚饮和独自买醉都非常普遍，度数较高的烧酒更能满足这种需求。烧酒作为本土蒸馏酒,相比于清酒和其他烈酒价格较低，符合追求性价比的消费倾向。烧酒饮用时可以兑水，加冰、苏打水、茶和其他饮料，在不同年龄层和性别的人群中有较高的接受度。

我想这一趋势在中国也不会有太大的不同，2014 年中国人均 GDP 约等于日本 1986 年前后的水平，2020 年基本是日本 1995 年的水平。

太阳底下没有新鲜事。是时代选择了你，而不是你缔造了时代。从某种程度上说，江小白所代表的口粮酒，也暗合以上几点特征。

04

使江小白最近几年营收增长的不只是低度白酒。江小白是依靠更多水果口味的白酒以及更低酒精度的新品牌拉动营收增长的。江小白创始人陶石泉曾在亚布力论坛演讲中介绍过被称为江小白第二曲线的“新酒饮计划”。

目前来看新酒饮计划主要通过两个品类实现，“一是梅见青梅酒。青梅酒是国内非常古老的、有 3000 多年历史的传统品种，但是这个品种并没有被发扬光大。我们在研发方面、供应链方面做了几年的准备，目前我们江记酒庄旗下的梅见青梅酒已经成为这个品类里全国遥遥领先的品牌。二是果味高粱酒，我们将其快速地推向市场，以满足更多的需求”。

2020 年 9 月 8 日,江小白果味高粱酒“果立方”系列历经多年研发与迭代，正式上线。在正式推出“果立方”系列之前，他们曾经在 2018 年年初尝试性地推出了 23 度的水蜜桃高粱酒，当时这个单品 1 年的销量达到 100 万箱，如果按照折后价 116 元计算，销售额达 1.16 亿元。在随后的“6・18”期间，江小白推出了新品“果立方”系列，包含白葡萄味、卡曼橘味、混合水果味、蜜桃味 4 种口味。

2020 年 3 月 14 日，李佳琦淘宝直播间，20 万瓶梅见青梅酒销售一空；2020 年 6 月 18 日当天，梅见位列天猫果酒类榜单第一名。梅见青梅酒，酒体顺滑，度数低（12 度），不抢菜味，适合佐餐。运营者洞察到年轻人在忙碌的工作和生活中与家人朋友相聚不易，从而对单一场景进行多维用户需求的挖掘，使梅见这种酒成为寄托情感的媒介，向用户传达出“好久没见，打开梅见，是你我相见”的情绪体验。这就像是一种社交货币。

梅见以及江记酒庄的产品，也正在成为一群年轻人的社交货币。这是一盘很大的棋。在一个简化的消费品投资逻辑里，我们可以把逻辑抽象为“人、货、场”。当然，事情远比“人、货、场”更复杂。人、货、场的重组，带来的是全新的消费品机遇。

根据《商业评论》采访报道，当下年轻人的饮酒场景呈现多元化，江小白就用“BROTHER（兄弟）”来概括这个时代的消费场景：B 指的是酒吧（Bar），R 指的是餐厅（Restaurant），O 指的是办公室（Office），T 指的是户外休闲（Travel），H 指的是在家喝酒（Home），最后加上人（ER）。这一描述与日本酒业发展的趋势一致。

新一代的年轻人需要新一代的货，他们要在更多元的场合去消费。所以，江小白的第二曲线本质上是立足酒这一大市场，然后用自己对消费者的理解去满足这一代人的多样化诉求。第二曲线对于江小白的意义不在明面销售数字的增长，而是公司最长期价值上的隐性增长——用户数量的增长（尤其是年轻用户群体的增长）、用户满意度的提高以及合作经销商满意度的提高。你可以理解为一个互联网平台，只有更多 C 端和 B 端附着在上面，才更有价值。

《消费新时代》里曾经如此说道：“纵观消费品品牌的成长历程，你会敬畏时间的力量。”因为如果能在消费品领域找到一个好产品，并且好好经营它，维持一百年也是有可能的。酒恰好是这样的一个品类。

05

2019 年白酒上市企业的排行中，排第十的是营收 40.3 亿元的老白干，值得注意的是，我认为最接近江小白 1.0 定位的是牛栏山，它的营收有 100 多亿元。

向上冲击的愿景是美好的，但向上冲击靠的不是愿景，而是实力。在某种程度上，这是一场新旧之争，是赌我们会持续开发出国人热爱的国产口粮酒品牌，也是赌新场景会不断涌现。新场景才是新酒饮的根基，过去那种酒只是用来应酬的观念已经过时了。

聚焦白酒上市公司2019年报

	营收（亿元）	增速（%）	净利润（亿元）	增速（%）
茅台	854.30	16.01	412.06	17.05
五粮液	501.18	25.20	174.02	30.02
洋河	231.26	-4.28	73.83	-9.02
泸州老窖	158.16	21.15	46.41	33.17
汾酒	118.80	25.79	19.39	28.63
古井贡酒	104.17	19.93	20.98	23.73
牛栏山	102.89	10.91	-	-
今世缘	48.70	30.35	14.58	26.71
口子窖	46.72	9.44	17.20	12.24
老白干	40.30	12.47	4.04	15.38
迎驾贡酒	37.77	8.26	9.30	19.49
水井坊	35.39	25.53	8.26	42.60
舍得酒业	26.50	19.79	5.08	48.61
伊力特	23.02	8.36	4.47	4.43
金徽酒	16.34	11.76	2.71	4.64
酒鬼酒	15.12	27.38	2.99	34.50
青青稞酒	12.54	-7.04	0.36	-66.42
金种子酒	9.14	-30.46	-2.04	-300.71

数据来源：根据公开资料整理

在《IDG 资本对话江小白》中，江小白创始人坦露了对未来产业发展趋势的认知：用更广的时空观，拉大时间尺度去看，就能大致锚定公司会去到哪里。做前瞻性分析，无非是罗列环境里的“可变条件”和“不可变条件”，然后再进一步分析。陶石泉认为，如果追求长期价值，确保有一个东西不会变，那就应该是优质供应链。不管电商平台、社群电商、内容电商等怎么发展，优质供应链始终是底层的核心竞争力之一。

那么，酒类供应链的真正命门是什么呢？是生产的源头。也许，已经没有人记得 1996 年、1997 年的央视标王了，它叫作“秦池酒”。1995 年，秦池酒产量 9600 吨，实际销售 9140 吨，当年销售收入 1.8 亿元，利税为 3000 万元，而 1996 年标王额要在 6000 万元以上才能中标，也就是说，秦池酒必须保证在 1996 年销量达到 2 万吨，销售收入突破 3.6 亿元，否则，等待秦池酒的将是巨额亏损。问题就出现在它没有 2 万吨的生产力，最后走上了外购川酒勾兑的路，品质大幅下降。

1996 年 11 月 8 日，秦池集团以 3.2 亿元的天价卫冕标王。要消化掉 3.2 亿元的广告成本，秦池必须在 1997 年完成 15 亿元的销售额，它的产能、销量必须在 6.5 万吨以上，显然它的产能是跟不上的，于是在外购的道路上越走越远，后来在媒体曝光下迅速垮掉。我们可以清晰地看到，白酒大规模打广告确实可以在短期内快速提高销量，但是如果没有对生产源头的把控力，只会“死”得更快。头部白酒企业，本质上还是抓生产。

江小白的酿造基地江记酒庄，位于重庆江津区白沙镇。这里是中国小曲清香型高粱酒的主要产区之一，据称民国初所缴酒税与泸州齐名。江小白要是离开白沙镇，估计就做不出现在这种年轻人爱喝的酒了。只是这里的产业基础并不完善。20 世纪 30 年代，白沙镇酿酒产业集群被一场大火烧毁，加上战火牵连，一代酿酒古镇随之衰败。

几十年后，江小白想在这里再次酿出重庆小曲高粱酒，就必须一个桩一个桩地打基础。自建农庄种高粱，建设酒庄酿酒，通过酒业集中产业园引进配套服务……江小白上游供应链的建设之路还很长。目前高粱种植的核心面积达5000亩,按规划,其示范种植面积将为2万亩,带动种植面积将达10万亩。

过去的10年，江小白在那里投资了20亿元，酿酒年产能10万吨，老酒储存6万吨，已经有5000亩地可供种植红皮糯高粱，还配备了一流的人才团队，持续优化酿酒工艺与口感，并且在重庆和上海设立了研发中心，优化各项技艺研发与储备。

2018年，江小白对外公布“全产业链”战略。换句话说，就是在下游渠道分销、中游品牌管理等环节做扎实后，开始搞上游供应链了。除了我们所熟知的江记酒庄和江记农庄，还有江小白酒业集中产业园，这个产业园在2018年破土动工。在这个1300多亩的园区里，包装、物流等一系列配套企业都已相继入驻。

06

另外，江小白还宣布了“千千计划”，将用组织能力、数字能力、运营能力去赋能，帮助全国1000家经销商在未来3年都能达到平均1000万元的营业额。我在青海、贵州、福建、河南和内蒙古做调研的时候，看到江小白在小餐馆、大排档、商超和烟酒杂货店的入驻率超过80%。我认为，这便是江小白业务的基本盘，也是经销商体系发达的一种具象体现，而经销商体系的长期成功，本质上还是它能带着别人一起赚钱。所以，又回到了前面所说的问题上，要想长期赚钱，还是要有自己的供应链和全产业链。

也许江小白的营销迷惑了大家，让大家以为目标人群是一线白领，尤其是很多广告公司的人都乐于讨论江小白的营销，但其实江小白的利基市场不是他们。

10年前的江小白或许是靠营销和新定位出道的，但10年后的今天，江小白的销售收入已达到30亿元，覆盖了80%的中国区域市场。它的本质逻辑不是营销，而是从高粱种植到渠道终端的全产业链。

07

对于业内人士来说，几乎所有大厂在过去几十年都把心血花在了生产、经销商的构建和品牌打造上。在一个普遍意义上的大增长时代，大家都在圈地。而接下来，一场更激烈的肉搏战迟早会发生，这场肉搏战，要比审美、比精细化、比想象力、比年轻化。

江小白的第一个10年过去了，10年前业内专业人士不相信的事，现在在一件件地逐步出现。下一个10年，或许属于那些为未来做足了准备的人吧。

蕉内，怎么在4年内做到15亿的？

01

工业时代的品牌创业故事大多雷同：发现一个显性的刚需或者蓝海，组织生产资料，组织人力突破产能瓶颈，地推+渠道+经销商+硬广。比如福建晋江系，出了很多“××鸟”的运动品牌，风光一时。又如佛山大量的陶瓷品牌、顺德的小家电，基本大同小异。地缘、资源优势等，是那个时代品牌的明显要素。比如，你应该不会相信汕头出品的酱香白酒是正宗的。

而今天的品牌创业故事各不相同。如前文所说，今天的新品牌基本上是在该品类的物质供应红海里，找到消费者的痛点和痒点，然后以一个有明显差异化的新产品理念作为支点，撬动第一轮核心用户池，并结合新渠道、新主张实现一轮轮的飞速增长与沉淀。作为一个自认为整天泡在品牌和新消费里的人，我都经常有一种刚进城的眩晕感。我明显感觉到：新品牌们的思考路径和底层逻辑变了，基于过去的线性逻辑和判断方法很容易“翻车”。

02

我在很多场合说过一个洞察：也许很多人需要一条爱马仕的腰带，但用爱马仕腰带的人，大概率穿的内裤是没有牌子的。本质上这是社交属性和功能属性的差异。如果我们就此推断从内裤开始做品牌是没有希望的，那也未免失之偏颇，因为新人群需要的功能属性的包含项正在扩容。上一代人也许只是需要一条内裤，一条棉的内裤，现在的消费者需要的是“无感”。上一代消费者的拖鞋不硌脚就行，现在人们需要的是“踩屎感”。同时，自我愉悦的需求在快速提升，这是继社交属性、功能属性后的第三个心理属性。

比如，早些年大牌香水对于大多数人来说，光拥有就很难了，拥有之后必须在重要场合使用，这里的底层逻辑是社交属性，乃至取悦他人。但今天很多人洗完澡，不出门也会喷一喷，底层逻辑已经是自我愉悦了。在大量讲述品类的书籍中，上一代营销人将内裤、拉链这一些品类定义为品牌洼地，认为在这些领域做品牌的难度非常之高，哪怕做成了，也不太可能扩张。

03

在这里我将以新锐品牌蕉内为核心案例，阐述新消费品的扩张与增长。我要讲述的不是工业时代的故事，而是体感科技和重新设计基本款的故事。过去 4 年，蕉内的销售额每年都翻倍增长，2020 年的“双 11”，蕉内总成交额突破 2.2 亿元，较去年同比增长 3 倍，其中 5 个品类增幅超过 200%，文胸同比增长 536%，家居服同比增长 338%，内裤、保暖套装品类均跃居行业之首。

那么，这个背后到底是什么？

04

我们先从蕉内的初代产品开始复盘。2016 年，两位设计师共同创立了蕉内，其中臧崇羽（Chons）有 15 年的工业设计经历，李泽辰（Stephen）有 15 年的服装设计经历。蕉内的初代产品根植于这个品牌深层次的基因，兼顾设计美学与用户体验，而非从工厂主的角度思考他们要生产什么。

蕉内的第一款产品是内裤，放在 2016 年，创业做内裤还是不那么被大多数 VC（风险投资者）追捧的事情。那一年，所谓的新消费的浪潮还没有起来。当时这款内裤有什么特别之处呢？我们发现每条内裤里都有一堆扎人且刺痒的标签，总让我们感觉不舒适。其实解决方案也不难，就是剪掉它，但是没有一个厂商认为他们需要做出改变，而蕉内做到了将标签上的信息印在内裤上的创新，而这种做法也正好击中了消费者已经忽视却真实存在的需求。

经过4年的发展，这款内裤已经演变成现在的蕉内500E无标签内裤，成为蕉内的经典招牌。蕉内刚成立的时候，中国并不缺内裤品牌，可以这么说，贵的、便宜的，进口的、出口的，要什么有什么，但是它抓住了全行业认为根本不重要的一个点。

当年丰田汽车进入美国市场时，由于美国人开惯了大油耗的大车，对日本车并不感兴趣（当时日本生产还不等于先进制造），丰田派了几拨人去美国都没有打开市场。后来他们发现一个痛点，美国人早上开车出门都会路过咖啡店买咖啡，杯子容易在车内翻掉，非常麻烦。于是，他们在每个座位边增加了一个杯托，由此获得了进入美国市场的切入口。其后，丰田再一次跃升，成为全球化的超级车企。

05

如果故事发展的下一步是蕉内在内裤这条路上越走越远，那大概就没有然后了，各品牌开始内卷了。一个品牌越做越小，往往越没有出路，就是因为其思考的路径非常线性，且基于当时当下，而不是跳脱出来思考更长远的未来。哪怕花了巨大的人力、物力，也只是在解决一些没有杠杆效应和天花板极低的事情，然后陷入自我感动中。

详细研究了蕉内之后，我们在官方资料中找到了关于体感的解释：他们将那些贴近皮肤的，让大脑直接反馈信号的称为体感，即身体的感受。他们也基于消费者的痛点和痒点，致力于提升消费者的体感。

划重点：体感科技，致力于服务更好的日常。在我复盘蕉内的过程中，我能够想象到，他们一定有过对路线和使命的探讨，是沿着物理属性的品类走，还是寻求更深层的意义，去向内观，找到真正该去解决的问题？基于此，他们重新设计了普通袜子，让袜子也分左右，使用了手工的无感缝头工艺；重新设计了船袜，做了特殊处理，使其不掉跟；重新设计了文胸，解决了空杯、跑杯、上蹿等问题；重新设计了保暖品类，并极具科技感地将这一技术命名为“AIRWARM 热皮”；重新设计了基于夏日的防晒品类，命名为“MOVESTECH 凉皮”。

蕉内从内裤延展到家居服乃至毛巾、浴巾等家居用品。由此，我们可以看到一个清晰的路径：从内衣出发，到家居周边，再到一切基本款，都可以重新设计一次。

06

这不是推测，我在蕉内发布的全新品牌的视频中找到了其野心——想要“重新设计基本款”。新品发布会的视频给我最大的冲击是强烈的色彩对比。视频分为两个递进关系，是从一个最基础的问题“女生的反义词是什么”开始的。“女生”的反义词不是“男生”吗？常规的认知是这样的，但蕉内希望表达的不是对立，而是打破常规、追求更好。在第一层递进关系里，消费者其实还沉浸在最开始的困惑中，对自己的常规认知产生了怀疑。“袜子”的反义词是“不掉跟的袜子”？不掉跟为什么会成为反义词的核心？“本命年”的反义词是“我爱本命年”？不同设计的红色内裤为什么会成为爱本命年的理由……

你是不是感到很困惑？接下来的视频用快节奏的方式给我们做了解答。最后一个女生用锤子砸破的是所谓的常规和传统，引出“基本款”的反义词“上一代基本款”。视频通过如此快速地呈现反义词，让我们感受到了蕉内重新设计的基本款代表着细节、舒适、科技、设计，而这些标签并不属于上一代的基本款，也不属于人们对于基本款的惯性认知。

再回到第一层递进关系中，不掉跟的袜子代表着重新设计袜子的舒适感，重新设计的红色内裤让我们对本命年代表的不吉利不再恐惧。

视频结尾回答了“女生”的反义词是“对平庸的审美习以为常的人”。这个视频如此具有个性，有着强烈的视觉表现，在一众落入俗套的“三八”节营销视频中脱颖而出，这也是吸引我的主要原因。经过层层递进的手法，视频在结尾表达了明确但不油腻的洞察——“天生更爱美的女生，天生对审美更有话语权”。这种相对大气却不做作的表达，像极了成熟的国际品牌的营销风格，非常优秀。

这个视频给我冲击最大的两个画面都体现了蕉内的某种品牌内涵，具有强烈的色彩冲击和视觉表现，对产品舒适度和设计的追求也打破了常规思路，表现了其对基本款的重新设计。我想视频中所有模特的发型都是基础的短发齐刘海儿，代表了基础款的受众吧，但通过不同形式的呈现和对不同产品的选择，体现了“基本款可以更好”这一理念，这无关乎男女、贫富、胖瘦。

07

我们再来思考几个问题。

品牌化的过程到底是什么？是差异化的过程，是在消费者心智中形成与众不同的记忆的过程。我们看到，蕉内在2020年完成了10亿元的销售额，服务的用户多达500多万。也许大多数人暂时没有意识到，或者不觉得自己需要更好的内衣以及家居系列产品，但抓住500多万人，就等于获得了一个巨大的市场。这个人数每年在不断地自主扩大，将形成一种质变。这种差异化又是这个群体的共识。从终极来看，共识是品牌的原点，广告只是创造共识的一种形式和手段。

与用户的沟通是什么？是在每一个可能与用户发生关系的触点上都用心交互的过程。与用户的交互不仅仅体现在购买时，它发生在每一个场景中。其实，蕉内的电商运营也值得很多品牌反思。

当你点开蕉内的天猫店铺，就会感到它的与众不同。以人为本的导引，取代了以物分区的传统逻辑，不同于以往大家喜欢用好看的模特来凸显产品，蕉内所有的产品照片跟视频的风格一致，模特都是挡眼睛的短发齐刘海儿。从注意力的角度来说，这可以让用户聚焦产品本身，而非好看的模特身上。另外，每一位客服人员都有一个对应的文艺复兴时代的哲学家 / 诗人 / 艺术家的名字。走进蕉内的 000 号体验店，我们感受到的是科技感，而不是传统内衣店的性感暴露或传统家居生活用品店的温馨小清新。

审美在品牌中的意义是什么？过去审美是一个品牌的上引线。企业大多数时候都在制造差不多的产品，然后卖给最多的人。今天随着这一代消费者的审美觉醒，以及消费者主权时代的到来，审美成了底线，将审美作为不可逾越的底线的品牌，将收获巨大的红利。

审美本身也是一种与消费者的沟通，它体现在产品、广告片、电商页面、门店终端上，还包括快递盒。你可以在一堆快递盒中一眼找到蕉内。在蕉内的天猫旗舰店的评论区，你可以看到无数的晒单，也许这是人们第一次这么热烈地将过去被认为是私密的产品毫无色情感地晒出来。

08

三得利创始之初，只是做了一款去掉强烈烟熏味的适合亚洲人口味的威士忌。Mac 系统诞生之初，乔布斯觉得计算机系统不应该这么丑，并且不应该只有少数精英能拥有这个系统。纵观历史，消费品之所以有迹可循，是因为它大概率地遵循了过去巨头走过的路线，再进行迭代。

每一个国际消费品巨头在诞生之初，都在它所处的时代背景下，找到了去为消费者解决问题的使命，而非为了满足资本的喜好。与此同时，新旧领导品牌的地位切换，都是因为老巨头保守又平庸，从而一步步葬送了自己原有的优势。在蕉内的营销视频的结尾，砸锤子片段很容易让人想到经典的广告《1984》，蕉内的野心也很直接地表现了出来：取代平庸的老巨头。

09

我之所以坚定地相信未来，
是因为我相信未来人们的眼睛。
她有拨开历史风尘的睫毛，
她有看透岁月篇章的瞳孔。

——食指 《相信未来》

安踏，超越安踏

01

“安踏，超越安踏。”

这是我第三次使用 ABA 结构句式来写品牌。一般这种结构句式出现，就代表这个 A 类品牌是我心中认定的标杆品牌。我想今时今日的安踏已经不再是一个单纯的产品品牌和 logo，它已经成为中国第一个成功收购并运作全球运动品牌的航母集团。

它起于一个小厂，但心怀天下。安踏或许是无数人的童年记忆，它的身影曾经出现在无数个水泥操场上。它洞察到中国绝大多数的操场都是水泥地，但大牌的球鞋都是根据木地板设计的，非常容易坏，所以它改良了鞋底。

2019 年我去了埃及，那里最大的商场走廊堪比双向车道，我在商场里看到只有安踏、名创优品、华为等少数几个中国品牌，其他清一色都是海外品牌。

安踏曾是用“大量广告 + 渠道 + 冠名赞助”的打法迅速起势的核心代表，在经历了重大的库存危机后，彻底改革，自我迭代，修炼内功，收购众多品牌，实现全球化，走得越发稳健。放眼全球，每一个国际消费品巨头在诞生之初几乎都遇上了该国的工业化阶段，在成长期都遇上了该国的中产崛起的时代，在成熟期基本都实现了全球化，找到了市场的最大公约数，完成了很多次整合兼并、收购，同时还度过了一些危机。

当我们还醉心于一些流量打法的短期成功时，我想我们更应该花点时间看看真正的中国好品牌是怎么一步步走到今天的。

2020年，安踏体育的市值攀升到了400亿美元。达到这个高度，安踏花了29年的时间。2021年3月24日安踏体育发布的财报显示，安踏集团2020年营收达355.1亿元，同比增长4.7%，连续7年保持高速增长，增速在中国市场领跑行业，经营利润达91.95亿元，同比增长5.3%，净利润51.62亿元。

无论是从2020年度净利润还是从最新市值来看，安踏体育（2020.HK）都领先行业内其他品牌，最终进入全球运动鞋服行业第一梯队。

本文将以安踏集团作为案例展开叙述，探讨安踏成功的经典范式，以及安踏超越安踏自身，给中国民族企业带来的商业启发。

02

以我对安踏的研究，我个人最大的感受就是，安踏能够有今日的成功，主要归结于三个原因：第一，它总能在对的时间点迅速做出对的战略决策，能够真正谋定而后动，以变革迎接变化；第二，它不打没有底线的价格战，要打就打价值战，将价值零售发挥到极致；第三，它有使命、有愿景，所以不会迷路。

先说第一层面。《易经》说："大人虎变，君子豹变，小人革面。"在我看来，安踏是一家很擅长"豹变"的公司，它总是有着高度清晰的战略规划，该行动的时候就像豹子一般果断出击，绝不含糊。

回看安踏的发展史，无论是1999年斥巨资签下孔令辉作为代言人，还是2000年投入几乎所有资金借助悉尼奥运会在中央电视台打广告，抑或是2007年赴港上市……在公司发展的每一个关键节点，安踏都能做到顺势而为，做出在当时不被看好最终却被证明是正确的关键性战略决策。安踏最为人知的一次豹变，是在2009年收购百年意大利品牌FILA（斐乐）在中国的商标使用权和专营权。这也是安踏集团今天跻身全球体育鞋服行业第一梯队的得力助推器。

而现在，安踏集团清晰的战略路线是坚持“单聚焦、多品牌、全渠道”战略，以安踏和FILA为两大主品牌的多品牌差异化布局，实现对消费者全覆盖和渠道全覆盖的战略格局。由此，安踏集团夯实了三条增长曲线：第一，以安踏为代表，以科技引领“大众专业运动”定位的创新增长曲线；第二，以FILA为代表，引领行业增长的高品质、高速度增长曲线；第三，以DESCENTE（迪桑特）、KOLON SPORT（可隆体育）为代表，专注高端消费需求的高潜力增长曲线。

多品牌和单一品牌战略哪个更好？商界一直对这个话题争论不休，但大多围绕着A、J模式展开：A模式以美国企业为代表，追求聚焦、狭窄而深入；J模式以日本企业为代表，追求分散、宽泛而全面。我个人认为，不管是黑猫还是白猫，抓到老鼠就是好猫。但有一个大前提，就是品牌之间必须形成差异化竞争，单一品牌必须足够垂直。只有这样，公司才能向纵深处发展。就像大众集团、宝洁、联合利华等国际巨头，它们都是多品牌策略的高端玩家，国内的伊利和蒙牛也是典型代表。企业要想做大做强，多品牌战略、多曲线

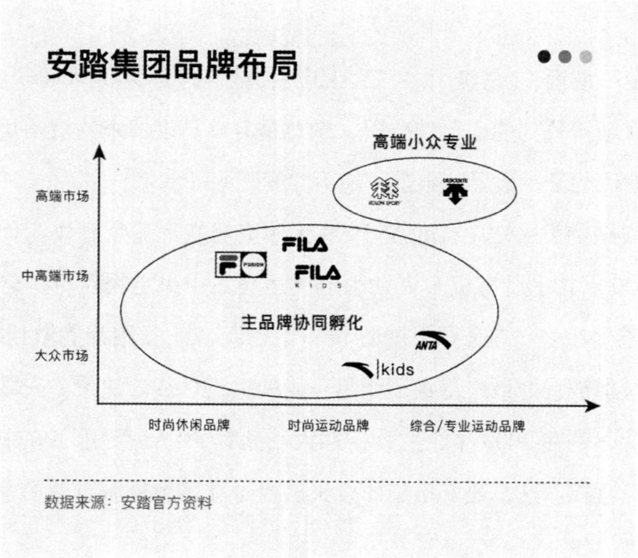

增长是必然的选择。在我看来，品牌只要做到“单聚焦 + 差异化”，就可以实现 1+1 ＞ 2 的增长扩张路径。

事实上，安踏集团的三条曲线帮助安踏集团打造了多品牌矩阵式的发展态势，使安踏体育完成了从一、二线城市到下沉市场的广度覆盖，形成了强大的品牌合力，在不同运动场景中全方位满足消费者的需求，形成了独特的集团化竞争优势。事实也证明，多品牌战略成效显著，2020 年很多品牌的增速已达到 35.4%。其中，迪桑特的营收增速高达 60%，营业利润率提高到 20%；可隆体育销售收入增长到 20%，也首度实现了扭亏为盈。

所以，我们有什么理由不相信安踏可以通过多品牌策略在全球版图上建立起一个“体育帝国”呢？只不过“帝国”的扩张需要慢慢等待。

03

再说第二层面，即安踏不打价格战，而是坚持价值战的核心思想。2020 年新冠肺炎疫情期间，消费品行业上演了一场没有硝烟的价格战，比如某知名品牌为了去库存，一件 T 恤价格可以降到 39 元。面对对手的步步进逼，你或许认为安踏应该更下沉，通过降低吊牌价，开发低价产品，来缓解终端运营压力。但安踏集团的做法却超乎意料。他们坚守差异化的品牌策略，通过全渠道、不同品牌、不同方案等多方面守住调性、守住江湖，重塑品牌；保留天猫旗舰店的独立性，照常为线上渠道开发新产品，将差异化产品占比提到 60% 以上。通过“价值保卫战”的硬核打法，安踏集团的电商渠道 2020 年度流水突破 100 亿元。

即使在新冠肺炎疫情期间，安踏体育高端运动产品的折扣力度也不大，基本在 8 折以上。经过 7 年的高速增长，安踏集团在 2020 年迎来了比预期时间提前 5 年的变革。在应对消费者需求迭代和未来行业发展趋势更替上，安踏集团以变革迎接变化，以价值路线来抢占消费者心智。

04

安踏体育的价值路线主要体现在以下四个维度。

（1）着重培养品牌的个性化表达，抓住多样性红利，全场景触达消费者心智。

安踏通过多品牌矩阵来满足消费者的多样化需求，满足行业细分化和专业化的趋势，借此构建了自己的结构性壁垒。

消费者不同生命周期对于运动鞋服的需求不同，FILA KIDS（斐乐童装）、ANTA KIDS（安踏童装）等垂直品牌分别瞄准儿童和年轻消费者对休闲和运动时尚在不同场景的需求，全渠道抓住多样性红利。为了精准洞察儿童心理，讲述好商品故事，安踏品牌甚至推出科普小课堂，与家长及儿童互动。借势“天问一号”成功登陆火星，安踏品牌推出 UFO2.0 黑科技大底跑鞋，配合线上线下热点事件，增加品牌和产品曝光率。在强互动和走心的产品故事带动下，安踏儿童品牌 UFO 2.0 跑鞋在 2020 年夏天销量超过 30 万双，成功创造了爆款纪录。

消费者在不同使用场景中对于运动鞋服的需求不同，在 LV 巴黎男装周上，你可以看到全世界潮流大神 Virgil Abloh（维吉尔 · 阿布洛）身穿 ARC'TERYX（始祖鸟）的“王牌战衣”；在机场，你可以看到一众明星身穿 FILA 卫衣；在滑雪场上，你可以看到专业人士身穿 DESCENTE 高科技面料外套；在篮球场上，你可以看到“灌篮高手”脚穿被称为“水泥地杀手”的安踏品牌彩虹篮球鞋……

还有更多的消费场景，超乎你我的想象。安踏集团三大增长曲线下的品牌，各自瞄准不同用户群体，在不同消费场景挖掘产品的专业和个性化消费需求，以此深入渗透中国体育运动鞋服市场。

消费者的不同审美偏好对于运动鞋服的需求不同。在视觉时代，抢占消费者心智的最好办法不只是用“语言的钉子”，还要用强有力的“视觉锤”，它可以更快、更有力地引起消费者的共鸣。安踏品牌为旗下头牌代言人克莱·汤普森推出了新一代签名球鞋——安踏KT6的低帮版本。相较于市面上常见的黑红古板配色的普通篮球鞋，安踏KT6更有设计感，视觉冲击效果也十分明显。随便点开安踏集团旗下的任一品牌线上网店，视线范围内都是集高适用性、高颜值、高科技于一体的“视觉锤”。

安踏体育通过满足不同消费者在不同场景中的审美偏好，系统性地抓住了当代年轻人的审美红利，通过打造品牌的视觉磁场，强力吸粉。据介绍，安踏品牌用户中的95后Z世代人群和新锐白领人群占比提升显著，女性线上购买人数占比达到了50%；安踏和FILA两大品牌线上会员总数超过1400万，同比增长130%。

（2）带动新国货，通过极致价值培养品牌内涵。

我一直觉得，国货品牌的崛起，不是简单地添加一点中国元素或者复古元素。另外，我们还需要区分“新国货”和“新国潮”两个概念。在我看来，新国货品牌与新国潮品牌的公约数在于中国本土传统文化的新潮流化运用，但差值在于新国货品牌需要更加贴合国民大众化的新消费需求，基数覆盖范围更广，同时，也要代表民族品牌向国际品牌请求出战，在全球市场上书写中国故事。

针对新国货品牌的打法，安踏品牌推出的是极致价值新国货公式：科技+颜值+故事/合适的价格，即我可以很潮，但我不是打着“潮牌”的幌子而贵得离谱；我可以是高颜值，但我也有科技含量，而不是简单添加一点中国红或者雕刻一朵牡丹花。拿历时3年之久打造的黑科技产品安踏C37跑鞋来说，它竟可以做到被10万次70公斤踩踏后还能有64%的回弹、76.3%的能量回归率、7.5%的厚度变化率，而同行最高的三项数值分别是：52%的回弹、70.5%的能量回归率、15%的厚度变化率。这么一款黑科技产品，价格却不到300元，大多数中国人都穿得起，这才是真正新国货品牌应有的格局和情怀。

当然，上面所阐述的只是完成了消费者从“性价比”到“心价比”的转化，如何讲述好品牌自己的中国故事才是重点。安踏品牌的做法是，站在民族品牌的高度，盘活奥运 IP（知识产权）资产。目前，安踏品牌是首个国内授权使用国旗的运动品牌，率先在新冠肺炎疫情期间强势发布安踏独有的北京冬奥会特许国旗款运动装备，并开设了国旗款商品独立店，盘活了独家拥有的顶级国家体育资产。通过与国家顶级 IP 的联动，安踏品牌与民族品牌产生了极强的记忆关联。

另外，安踏品牌还在积极推广冰雪运动。目前，冰雪运动是“外热内冷”的态势，中国冰雪运动在体育竞技方面处于相对弱势。为此，安踏集团董事局主席兼首席执行官丁世忠在第十三届全国人民代表大会中呼吁加强培育冰雪产业内生增长动能和加快青少年体育标准化建设。不仅要卖极致产品，还要关注大家的体育心智发展，也只有真正的良心新国货品牌，才会真正关注国民健康运动均衡发展吧。

所以，从品牌内涵打造来看，安踏品牌已经超越安踏自身了，它已经站在了民族品牌的制高点，以超前格局大幅提升了品牌的高度。安踏品牌这一套组合拳，瞄准了国民体育用户的最大公约数，打造了具有中国体育文化特色的品牌记忆系统。

（3）重构人、货、场，单刀直入 DTC（直接面对消费者）。

随着“数字原住居民”千禧一代和 Z 世代逐渐成为消费主力军,他们的“即时满足”和“美好消费”消费习惯对传统品牌提出了 DTC 转型要求，新冠肺炎疫情更是催化了 DTC 的加速到来。Lululemon（露露乐蒙）的 DTC 模式带来的强势增长，也让零售人看到了直面消费者的价值，大家突然意识到“人、货、场”的重构依然还是新消费的核心玩法。

对于对市场趋势一贯敏锐的安踏集团来说，新一轮豹变又开始了。在丁世忠的眼里，“变危为机、以变应变”，才能实现可持续的高质量增长。集团的革变思路是，以消费者为中心，通过对人、货、场的重塑，形成从产品开发、运营到营销的良性闭环,推动安踏集团旗下各品牌由“知名品牌”向“至爱品牌”升级，与消费者形成“品牌共鸣”的深度连接。

安踏集团具体的豹变路径是：充分利用 FILA 过去 10 年积累的直营模式

零售经验，赋能安踏集团的其他品牌，提供零售、渠道、商品、财务、人力、物流等六大维度上的支持；在2010—2011年由“品牌批发”向“品牌零售”转型之后，进行二次变革，直接“断腕生肌”转向DTC；安踏集团投资15亿元兴建了集自动化存储、分拣、配送及大数据中心于一体的“一体化物流园”；服务集团多品牌化，实现由总仓向直营门店直配铺货、补货及调拨，用最少的商品实现最大的零售价值，推动线上线下业务无缝衔接。

线下，安踏品牌直接转型直营。安踏品牌于2020年第三季度斥资20亿元直接收购11家经销商，向直营模式转型。目前，安踏品牌在重庆、上海、广东、浙江和长春、长沙、成都、昆明、南京、武汉、西安等地推行了DTC模式。到目前为止，安踏品牌已实现了3500家店中约60%由本集团直营、约40%由加盟商按照安踏品牌的运营标准来营运的规模。安踏集团官方披露，预估至2025年安踏集团直面消费者业务占比将达到70%。

线上，安踏集团积极开拓私域流量。作为直接面向消费者业务的另一部分，安踏集团也借助新冠肺炎疫情后线上市场的机遇强化电商发展。安踏利用集团大数据的优势，精准读懂消费者、满足消费者以及破圈吸纳新的消费者。安踏还通过强化直播互动和事件营销主题活动分波段拉新，构建包括天猫、京东、拼多多、唯品会、微信小程序等在内的线上全平台体系，以多样化的营销形态与消费者深度互动，推出众多高科技、高颜值、高价值的爆款。在数据银行、集团物流和客服体系的保障下，安踏实现了全国范围的高效运营。

功夫不负有心人，2020年“双11”当天的0点8分，安踏集团打破了之前“双11”的业绩，0点30分销售额就超过20亿元。截至2020年11月12日，安踏集团电商本年度流水突破100亿元。从财报上来看，2020年安踏集团电商业务同比增长50%，收益突破了90亿元。根据2020年财报，安踏品牌线上业务占比20%，增速30%。通过这一套快、准、狠的组合拳，安踏集团旗下的国际品牌已经基本实现了直面消费者的运营模式。

直营模式形成高效闭环，不仅提高了运营管理效率，更重要的是做到了

“货通”，既可以提高货品的配送效率，又可以强化库存管理的协同效应。直营模式透过更精简的渠道架构，减少了经销商中间环节，节省的渠道成本可以让利于消费者，大幅提升了安踏品牌的极致品质价值优势。

在丁世忠的眼里，“以消费者为导向是我们始终坚持的安踏之道。启动数字化转型，直面消费者，抓住快速变化的消费趋势，满足消费者多元化的需求，保持品牌与消费者的深度连接，是安踏集团价值零售的关键”。

（4）建立全渠道数字化零售生态。

当你有了线下和线上的流量池之后，如何管理用户，将用户的数据价值进行最大化良性利用，是一大考验。安踏以用户为中心，建立跨品牌的客户数据中心，将各品牌的会员管理系统集中在集团中台。

从 2020 年开始，安踏集团在四个范畴内具体推进了数字化转型：安踏官网升级为线上旗舰店；以消费者数据提高商品销售效率；基于消费者画像重塑会员价值；打造覆盖全集团、多品牌、全渠道、全价值链、打通线上线下且支持国际化的技术中台，最终完成从经验化决策到数字化决策的转变。安踏通过建立体系化流量思维，形成了企业“软实力”的大动脉，带动各个环节有序循环和共生增长。

05

通过以上四个维度，安踏完成了用户“认知→兴趣→购买→忠诚”的四个层级转化。将品牌、渠道、用户三大增长要素把控好以后，自然会带动企业的内生增长。中国体育用品行业正在孕育一个“超级产品公司”。在安踏集团迈入第 30 个年头之际，坚持“全球化的愿景不变，实现安踏的全球化以及全球化的安踏”依然是丁世忠的奋斗目标。

“不做中国的耐克，要做世界的安踏”是丁世忠一生的信仰和坚持。而作为消费者，纵观安踏集团 30 年的蝶变历程，我认为某种程度上安踏已经是世界的安踏。如果说安踏在最初阶段靠的是行业红利和选择的运气的话，今天它已经靠战略和实力，作为第一批中国品牌走向价值与竞争的深水区了。

一切才刚刚开始。

湊湊逆势增长启示录

01

我写过很多垂直企业，它们都有迹可循，比如中国奶茶第一、养殖业第一、酒店业第一。其中最多的是加一个细分区域，例如价位段和品类。接下来我要写的企业，乍一看好像很容易归类，但当我与它的前总裁张振纬先生深聊之后，发现根据固有印象去归类会显得有些草率。它就是湊湊。人们一般会把它归到餐饮火锅类，但加上了奶茶，又好像和纯餐饮的企业队友都不太一样。

2019 年的冬天，我们聊了一次。2020 年我穿上羽绒服的那天又聊了一次，发现还是没写清楚，于是我们在半个月后又聊了一次。2020 年，湊湊在全直营的情况下，顶住新冠肺炎疫情压力，迅猛扩张，门店扩展至 137 家，创下了零门店倒闭的神奇纪录。这是其成为启示录系列第一期的核心原因。

逐渐地，我想明白了一件事情，新物种也许真的会出现，但它的出现需要一些先决条件。它往往需要一个强有力的领导人，将自己一生的阅历注入其中；它往往需要一支能力外溢且复合型的团队，先将原物种的事情做好，然后琢磨出新的外延；它往往需要一种更深刻的洞察力和感悟力，融会贯通地做出好产品、好场景、好服务。如果再加上资金“弹药”的扶持，它就能够形成真正的合力。

02

王国维曾说，古今之成大事业、大学问者，罔不经过三种之境界——“昨夜西风凋碧树，独上高楼，望尽天涯路”，此第一境界也；“衣带渐宽终不悔，为伊消得人憔悴”，此第二境界也；“众里寻他千百度，蓦然回首，那人却在，灯火阑珊处”，此第三境界也。

还有古人曾说，三重境界是：看山是山，看水是水；看山不是山，看水不是水；看山又是山，看水又是水。我想，那种“又是”一定是另一番感受和境界了。如果将餐饮理解为开店卖吃的，这就是第一重境界；如果仅仅将场景、品牌等元素叠加进去，这就是第二重境界；如果将开店的事情做到极致，将品牌、场景应用到极致，那才是第三重境界。接下来我将以多维度来展开描述凑凑，让大家看到它更多的侧面和真实的背景。

孙子曰：“兵者，国之大事，死生之地，存亡之道，不可不察也。故经之以五事，校之以计，而索其情：一曰道，二曰天，三曰地，四曰将，五曰法。道者，令民与上同意也，故可以与之死，可以与之生，而不畏危；天者，阴阳、寒暑、时制也；地者，远近、险易、广狭、死生也；将者，智、信、仁、勇、严也；法者，曲制、官道、主用也。”事实上，《孙子兵法》中，最重要的部分从不教人怎么上战场打仗，而更像是谋略计算。这便是中国先贤的伟大智慧。商场亦如此，它靠的绝不只是力大无穷，而是智慧、韧性、勇气的叠加。

03

这一切的故事，要从张振纬先生的年轻时代开始讲起。他年轻的时候做过 DJ（打碟工作者），深知衡量一个好 DJ 的标准是能够一次又一次地带起现场节奏和情绪。这一点，在今天凑凑的产品设计中有明显的体现。

后来他做过实业。他最先将运动鞋底的发泡技术应用到自行车的车架上，以此解决了碳纤维难以稳定均匀地附着的难题。这种不拘一格、无拘无束的思想理念，在其事业初期或许就已经形成。

凑凑一开始是彻底地低开，几乎没有什么人看好。第一家在选址时，没有大型商场愿意提供好的铺面。招聘第一批高管的时候，因为在大树下面试，张振纬被现在的研发总监误以为是个骗子。研发总监回家后和老婆搜索了好几天，才确认是真的上市公司的团队。好不容易开了第一家店，因为商场还在装修，整栋楼都没有什么人，公共区域的瓷砖上还盖着防破坏的简易木板，他们是靠第一个月免单免费送、第二个月打五折、第三个月打七折才维持下去的。湊湊一开始纯靠店员把人拉过来免费吃积攒人气。

由于湊湊所定位的台式火锅的锅底不麻不辣，和时下流行的川渝火锅的重麻重辣相比，味道没有那么有侵略性，无法迅速征服人的味蕾，导致很多顾客在点评时写了差评。内部也多次因为要不要改锅底配方而争论不休。但是张振纬坚持这个定位，他认为一个创业团队绝对不能少数服从多数，总有一个人要承担所有。创业亦是一场豪赌，因为开弓没有回头箭。

湊湊的第一家店是 2016 年的 6 月在三里屯开业的。到了 2020 年，湊湊平均每 13 天开一家店，并开启了全球化的进程。更令我感到惊讶的是，截至目前，所有门店无一因经营问题闭店。要知道，火锅店是重型投入，单店投入和组织力需求不能和奶茶店比。而与此同时，湊湊 2019 年总计销售了 200 万杯大红袍珍珠奶茶，平均每小时卖出 253 杯，这可能比很多主营奶茶的连锁店卖得还多。

张振纬从事餐饮行业 20 余年，带领湊湊狂奔 4 年，用 20 余年的时间浸淫在这个行业，把每一个细节都摸透了。即使如此，春节期间他还在寻店，去找管理门店的中层，积极推动组织变革。少年感和年纪没有必然的关系，它是一股气，是对某些事情的执拗追求，是对某些理念和信仰的不懈坚持。这在张振纬身上体现得淋漓尽致。

04

说湊湊是一个连锁品牌吧，它又并不那么标准化。每家门店都有 10% 的门店造景，使得用餐环境更有氛围感。同时，每一家店都有独立的设计理念。在全行业将标准化和单品爆款奉为圭臬的时候，湊湊正在践行另一条道路。

中国的历代大决战，都是大军团作战，是双方有生力量的存亡之战。前军短兵相接时至关重要，一旦前军溃败，可能就会一溃千里。所以，若有转身后退者，杀无赦。

在2016年第一家店终于走上正轨之后，第二年4月张振纬即布局凑凑进军深圳，并于同年完成全国3区9城的迅速展店，年底营业店达21家。这一做法和绝大多数餐饮企业的路径完全不同，因为过往的成功经验总是倾向于在某一地饱和开店，成为区域强势品牌之后再进行跨区域扩张。

此时，凑凑出身时自带的优势就显得非常重要了。首先，作为上市公司呷哺集团孵化的项目，其在供应链上的能力约等于一个20年的成熟上市企业的能力，所以跨地区作战最大的阻碍之一已经解决。其次，这一决策背后体现的决心是，凑凑从诞生那天起目标就是成为一个品牌，而不是像大多数餐饮企业那样只是为了开分店。它要的不是几个店的利润，而是在中国所有高地城市测试出其品牌是否能站得住脚。深圳的第一家店开在了来福士广场的背面，也就是没有多少人流的地方。当时包括设计师在内的伙伴们都劝张振纬放弃这个店，但他坚信一定能做成。为什么他非得选择那个看起来不怎么样的商场铺面呢？

05

我在很多场合提到过中国的超级增长时代本质上有三重动力：工业化、城镇化、全球化。工业化大规模带动乡村闲置劳动力产生财富，全球化消化中国的超级产能，换得的财富推动城镇化的历程。而对于现代餐饮业来说，城镇化是其最大的驱动力，因为数以千万计的人变成了城市人口，城市的聚合效应出现，购物中心成为一个巨大的场景和流量汇集地（当然随着购物中心的过度饱和，如今其自身也出现了很多问题）。

过去火锅店是不太喜欢开在商场里的，而是喜欢找沿街的大铺面。为什么？因为大多数商场有营业时间的限制，而沿街店铺没有。营业时长的增加，比如夜宵档，可以增加起码1—2次的翻台率，这些几乎就是纯利润。而且商场本身的租金也高于沿街铺面。但是真正的品牌更容易在商场诞生。为什么？因为其人群更优质，场景更高端。张振纬正是看中了这一点，在海底捞还在大力发展沿街铺面的时候，就不惜一切代价猛攻商场，占领空地，成为被商业地产行业认可的品牌。同时，由于湊湊还有茶饮，这一部分的销售额可以弥补因为营业时间减少而带来的一些损失，形成了全时段的经营结构。

06

单纯开在商场里就能成功的时代早就过去了。所以，除了猛攻商场之外，湊湊还抓住了社会化营销的红利，用快消品的种草打法迅速占领了微博、小红书、抖音和大众点评等所有种草平台，以层出不穷的网红产品、每一家店都不一样的设计感吸引大家拍照打卡，成为年轻人的社交货币和社交场。“时尚、温度、精致”“文化、人文关怀、消费体验”这两组词，分别是我在那两次对话中梳理出来的。我想这或许就是湊湊的 DNA，是这个品牌的灵魂所在。

如果你问我什么是品牌，我觉得抽象来说，品牌就是人们对美好生活向往的承载方式之一。很多人把品牌等同于打广告，这是错误的，品牌对于场景化、实体的企业来说，等于用户与企业接触的全触点、全周期的感官与内心体验的总和。

比如，湊湊向顾客无限供应鸭血、豆腐和餐后的冰沙等，都是给顾客创造了超越预期的“占便宜”的感觉。湊湊培训每一位店员时都强调“奉茶文化”，而不是店小二文化。在打造铜锅时，张振纬特别想打造一个非标准供应链提供的锅，思考了很久都没有想到好的解决方案。有一天他夜归打开电视，看到央视纪录片《姑苏铜艺》，里面讲到姑苏铜，于是他立刻赶往苏州寻找制铜世家来打造锅。湊湊的门店设计强调一店一景，通过灯光、桌椅、动线设计来完成立体空间打造，实现目标用户心中的品牌认同。

这一切都是一个个瞬间，但它终将组合成一个用户对品牌的全部理解。

MOT（关键时刻）是由北欧航空公司前总裁卡尔森提出的，他认为关键时刻是客户与企业的各种资源发生接触的那一刻，这个东西很重要。比如洗车场景，我们公司楼下的洗车店，你去提车的时候，往那儿一坐，洗车店会主动提供一瓶水，你洗完车回到车上，又发现一瓶水，其实这两瓶水一共就 4 块钱，用的还是农夫山泉，却产生了 40 块钱的感觉。因此，大量的企业要做的是：根据从门口进来到出去的整个流程中，与消费者的这么多触点，反省到底哪里做得不对，而不是每天想一个所谓的 big idea（大创意）。

07

自 2016 年 6 月开出第一家店后，到 2018 年 1 月的这 1 年半时间里，湊湊采取了绝对饱和式的投入，总计投入资金 3 亿元人民币，此后进入了盈亏平衡。截至 2020 年年底，湊湊已构建起横跨华东、华南、西部、西南、东北和中原的规模，几乎覆盖了中国所有核心板块的网络和门店终端。这一投入方式是大多数餐饮企业做不到的。事实上，作为一个火锅 + 茶饮的新空间、新物种，这样的方式能够快速地抵御“强敌”的入侵，占据品类心智，成为代名词，以此建立起护城河。比起不断消耗但不能一把摧毁竞争对手的添油战术来说，这一打法更符合大事业的构建。

“兵无常势，水无常形，能因敌变化而取胜者，谓之神。”《孙子兵法》如是说。我想，这亦是今日商场竞争之真理。2020 年年初的新冠肺炎疫情带来数字化的滚滚浪潮、商业地产的巨变、消费者习惯与结构的变化，这些无不告诉我们，也许只有进行时的品牌，才是未来的品牌。

最后再做一次总结：湊湊的逆势增长，揭示的核心是，一个以场景和品牌为核心的时代已经到来，未来品类的归属将优先在心智中完成，而非在单纯的物理属性上。与此同时，互联网的基础设施完善与城镇化将给理解未来的超级团队提供滚滚的红利。

麦当劳现象揭秘

01

我参加过一场麦当劳中国的年会，会上一个小伙子和我分享了一件事，让我直到今天都没有忘记。小伙子是四川雅安人，唱起 B-box（一种口技形式）来非常酷，他一身的文身，脖子上还文了一个麦当劳的 logo。他说小时候要吃麦当劳是非常难的，要从雅安县城到省城成都才能吃到，一年都不一定能吃到一次，所以他把这个 logo 文到了脖子上。当年他还在收集的时尚杂志里寻找潮的感觉。现在他创立了一个潮牌，初心就是热爱。

这件事情有很多令我震撼的点。其一，我一直感叹时代的变化，现在的上海和我小时候的上海比，已发生了翻天覆地的变化，但要是和雅安县城对比，那种变化还是弱了很多。其二，今天你再喜欢苹果和特斯拉，会把它文在身上吗？其三，几十年甚至上百年过去了，有的品牌依然还在，这是为什么？

02

这几年，我记录了很多个餐饮品牌的崛起，并为它们服务过，有的在短短几年干到了几千家店，有的成了隐形冠军，风光无限。它们的创始人都不可避免地提到一个公司，那就是麦当劳。中国本土餐饮行业有一个特性，就是几年一轮，甚至一年一轮，一个潮流一股风，呼啦啦就过去了，很难做大，更难做久。虽然这个行业成就一个人的财富还是比较容易的，但是要说基业常青，目前掰着手指头算也只有几十家。

在我小的时候，麦当劳是国际巨头，如今我快到中年了，它还是。在《谁说大象不能跳舞》一书里，作者郭士纳给出了IBM[1]式的答案，而我想探寻麦当劳中国自己的答案。我将麦当劳表面上没有那么出风头，实际上生意越来越火、店越来越多的现象称为“麦当劳现象”。

2020年，我采访了麦当劳中国的首席执行官张家茵女士和首席财务官黄鸿飞先生，将与他们的对话重新梳理，发现了四个核心点：其一，超值战略；其二，供应链能力；其三，数字化战略；其四，一套支撑长期主义的体系。下面我将一一与大家分享。

03

2020年，麦当劳在中国一共有3500多家门店，注册会员有1.6亿人。每年进入全国各地的麦当劳门店就餐的人数有10亿人次。而近年在餐饮竞争越发激烈的情况下，麦当劳不仅没有减速，还在以更快的速度扩张和发展。按照计划，麦当劳将从每年新开250家提高到每年400多家，65%的门店拥有性价比超高的甜品站。

麦当劳早在2007年就推出了6元起超值早餐系列，总销量的30%来自外卖，而外卖场景里选择多人餐的占多数，30岁以上的消费者一直都是核心用户群。多年来，麦当劳在中国的价格涨幅始终低于通胀。这些数字单一出现的时候，或许不觉得什么，但当它们组合在一起的时候，你会发现，原来如此。

再来看《2019年国民经济和社会发展统计公报》中的数据。下图是公报中的“2015—2019年全国居民人均可支配收入”，2019年年底，人均为30733元，月均2500多元。

---

1 IBM，即International Business Machines Corporation，国际商业机器公司。

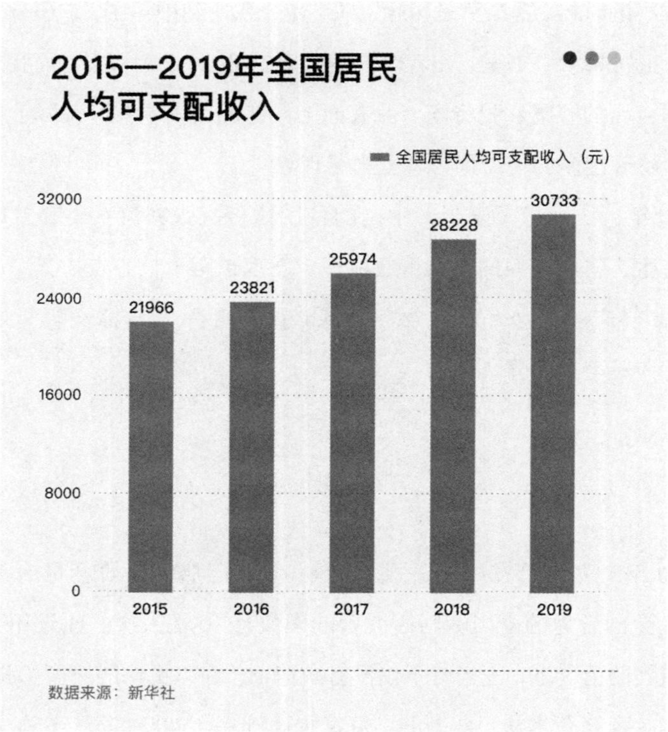

我们将 2019 年全国居民全年人均可支配收入分成五组：低收入组人均可支配收入 5958 元；中等偏下收入组人均可支配收入 13843 元；中等收入组人均可支配收入 22495 元；中等偏上收入组人均可支配收入 34547 元；高收入组人均可支配收入 64934 元。

30 岁以上的消费者的核心诉求有三点：第一，安全；第二，好吃；第三，性价比高。这个逻辑，你放到几乎所有的日常餐饮里都是适用的（宴请类的不予考虑）。再次注意，如果我们将人们喜欢麦当劳的奥义理解为便宜，那又偏了。

实质上，奥义是超值，超值和便宜不是一件事。比如说，你绝对可以找到比麦当劳更便宜的薯条和鸡翅，但是它的品质可能会大大缩水。超值就是品质大于你付出的实际价格，且本身价格也不高，也就是所谓的性价比高。

近几年，麦当劳餐厅主推的“随心配 1+1=12 元”，在红、白区各选一款产品，统统只要 12 元。搭配组合除了固定的经典美味外，还会限时上新，这吸引了大量的消费者。而自新冠肺炎疫情以来，消费者对价格更敏感了。麦当劳推出了 0 元产品，每周四天会员日、连续 28 天 88 会员节、28 天早餐月等一系列活动。

一开始我也将其理解为一种促销，但后来我发现事情并没有那么简单。如果一个这么大的企业的首席执行官和首席财务官反复和你说这个话题，那一定藏着玄机，哪怕表面上看起来很简单。

04

因为不是所有人都可以做到“低价 + 品质”。对于大多数企业来说，要保证品质的话，可以低价一时，但绝不可能低价一世。但是麦当劳做到了。

因为要想做到长期超值，依靠的是巨大的规模和供应链能力。首先是巨大的规模。规模经济很早就告诉我们，规模越大，成本越低。这个道理初中生都知道。比如双层吉士汉堡，其实成本很高，但是麦当劳在 2019 年第一季度推出超值套餐“随心配 1+1=12 元”的时候，还是决定将这一消费者喜爱的产品包含在内。正因为双吉很受欢迎，且在“随心配”中价格超值，所以到年底的时候，麦当劳发现采购总量增加了 20%，不过他们通过规模化，控制了牛肉食材的成本。麦当劳一共有 3500 多家店，假设一家店一天平均消耗 500 个土豆（送到店里是半成品薯条了），总数就是 175 万个土豆，一个月就消耗 5250 万个土豆，一年就是 6.3 亿个土豆。

此处出现了漏洞，那就是初中生的知识是有盲区的，确实规模越大，成本越低，但是如果规模大太多，成本未必更低。因为可能没有足够的货源，尤其是品质足够好的货源。大型咖啡连锁店之所以永远不可能大规模用最最精品的豆子，就是因为绝不可能找到和烘焙出每日百万杯计的咖啡豆。所以，要解决上述问题，就要深度参与供应链，而且与其说是形成链条，不如说是形成供应网。

我们还是说回土豆。麦当劳中国的首席执行官张家茵女士告诉我：“麦当劳确定要进入中国市场时，其全球供应商辛普劳（Simplot）早在 1985 年就来了中国，在内蒙古地区开始种植土豆，经历了漫长的品种培育和种植过程，终于种出了符合麦当劳要求的土豆品种。”如果麦当劳的食材能说话，我觉得它们可能会说“我这一生都被安排得明明白白”。

当总量变成几亿的时候，每一个最小单位能省 1 分钱，总数就是几百万；能省 1 毛钱，总数就是几千万。一年几亿个土豆，如何生产成薯条才能最省钱？用传统机械削皮，会造成大量的损失，于是麦当劳采用蒸汽去皮法，每年可以节省 5000 吨土豆，土豆皮则可以制成化肥再利用，薯条生产线上留下的土豆边角废料则被用来做成沼气，为工厂生产提供清洁能源。

用一句时髦的话来说，麦当劳供应链实现了内循环。

05

如果说以上案例让你觉得供应链很有意思，那就错了。我认为这是世界上最难最枯燥的事情了。某种程度上，我认为以麦当劳为代表的供应链理念，是中国现代餐饮供应链的黄埔军校。它的内核里有非常多值得我们学习的地方，比如有的是不可跨越的底线，有的是为了做出更好的产品，而往往前者更重要，后者的一切也是基于前者而实现的。一方面，随着麦当劳在中国的扩张，上游很多企业不断发展，从小型创业企业做成了上市公司。对它们来说，麦当劳起到了支柱型业务的作用。另一方面，麦当劳倒逼着它们提升了绩效和管理水平。

06

贯穿供应链和前端的还有一个叫作数字化的东西。新冠肺炎疫情发生之前，我们或许觉得数字化可有可无，但疫情出现之后，我们发现没有它可能要"没命"。

"麦当劳已经拥有1.5亿数字会员。"麦当劳首席财务官黄鸿飞先生告诉我。这个数字让我很吃惊，也就是说，每10个中国人中就有1个是它的会员。在讨论数字化时代的超值和过去有什么区别的时候，黄鸿飞说，过去是粗暴式的优惠，而今天是互动式的优惠，会让用户觉得自己很精明、很满足，因为用户有了"深度参与"的感觉。"比如说我们推出了麦乐送月卡，这的的确确是在中国的数字化环境中摸索出的一种方式，以前我们也没有所谓的外卖卡这样的概念。""又比如，将活动主题化，去年我们和创造101合作，可以在线上用积分给喜欢的队员投票，这大大提升了顾客的参与度。"张家茵如此说道。

大部分的麦当劳门店都已经完成了数字点餐的基础设施改造，同时饿了么和美团外卖的自营小程序、App全部数字化后，用户就形成了一个池子，就是我们说的私域流量。你可以这么想象，因为增加了与用户的触点，一个会员在一年内如果因为一次推送增加了一次新品体验或套餐体验，或是一次常规特价复购，那就等于增加了一倍的门店数。因为数据打通了，它会记录下你更喜欢牛肉，所以你拿到的优惠是牛肉汉堡特价，而我可能是麦乐鸡特惠。无论你是在机场，还是在家里的床上，只要点开饿了么，它都会越来越懂你。

数字化的另一侧连接后端供应商，让一切可溯源、可追踪，让生产可预测，让效率更高，损耗更小。之前，我去广州高德广场，早上8点，地下一层的麦当劳排了四列队伍，其中两列是线上下单，线下提货。这对于上班族来说，节省了大量的时间，超值早餐也为他们节省了不少的费用。

07

超值战略，供应链能力，数字化战略，一套支撑长期主义的体系，前三点已经说完，而没有第四点，那些都是无本之木。唯有一套支撑长期主义的体系，才是基业常青的根本。

创业企业的拼搏精神很重要，我也写过很多这样的企业，它们中有太多本质上没有解决的问题：你怎么证明你有一套行之有效的体系，在你老人家不行之后，你儿子能接班，或者你突然“挂”掉后，不会闪崩？当文章写不下去的时候，最好的办法是什么？是抒情。当创始人自己都说服不了自己的时候，他就会顾左右而言他，开始讲情怀和梦想。

麦当劳自 1955 年创立至今，已经走过了 60 多年，它已经构建出一套完整的体系。正如张家茵女士所说，不同的规模，需要不同的团队，你的策略、结构和人都需要改变。麦当劳的团队，看中的是你是一个“好教练”，你是一个“Builder”（建设者）。如果领导不能教人，就不是好领导。好领导不是直接发出命令的，而是可以教练团队的。最重要的事还是建立更厉害的团队，团队厉害了，公司就厉害。不单单是管理层，基本上每一层的人才，推动能力强，业务能力强，做事的愿望强烈，对企业的发展越重要。

08

这里再补充一下我所理解的长期主义。一来，短期思维的套利空间正在快速消失，逼着你必须长线思考；二来，长线思维并不是短期不作为的对立面，而是一种基于复利思考的商业模式。很多人一提长期主义就皱眉头，觉得他现在得活下去啊，不让他赚钱怎么行。但真正的长期主义并不是让你当下不要赚钱，而是不要去赚当下的最后一个铜板，把充分的精力留给未来更广阔的天空。所以说到长期主义，我不认为是一种高风亮节、无欲无求，恰恰相反，它是谋大事者不逐小利。组织的建设、产品的研发、品牌的拓深、供应网络的搭建，这些都是从长期主义拆分下来的要素。

今天，我们讨论品牌，讨论的是随时消失的流量，但真正的品牌是和时间做朋友。我想，相信这件事的人并不多，相信并去做的人更少。世界那么大，我们只需要找到相信这件事的人就好了。

你被喜茶“骗”了

01

现在用户侧对一个品牌的接受路径和习惯已经完全改变了，好产品与好内容就是最大的杠杆。还没有反应过来的人们，总是对迅速起势的人和品牌抱有不理解或是敌意，认为他们之所以可以逆天崛起，是因为使用了某种歪门邪道，并且不可能持久。这本身是一种偏见，而喜茶就是这样的一个品牌。

喜茶从 2016 年下旬至今，都被认为是一个网红品牌，很多人对“网红”两个字本身就有着负面情绪，认为这个品牌成功大部分是靠运气，实力不行。可时至今日，这已经是一个有着接近 10 年历史的企业了，前 5 年无人问津，第 6 年一鸣惊人，而绝大多数的讨论集中在它红了之后。如果一切分析都基于拐点出现之后，我想那只是一种隔靴搔痒，抑或是思考上的缺陷与懒惰。很多人对它的理解局限于饥饿营销和融资烧钱，也许 3 年前这样的理解确实无法证伪，但今天还是这么理解的话，我觉得可能会错过一片更广阔的天空。在那片天空里，我看到了服务业和零售业未来的一种可能性。

一场服务业和零售业变革的大幕已经徐徐拉开。在这场变革中，过去 30 多年行业的金科玉律或许会崩塌；在这场变革中，纯西方的运营理念正在被中国市场所迭代；在这场变革中，中国人独特的消费需求将演化出一个全新的市场。

我们先看这三点：需求侧、供给侧、渠道侧。需求侧：和中国相比，绝大多数受非中华文化影响的地区对餐饮的审美和诉求可以说是乏善可陈，只有中国人（泛中华文化圈）对吃爱得极其深沉。供给侧：为什么在全世界（接近）成熟的市场中，中国是少数食品供应链上游没有出现过真正的老大，且下游从未出现过垄断型渠道的市场？因为中国的食品“太复杂了”“太细碎了”，并且在种植与养殖的原点上就有很多政策的要求。渠道侧：目前核心痛点是，好吃的东西很难大规模供应，形成标准作业秩序。同样地，大规模供应的东西目前暂时难以实现超级好吃。

以上，最终反映在中国餐饮行业当下的基本面和格局上。但这一切都是基于从当下往回看，而不是往未来看的思考。我们必须高度重视，过去的格局会随着某一些因素的变化而变化。而现在，喜茶最先开发出了高品质的奶盖和大范围使用原叶茶，使得整个行业都被逼着提高原材料水准。消费者永远是挑剔的，一旦见到好的，就再也回不去了，所以奶茶行业变成了新茶饮行业，今天中国消费者已经不把奶茶理解为低于咖啡的饮料了。

02

中国餐饮过去的基本格局主要以两类企业为主：一类是加盟连锁，卖中央工厂标准品；另一类是搞特色产品，开个小店（或者自营连锁几家）。更高级的就是自己做品牌，然后搞定供应链，自己放加盟。这个我们算作头部企业，大多数都有致命的缺陷，能做到顶级的屈指可数。你去加盟展看一看，中国有非常多几十家店、几百家店的小连锁，其中大多数你听都没有听过。对它们来说，核心部门就是招商加盟部，研发是不存在的。餐饮界遍地都是小生意,做成大事业的没有多少个,起码目前是这样的。因为不具有任何壁垒，所以它们基本没有被资本化的可能性，或者说价值不大。

从本质上来说，与其说是喜茶选择了资本，不如说是资本看上了它的一些独特之处。因为资本的狂热已经过去了，现在的资本只会锦上添花。事实上 3 年前在中国这片神奇的大地上，可能有 1 万个 × 茶项目在融资，但能走到今天的寥寥无几。喜茶之所以能成功，是因为它选择了好像不太可能实现的 C（用户端），那就是坚持用户需求，做好产品。这意味着在一个特定的阶段，供给是不足的，扩张性是偏弱的，把握力是有偏差的。

这是一切讨论的原点。有两句话在我的治学生涯和经商生涯里一直很重要：（1）凡事有利必有弊。（2）将军赶路，不逐小兔。所以，喜茶的选择背后有一个更大的目标，成为一个有溢价的国际性品牌，而这种选择背后的弊端就是需要等待拐点。拐点出现之前，无法向不相信自己的人去证明价值，但拐点出现之后，是成倍的溢价。

03

让我们回到喜茶的江门时代。喜茶的前身叫皇茶，是在 2012 年 5 月 28 日创立的。我和喜茶的 002 号员工小何深度地聊了一下午，小何全名叫何沁蔓，她是 2012 年 8 月 9 日加入喜茶的。

她说："当时我们就一家店，一杯卖 9 块钱，周围都是卖 4 块钱，所以我们必须做得更好。

"开业的前 6 个月生意并不好，于是就不停地调整配方，有时候喜茶创始人聂云宸一天要调 6 次。

"聂云宸经常突然冲到店里，开始搞研发，即使当时忙得一团乱。

"以前产品的单价很低，9 块一杯奶盐绿茶，11 块钱一杯蛋糕珍珠，但我们仍能做出 2 万块的业绩。我们从来没有想过如何删减步骤以做得更快，我们想的是做完这个动作后应该如何立刻衔接下一个动作，使得整个流程更快、更顺畅，每一杯必须严格按照标准执行。当然，聂云宸也是非常严格的，多放了 1 克盐他都能尝出来，先加盐还是先加奶他也能尝出来。

"我曾经被聂云宸骂哭过一次，当时还是在第一家店里，他在店里研发新品，我在煮茶，有一个步骤是先加盐再加奶，我觉得反正就是两种原料混在一起搅拌，就先加了奶后加了盐，被他骂到隔壁店的人都出来看了。当时我很委屈，觉得不就是混在一起吗，先加哪个有什么区别，他骂完以后又耐心跟我解释为什么，我才明白事实上还是有一些微小的区别的。"

在我看来，很多东西在某家公司还只有一家小店的时候就已经决定了。

这就像今天大多数伟大企业的基因在它们还在居民楼里办公的时候就决定了一样。基因并不是后来总结出来的，而是与生俱来的。它是一种信念，一种价值观，它是在看似条条理论都有道理的时代的定海神针。

04

如今喜茶有近 30 人的研发团队、40 多人的设计师团队，研发人员的招募并非以食品专业为导向，而是倾向那些有灵感的人。熟悉喜茶的朋友，可能知道喜茶一直说自己是一杯灵感之茶。那到底什么是灵感呢？

根据字典的定义，灵感也叫“灵感思维”，指在文艺、科技活动中瞬间产生的富有创造性的突发思维状态。通常搞创作的文学家或科学家常常会用“灵感”一词来描述自己对某件事情或状态的想法或研究。这好像和食品工业没什么关系了，但这便是喜茶的精髓所在。

喜茶的所有员工都可以通过特定渠道去贡献产品创意。特别热衷于开发的，也可以申请调到研发部门去，即使没有从事过研发工作。一件比较“搞笑”的事情就是，喜茶的年会活动就是所有人凑在一起搞产品开发。

除了灵感还需追求卓越。没有灵感，就没有那些真正的亮点，但有了亮点，再加上追求卓越，才能让它变得更好。企业的初期往往是自上而下去推动一件事情，但当它变成基因后，就有很多自下而上的行为出现。两者相互滚动，形成正向循环。请注意，喜茶在还是皇茶的时候，视觉设计与今天相比差了很多，那个时候也没什么门店设计，所以说“更好的设计和装修是核心”这句话完完全全就是错的。

喜茶在更名前，已经做到在广东一带口碑爆棚了。而这纯粹是因为产品，这是本，其他都是末。有了产品的根，我们再来看如何理解什么是消费品品牌。产品是核心，以产品撬动品牌杠杆，撬动口碑，引发人们心目中的化学反应，从而形成真正的品牌资产。

从某个维度上来看，品牌影响力 = 产品力 × 传播力 × 品牌力。产品力是通过产品来与人建立关系，通过产品来服务人，从而形成真正的链接。传播力可以理解为话题度、内容性等的综合体现。品牌力是多重维度的，包含了人们对品牌的认知、理解以及好感。

划重点：当我们讨论品牌的时候，很多人的思路是混乱的。品牌是分类型的，分为消费者品牌和渠道品牌，还有以渠道为核心的伪消费品品牌。Apple、RIMOWA是典型的消费者品牌，沃尔玛、丝芙兰是典型的渠道品牌。好的消费者品牌自带流量，好的渠道品牌也占据流量入口，但各自都要付出巨大成本，并且形成的路径是完全不同的。

05

在和聂云宸交流的过程中，他说在品牌的生意里，其实"营销"这个词本身是不精准的，因为品牌最核心的是内容，是强化自身，而不是竞争，竞争只是战术层面。对于渠道来说，市场是固定的，所以它的竞争是一个战略问题。但对于品牌来说，竞争只是战术，强化自己才是最关键的。同样是打广告，你会发现苹果等打广告往往不会直接跟销售挂钩，甚至看完整段广告后你都不知道在说什么，也不知道它到底卖的是哪款产品，它实际希望体现的是一种内容和理念，包括广告本身的精美程度和画面感，当然也包括更深层次的一些精神追求和理念。喜茶也是一样的。对于喜茶而言，无论是一个杯子或袋子，还是一篇推文，都不是一种营销方法，也不是一种传播工具，而是一种内容的载体。在公众号上我们可以看到图文，在店里可以看到、摸到实体的设计，但内容是很虚的东西，需要载体才能呈现出来。狭义的营销其实讲的是传播，在互联网时代很难把控传播，每个人的朋友圈、微博都在传播，品牌根本控制不了它，所以你只能把产品做好，让消费者自己去传播。

回到喜茶的语境中，我们看到它不停地去做跨界，做好的内容，做有想象力的产品，比如在长沙推出"臭豆腐冰激凌"，在西安推出"肉夹馍包"和"凉皮包"，都是一种增强品牌内核的长期行为，而不仅仅是一种营销行为。

产品力和品牌力的门槛到底在哪里呢？这个话题似乎已经讨论了好多年，但大多时候大家都没有抓住重点，因为大家讨论的是结果，基于结果倒推原因。这就好像你通过观察发现有钱人家的孩子都骑马，于是你得出了骑马是成为有钱人的要素的错误结论。这就是今天很多人做品牌和产品的巨大误区。其实做品牌和产品的本质在于全心投入，只有这样，你才能摸到那个特定品类的金线到底在哪里，而这个金线的本质是一种独特的认知。

这是多么令人失望的结论啊，但这就是事实。

对于认知上的突破，很多时候妙不可言，你想通了一件事情，就好像打开了一扇门一样，所有东西都清晰可见，你会走得更顺利。我们把它分为道和术，术的层面，可能在外人看起来你和别人做的事情都差不多，但是道的层面你已经完全上了一个等级了。

06

下面必须划重点，这段话源于聂云宸，这是我最近听到的关于产品最棒的阐述："就好像我们在研发产品的时候，突然明白了，口感跟口味其实不一样，口感才具有普适性，口味是见仁见智，每个人都不一样。就好比一个麦辣鸡翅，你会说它咸得刚刚好吗？没有人会这样说。这就是口味，每个人的口味是不一样的。但如果大家喜欢，会说它外脆里嫩，这就是口感，是普适性的。所以我们说口感非常浓厚、非常顺滑，或者说非常淡雅，果肉爆开，这些都是口感。但糖度啊这些可以开放给消费者，让他们自己去选。我们在研发的第一阶段都要去做考核，希望调得刚刚好，总是问试喝的朋友，会不会觉得太甜了，会不会觉得奶味太重，会不会觉得茶味不够，永远都挑不出一个好的，每个人说的都不一样，所以这也是一个认知。"

以上是一个看起来非常简单的案例，却妙不可言。妙不可言者，都是那些兜兜转转，众里寻他千百度后的蓦然回首吧。

最后一个问题：喜茶到底有没有扩张性？或者说喜茶这样的产品是不是

具有广义上的高度可复制性和适用性？先来看一组数据：截至 2019 年，喜茶新增 197 家门店，目前门店总数是 347 家，已进驻城市 41 家；喜茶 GO 会员新增 1490 多万人，总数已超过 2050 万。

再来回顾一下前面的内容：一场服务业和零售业变革的大幕已经徐徐拉开。在这场变革中，过去 30 多年的行业金科玉律或许会崩塌；在这场变革中，纯西方的运营理念正在被中国市场所淘汰；在这场变革中，中国人独特的消费需求将演化出一个全新的市场。

当用户侧、渠道侧、资本侧都发生了巨变，这三者的相互作用会使得各个行业发生跃进式的迭代。这是什么意思？第一代地面网络主要输出的是货（供应链低配版），第二代地面网络主要输出的是品牌 + 货（供应链低配版），第三代地面网络主要输出的是品牌 + 供应链 + 数据 + 运营。我想，或许我们需要重新对扩张性这件事进行理解，那就是未来真正有壁垒的扩张，或许是基于一个高门槛的，同时得介于非常可复制与完全无法复制之间，这样才不会随时出现“门口的野蛮人”，也不会那么容易被攻破。

扩张除了冷冰冰的数字性的扩张，还有柔性的扩张。所谓柔性的扩张，是在心智层面，在品牌力的厚度上，而厚度的一部分来自对更多社会责任的关注。

喜茶的公关总监霍玮说：“品牌的发展必须建立在对社会的帮助之上，所以我们要协调品牌发展与社会发展的关系。我们的立场和理想与社会发展一致才是对社会有价值的品牌，所以我们做了很多具有企业社会责任的事，例如环保、公益项目，喜茶联合美团进行的环保项目‘青山计划’就是其中之一。”

07

想写喜茶很久了，但一直磨蹭着，因为我总隐隐觉得哪里不对，后来发现我们都被喜茶“骗”了。但或许，我们是被自己骗了。

因为，我们总是企图找到一个确定的成功的商业范式。

因为，我们总是在拿过去的范式来套新的逻辑。

因为，我们总是不相信过去没有出现过的东西。

也许这便是今天这个时代的商业魅力所在吧。

最后，我想说本文写的并不完全是喜茶，而是这个时代以产品制胜的新物种，是那些心怀天下的企业。

叛逆者：花西子

01

作为一个活生生的人，你叛逆过吗？上一次叛逆，是什么时候呢？

我想，每个人都曾在学生时代尤其是青春期叛逆过，比如在细雨中奔跑，或是在校园喇叭响起时一起唱爱情歌曲。

很多年过去了，我对叛逆的理解，又加深了很多个层次，我想它是一个中性的词。它是尊重规则，但不迷信规则；它是渴望力量，但不向传统的力量屈服；它是生而平凡，但不甘心平凡地死去。我写过太多成功的故事，异常期待一个叛逆者出现。往往因为叛逆，才能够突破“老司机”们的常识，让大家眼前一亮，产生乱拳打死老师傅的功效。叛逆者，往往有血性，而凡有血性，必有争心。中国商业的良性进化与更迭，需要的就是这样的人。

我们今天要讲的不是个人青春期的故事，而是一个品牌从诞生到青春期叛逆的故事。它就是当红的“辣子鸡”——花西子，非常符合我对叛逆者的理解。我想关于花西子，最迷人、最值得探寻的不是所谓的国潮，不是李佳琦带货，不是那些表象。比起看似头头是道的商业逻辑分析，我总是更相信一些朴素、真实的直觉。我永远执拗地相信，这世界上大多数的事情，是有了因，才有果；是因为想要，才会去做；是因为有了执念，才会有事业；是因为坚定地相信，才会变成真相。

中国商业界不缺流量高手，不缺精明的生意人。从改革开放至今 40 多年里，我们缺的还是那些真正的梦想家，真正的品牌缔造者，是那些面对无穷的短期诱惑痴心不改的人，是那些无论年纪多大心中都住着叛逆少年的人，是那些无论到什么规模都保留一些叛逆之心的企业。

叛逆，说到底是心气与血性，不甘寂寂无名。既然竿头已趋百尺，我辈何不更进一步？是为，海到无边天作岸，山登绝顶我为峰。

02

叛逆一：不做“大牌平替”，不走国产化妆品历来的老路。

在某全球顶级化妆品集团中国区最高级别会议上，“花西子”三个字被反复提起。从他们的角度来看，花西子已经从短期的干扰因素变成了长期的威胁，而这种威胁，背后隐藏着更大的威胁。过去，中国的化妆品行业（含护肤、理容、彩妆）基本是这样的：国际品牌中，欧美线（以及部分日本品牌）占据中高端，部分日本品牌和韩国品牌占据中端，国货品牌基本被挤压在中低端。广东东莞的日化厂层出不穷，几万个牌子切割了下沉市场。偶有新势力突破重围，也会迅速出于各种内部和外部的原因被打回原形。民族品牌崛起的道路，口号走得比实际远得多。

此刻花西子的崛起，让我的心澎湃如大海，因为一个稳定了20多年的行业势力分布结构正在以意想不到的方式松动。那就是：在价格上，花西子成功打入了中高端化妆品价格带。比如，花西子将散粉这一单品，从国产产品不可能高于80元的基本常态，做到了179元。此后，一众国货品牌，才得以有信心重新定价和提高品质，至此国货散粉跨过了100元极具意义的门槛。在口红这一单品上，花西子应用了雕花工艺、同心锁工艺与陶瓷工艺，站稳了199元、219元的最终零售价格，打破了国产口红只能卖几十块钱的魔咒。

而且还有另外一件国际大牌都没有做到的事情，花西子做到了。

衡量一个国家的科技水平，核心看能否制造出火箭，火箭是国际科技水平综合实力的体现。衡量一个彩妆品牌的综合产品力，核心在于能否成功打造一款销量和口碑俱佳的全流程彩妆套装。

目前，全球范围内很少有彩妆品牌能够有效推动全流程彩妆套装的销售。

原因在于，套装产品由多款单品组成，只有当每一款单品都是精品的时候，这个套装才能成功被消费者接受。生意参谋的数据显示，2021 年 5 月，花西子东方妆奁礼盒位居彩妆套装销售榜第一，排名前十的套装产品中有三款礼盒来自花西子，其他品牌彩妆套装几乎为单一品类的套装，比如口红套装，而花西子东方妆奁礼盒，内含底妆、眼妆、唇妆、卸妆、工具等全流程产品。

这款礼盒的成功，意味着花西子的产品力已经达到了令国际大牌“眼红”的程度。所以打破价格天花板，逃离低价竞争，才能够让国货品牌真正开启创新、研发、品质的变革。

1516 年，盗贼四起，盘踞在几地交界的崇山峻岭之间，致民不聊生。王阳明在短短几个月内，荡平了为患数十年的盗贼。立下如此奇功，王阳明却说：“破山中贼易，破心中贼难。”花西子，自是破了国货美妆只能做“大牌平替”的“心中贼”，才成就了一派独特气象。

03

叛逆二：不以西方彩妆为话语标准，构建中国彩妆自己的标准。

叛逆者的心气与血性，从不止于背离规则，而在于创立规则。何为强者，何为弱者？在一个有序的状态里，规则的制定者就是强者。花西子一直在打破原有的产品开发模式，探索全新的产品研发模式，建立一套全新的标准、规则和体系——“花西子标准”。

欧美人五官立体，彩妆风格张扬，而亚洲人的肤色和骨相更适合柔和的妆面。亚洲各国又有区别，韩系追求裸妆，突出轻薄自然；日系追求元气满满，清新活力；泰妆偏爱浓眉大眼的浓颜系；而中国人的理念是形神为一体，内养而外美，中国妆容的精髓在于自信、愉悦而不雷同。

既然如此不同，为什么流行于世界的彩妆只有西方彩妆，却没有东方彩妆？带着这份“不服输”，花西子提出了“东方彩妆”的品类定位和品牌定位。但想要支撑起这样的品类定位和品牌定位，就须在品牌和产品的诸多基础设施和底层要素上去做创新。

花西子坚持在东方审美的体系下，打造产品和内容。它将很多中国元素首创性地应用到品牌和产品上。比如以中国传统色黛色作为品牌色，以朱砂色作为口红色号；将中医药文化融合到彩妆配方成分里，打造以花养妆的产品；将传统雕花工艺用到口红膏体上，开创了全新的雕花口红品类；耗时 1 年多，开发了一套“花西子体”的字体。

从 2017 年开始，花西子开启用户共创项目，邀请用户成为产品体验官，参与测评每一款产品并真实反馈使用体验。招募百余次，体验官超 20 万，根据每位用户的反馈，反复调试配方、优化产品，既慢工细琢，又快速迭代。用户共创，真正根据中国人的特点打造美妆产品。

东方彩妆，古方汲取，配合现代供应链，严格检测大量用户的数据，以期用“花西子标准”构建“中国彩妆标准”。

04

叛逆三：不追逐潮流，而以未来者姿态引领潮流。

或许每一个叛逆者的内心深处都有一个声音：我命由我。从未有一个品牌，像花西子一样，将品牌美学放在战略的高度，单品牌视觉团队就多达 160 多人，其重要性可见一斑。近年来，国潮兴起，有人认为花西子的兴起赶上了国潮大势，但实际上，花西子对于东方美的挖掘，远不止此。

花西子一开始就决意做东方彩妆，决意使用中国自己的元素成就东方彩妆品牌。不是简单的取形，而是取意。花满天曾对媒体公开表示，花西子不追随潮流，而是要形成自己特立独行的“花西子风”。

花西子有一个独树一帜的品牌色——黛色。一开始在决定用哪个颜色作为品牌色时，花西子内部所有的调研都指向了红色、黑色、金色这几种颜色，因为这是传统认知中化妆品应该有的颜色。所有业内人士和消费者都已经接受了这样的设定，国际大牌也纷纷选择了这条路。但如同 iPad 面世之前，并没有人认为自己需要它一样，革新者往往乐于对市场进行更新。

花了 200 万咨询费，历时近 1 年，经过反复研究和测试，最终创始人花满天选中了黛色作为花西子的颜色。何为黛色？即中国传统颜色之一，为青偏黑色，粉墙黛瓦、略施粉黛……中国传统文化中，黛色是极具东方韵味的一种颜色。花西子，是首个使用黛色作为品牌主色的彩妆品牌。

一石激起千层浪，有人吐槽这个颜色“很不彩妆”，让他们千万不要选用这个颜色作为品牌色。但几年过去了，事实证明花西子的选择是正确的，品牌色让花西子在其他一众彩妆品牌中独树一帜。花西子甚至还带起了一大波模仿黛色的化妆品品牌。

挖掘中国真正的文化内涵与精神才是花西子的灵魂，而这在当时无异于一次豪赌。我们今天可以事后诸葛亮般地得出结论：具有独特的颜色和视觉，才能变成伟大的品牌。但如果我们把时间倒退到2017年花西子刚创立的时候，会看到，那时候国潮还未兴起，新消费的浪潮也没有起来，几乎所有创业者和投资人想做的事情就是移动互联网。做一个平台，薅 14 亿人的羊毛，消费升级的所有路数都向着西方的精致生活靠拢。

花西子对东方美学的研究与探索，不是追随潮流，而是以笃定的姿态让自己成为这个时代的潮流。

所以，真正的战略抉择是什么？是你对一件事的信念，是看见未知的决绝与笃定，而不是一股力量崛起之后投机倒把。所谓行业的叛逆者，就是他在做那件事的时候，行业不认可，是不被看好的。无论是因为过去没有行业成功之先例，还是当下没有成功之土壤。但叛逆者，从来不是过去时的朋友，他们心中看到的是未来。站在未来看他们，他们不是叛逆者，而是引领者。

他们对行业的意义，犹如恺撒大帝的宣言般而存在，“我看到了，我来了，我征服了”。因为这样的叛逆者打响了没人敢打响的战斗，后面蠢蠢欲动的友商们才终于找到了理论依据，大家一起让这个市场沸腾了起来。

05

叛逆四：打破成本估算为起点的研发逻辑，成为绝对少数的新消费品牌。

如果品牌的诞生仅靠几个点子，那这世界上应该有更多伟大的品牌。做企业、做品牌，除了要考虑你想干什么，还得适应现实。如果你只是创意上的叛逆者，其实更适合去做广告狂人，因为实体供应链的成本结构里有太多无可奈何的东西。

在产品上，这一轮新消费品牌开始创业时，绝大多数都是找代工厂。当然，在创业初期，这是无可厚非的。但如果逻辑是倒着来的，问题就很大。

举个例子：你发现有一个新的概念和配方的产品卖起来了。假设国际品牌卖 400 元，作为"大牌平替"的某国货产品零售价定在 100 元，根据 5 倍倍率倒推，产品成本价为零售价的 2 折，即 20 元。如果成本是 40 元，能够实现接近大牌的功效（国际品牌的倍率在 10 倍以上，高的甚至可以超过 20 倍，这也是公开的秘密），因为要考虑品牌的推广费用、渠道费用、平台佣金、物流成本、企业运营成本等，你只能进行删删减减。用差不多的配方，一般的原料，其他品牌也在用的公模包材，降低质量标准，这样是最安全经济且高效的产品开发方法。走大家都在走的路，那些弯路和不必要的支出就可以避免。但是，最终你生产出来的只能是一个平庸的产品，"大牌平替"只不过是痴心妄想。

这也是为什么很多品牌，你把它的产品 logo 去掉，看不出任何差别。而我在花西子身上看到了很多复杂、独特的私模，以此构建的产品底层体系，是花西子能够产生溢价的核心原因，也是其真正的护城河。

花西子在创立品牌之初就想要去规划自己的私模，但是私模的成本非常高，比如一个单款产品的私模就需要一两百万元。在年销售额还不到 5000 万元的时候，花西子就开始行动了。当时团队核心成员奔赴全国各地去寻找私模工业设计公司和包材生产厂商。"好几家设计公司一听我们要做私模，开口就问我们的销售额是多少，还建议我们销售额超过 3 亿以后再来做私模，因为开发成本会很高。”

但花西子的品牌战略规划非常清晰，也很笃定，不管成本有多高，都坚持私模的开发。经过两年的打磨，2020 年花西子第一款私模产品眉笔终于上市。

在花西子，研发新品没有成本限制，研发周期也没有限制，只要求开发出同品类产品中的 No.1，因此打破了原有以成本估算为起点的研发逻辑。之后经历数千甚至上万用户的测评，直到产品用户综合喜爱度等各项评分达到最高,才会上市。这其中还包含将花西子与其他同类产品放到一起让用户“盲测”，如果花西子的“盲测”评分没有达到第一，产品就不会上市。

截至 2021 年 6 月，花西子专利总量为 47 项，其中发明专利 13 项、外观专利 33 项、实用新型专利 1 项，位居国货彩妆品牌之首。

熟悉我的朋友，都知道我是一个清醒的人。我总是在各种活动上提出一些好像格格不入的观点,比如我前面写到的那篇《不是所有杂牌都叫新消费》。我曾经提到过，纯靠 OEM 和 ODM，是不可能做成中国的宝洁和欧莱雅的，也提到过欧莱雅集团一年的专利有数百个。但我们不能用别人上百年的成就来与仍在起步阶段的国货对比。

06

叛逆五：不做平庸的产品与短期的爆款，只挑战工艺与研发的极限。

“做好产品”这四个字已经讲烂了。所有创始人、所有投资人、所有媒体都在讲，以至于这句话变得极其普通。大多数人现在主要在做市场已经接受的最大公约数产品，做供应链已经成形的最大公约数产品，而最大公约数就意味着——平庸。

今天，还有很多人认为好产品是短期的爆款，其实那是错的。我所理解的好产品是 Chanel（香奈儿）5 号香水,是 Apple AirPods（苹果无线耳机），是农夫山泉的东方树叶，是梅赛德斯奔驰 S 系列，它们或许是一瓶香水、一个耳机、一瓶饮料、一台轿车，你可能觉得我有点跳跃，因为它们的价位、品类和对应消费人群都非常不一致，但它们有几个非常明确的共性，那就是自问世伊始就有极其明确的产品设计理念与主张。它们成为其品牌的明星单品，经久不衰；它们会迭代该迭代的，但一定坚守不能改变的；它们的出现，从来不是调研问卷里能找到的答案。

我们来显微镜式地看花西子的一个个明星产品。雕花陶瓷口红、散粉、眉笔，每一款产品的诞生过程都经历波折，最终遂其所愿。把中国的陶瓷与口红结合，花西子是第一家。虽然中国有着几千年的陶瓷传承，但把陶瓷用于方寸之间的口红，和用于杯、碗、花瓶是完全不一样的工艺难度。口红壳体体积过小，在烧制的过程中容易出现质地不均、裂缝等瑕疵，报废率极高。

花西子提出“陶瓷口红”这一设想时，根本没有可以承接的供应链，只能进行共创研发。花西子深入全国5家工厂，尝试30多种陶瓷类型方案，最终选定质地细腻的定窑白瓷。历经几百次的烧窑实验，成品率从最初的10%—20%提高到60%—70%后，才得以量产。陶瓷的易碎性是另一个要攻克的难关，在使用过程中，口红难免会不小心掉落在地，一旦外壳碎裂，用户肯定是难以接受的。研发团队不断调整陶土配比的精度和稳定性，进行了数百次的跌落试验，最终保证了陶瓷壳体的抗摔性。

至于口红的膏体配方，一般来说，亚光的质感和干涩的质地是一个难以调和的矛盾，如果一定要兼顾，就意味着没有成熟配方可用，得自行研发。上百次的实验、打样，从膏体原料、粉体形状到油脂比例，不断调试、推倒重来，最终制成了兼顾亚光与丝滑的口红。膏体设计上也别具匠心，用微雕、浮雕雕琢出传统制瓷场景，与陶瓷壳体相呼应。向中国制瓷工艺致敬！

除了色值和颜值，很多消费者选择口红时，原料是否天然、健康是重要的考虑因素，因此陶瓷口红膏体选用天然的成分，同时添加芍药、雪莲花等花植精华，即使孕妇人群也可以使用，免除了用户对极易入口的口红膏体成分的顾虑。

从灵感产生到最终落地，花西子团队用了两年时间才研发出陶瓷口红。你可以从产品的一个细节窥见其他，花西子保持一以贯之的持续性，对普通产品的不妥协，对现成工艺的突破，对设计理念的坚持，在每一款产品上都体现得淋漓尽致。

花西子的空气蜜粉，以粉质细腻、定妆控油且不拔干著称，背后同样是突破世界级核心技术的研发与工艺。上市后，它的销量很快超过了国际大牌，成为国货彩妆界的明星产品，3 年间用户评价一直保持着 4.9 分的高分（满分 5 分），这意味着 100 个用户中有 98 人给了五星好评。

上线不是终点，上线意味着无数用户的使用体验可以成为它升级配方的来源。对于一款产品的打磨远远没有结束，空气蜜粉 3 年时间里升级了 40 多次配方，其中大部分被雪藏，真正推向市场的是其中的第三代产品。大量用户在蜜粉升级的过程中参与了盲测体验，直到现在，升级仍在继续。

我对做一款好产品的设想是，它不是在现成的方案和供应链内精心挑选，不是对一时的潮流风尚亦步亦趋地紧跟模仿，也不是在一堆差不多的产品上做一点提升和改良，而是从出生之日起，就无视规则限制，睥睨一切粗制滥造和苟且，一直向那个不朽的、不留遗憾的目标进发。

07

叛逆六：不以堆积产品数量取胜，而以精品战略成就经典品牌。

凡事必有两面，做一个与众不同的叛逆者，收获瞩目的另一面，是群言淆乱，积非成是。有人质疑花西子过度重视包装，以营销取胜，不重视产品质量；有人说花西子在销产品数量仅为其他国货彩妆品牌的三分之一，过度依赖几款爆品，新品研发后继无力，如此种种。

2020 年，花西子以不足其他国货彩妆品牌三分之一的产品数量，成就了年销售额 33.5 亿元的体量，成为 2020 年彩妆类目天猫旗舰店销量榜首。2021 年 1 月至 6 月的数据显示，花西子销售额达 17.2 亿元，位居天猫彩妆类目销售额冠军。2021 年的“6·18”活动中，花西子也力压众多国内、国际品牌，位居天猫彩妆类目销售额第一。

我认为单纯追求产品数量没有多大意义，再多平庸的产品放在一起也不能成为传奇。传奇之所以成为传奇，是因为在统一的精神引领之下，对无数产品细节进行了极致打磨。花西子产品数量少，其实是一种差异化精品战略。这个精品战略背后，是花西子的研发策略在起作用。花西子的产品研发周期平均为 1 年 9 个月，比其他品牌的产品平均研发周期长了很多。它对每一款产品精雕细琢，对产品研发、产品设计、配方调试、原料安全风险评估、稳定性测试、防腐挑战测试、包材功能测试、运输测试、丢包测试、用户调研等每一个模块都做到了极致。

这样的研发，使得花西子的新品成为爆款的概率非常高，几乎每一款新品一上线即成为爆品。从国货彩妆天猫旗舰店的销售数据我们可以发现，2021 年的 6—7 月，花西子天猫旗舰店月销量超过 1 万的产品链接有 29 条，爆款链接比例高达 38.67%，是名副其实的国货彩妆品牌之首。

08

叛逆七：不以低价进超级主播的直播间，而是以超级品牌与超级流量互相成就。

4 年时间，花西子成为国货彩妆第一品牌。它的迅速崛起，绕不开一个人，那就是李佳琦。直播带货到底能不能做到品效合一，也是品牌在和超级主播合作时不得不考虑的因素。归根结底，是你做品牌的决心，以及你的产品到底能不能支撑你守住价格的底线。

如果品牌进直播间，就冲着卖货、清库存、完成 KPI（关键绩效指标），牺牲价格也无所谓，那你的货品在主播那里就只能泯然于众。但如果你有自己的品牌坚持，能让主播感受到产品背后的匠心设计、品牌文化，让他发自内心地认可，推荐给看直播的消费者，就能在带货中实现品牌力的提升。回到故事的最初，花西子最初找到李佳琦合作时，市面上的国货蜜粉定价大多为39—49元，当花西子把空气蜜粉定价到149元时，双方出现了僵持不下的局面。

如果谈判到了僵局，退一步暂时休战，冷静下来，才有周密思考的空间。出于对产品力的信心，还有品质背后的成本和研发心血，花西子守住了价格底线，放言道："产品你先用着，我等你的回音。"两个月之后，李佳琦给出了肯定的答复。在此期间，他使用对比了很多款蜜粉，发现花西子的蜜粉品质已经基本达到了国际大牌的水准，他对这家国产化妆品企业充满了好奇。再次沟通之后，李佳琦和花西子一拍即合。所有直播间的观众都能感受到李佳琦对花西子毫不掩饰的偏爱，直播时他不仅介绍产品如何使用，还着重讲它的匠心设计、原料配方、理念故事。而且，不同于单纯的直播带货模式，李佳琦还深度参与到产品的设计和研发中。

2020年10月，花西子携手《人民日报》新媒体、"非遗探索员"李佳琦共同推出《非一般非遗》纪录片。在纪录片中，珍贵的苗族银饰，因传承之难，被困于深山，逐渐面临失传的风险。而"花西子 × 苗族印象"高定系列产品，以苗族元素作为设计灵感，将传统工艺融入时尚彩妆，把原汁原味的民族技艺传递给了更多现代人。

这是一个超级品牌与超级流量的互相成就，突破了流量掣肘，成就了真正的品牌。直播何以带起品牌的一个证明，就是从直播间里成长起来的品牌，走出直播间的"温室"后能不能保持销量增长，独立生存。花西子无疑是从直播间成长起来的品牌，而现在它已经流量与品牌兼备。

据了解，花西子的年销售额2019年为10.3亿元，到了2020年突破33.5亿元，形成了一条近乎垂直的增长曲线。与此同时，在李佳琦与花西子的战略合作一路高歌的情况下，直播间销售额在花西子总销售额中的占比从2019年的18.48%上升到了2021年1—6月的5.25%。这意味着，花西子的流量多元化布局初显成效，品牌势能已经建立。

花西子不以低价进直播间的原则，在产品出海过程中得到了很好的贯彻。

2021 年 3 月 1 日，花西子正式上线日本亚马逊，在国内售价为 219 元的“同心锁口红”，在日本亚马逊售价达 6129 日元（约合人民币 371 元），该价格超过了国际奢侈品品牌香奈儿口红在日本亚马逊的售价（5270 日元，折合人民币 315 元）。“同心锁口红”上线首日便挺进了日本亚马逊口红销售榜小时榜前三。另外，花西子蜜粉、高光等产品也相继挤进亚马逊小时榜销售榜前十，多款产品一经上线便被抢购一空。

做品牌的决心是什么？舍我其谁。这是一个不缺乏消费力的时代，中国品牌要有自信和底气，用过硬的产品力和研发力支撑起自己的价格空间，再以品牌溢价的利润推高人才、产品、市场的城墙，这才是长盛之道。

09

我们历数了花西子的七大叛逆。但这只是一种形，因为我相信，真正的叛逆是藏在骨子里的，是看不见的。就像风起云涌，就像日落月升。我相信，那些很牛的企业之所以与众不同，是因为它们的思想、愿景始终指导着它们的动作。

中国是唯一仍存于世的、从未中断的文明古国。中国美学是集大成的美。实际上，中国元素的借鉴并不难，核心在于是否能深入到中国文化的一个面相里，领会其意而非其形，在此基础上再次创新。大家也看到过很多国际大牌对中国元素的运用，大多是简单临摹，画虎不成反类犬。而中国文化的魅力在于它的丰富层次，同一幅画、同一首诗，在不同年龄、境遇之下，你可意会到不同的心境，却不可言传。它可沉静大气，可婉约幽美，可气势磅礴，也可潇洒若风，它有千般面目、万般颜色。

在创立 4 年销售额便达到 30 多亿元的花西子身上，中国传统文化蕴藏的巨大能量和商业价值可见一斑，经典的东西往往是有底蕴的，天生自带壁垒的，需要真正懂它的人来重新释放其封印的光辉。而我分明感到这股力量已经形成，并即将爆发。属于中国本土品牌的时代即将到来，一遇风云便可化龙。

我今天写的是花西子，但又不完全是，它是群像之一。在餐饮、服饰、美妆、家居、建筑、玩具、影视等无数的行业中，我们看到了一批叛逆者正在汇集他们的力量。他们秉承着对传统文化的致敬，坚守 Made in China（中国制造）的精神内核，他们是百年来第一代既懂商业又有审美，脱离了单纯的生存诉求的中流砥柱。

那个属于中国人自己的伟大的商业文明时代，已经到来。

第四章

企业的复利

何为企业的复利？一个企业从0到1是基于创始团队的努力，从1到100是团队扩张的结果，从100到1000就是整个团队管理方式的变革了，既有管理层的理念升级，也有新老员工的磨合、企业文化的建设。今天大多数伟大的企业，它们的基因是还在居民楼里的时候就决定了，是与生俱来的，而不是后来总结的，它是一种信念，一种价值观，是看似条条理论都有道理的时代的定海神针。企业的复利来自于此。

名创优品的三驾马车

01

2020 年 10 月 15 日，名创优品上市了，在长隆国际会议中心举办了盛大的典礼。

2020 年 2 月中旬，在家憋坏了的我，决定出国走走（当时没有人觉得这是全球性的病毒）。在泰国,我和名创优品泰国公司的代表和总代理聊了很久，聊到名创的全球化，泰国及东南亚市场的与众不同，等等，还一起吃了一顿特别美味的晚饭。次日，韩国新冠肺炎疫情暴发，大量在韩国打工的泰国人开始蜂拥回国，并在曼谷机场发现了病例。我赶紧回国，原先商定去参加南美的名创优品全球招商大会，后来也因故不了了之。五六月份，很多企业还没重启，名创下沉战略已经如火如荼地实施了。我们团队去了很多地级市和县城，见证了这个过程。名创能够在世界经济格局以及零售行业遭遇百年未有之变局的时刻逆势上市，一路走来，我想其中总有一些命门和壁垒，而那些壁垒又不同于书面的冰冷总结。

我一时感慨万千，觉得其中的核心有几点：极致性价比的好产品，全球化以及合伙人制度。我不想通过理论说教，只想从一些我看到的、亲身探寻的事实说起。我也不想吹捧，因为我见过其中辛苦，才深知不易。

02

我第一次见名创优品创始人叶国富，是一个春天的周末。春意盎然，最适合讨论梦想。我问他，在急速发展的当下，什么是必须坚守的。他说他去了全世界无数的国家，发现只有坚持极致性价比的品牌能够做大做强。他说，你应该去美国看一看 Costco（好市多），去德国看一看 Aldi（阿尔迪），去日本看一看他们的产品。事实上，这些企业的优点都在名创的发展历程中有所体现。

零售，终究是一个很苦的行业。2020 年 1 月底我在名创旁听了他们的内部会，当时那个小会的主题是如何把爆款香薰的成本再控制下来，从而让消费者买到更便宜的好产品，最终得出的方法是，把包装盒上不起眼的胶水纸替换成另一种，根据名创的规模，一年下来这一项改进就能省出普通人无法想象的金额。在名创，这样的会几乎每天都有，主题永远是如何提高效率，增强供应链，做极致性价比的好产品。说实话，当时在现场的我都听晕了，因为好像每个字都听懂了，但又感觉没听明白。

什么是好产品？我想我们一定要脱离某种程度上的傲慢与偏见。2020 年 4 月我和我的合伙人去名创总部，楼下有一个名创优品的大店，我的合伙人看到一个机器人，只要 29.9 元，有 6 个不同的模块，可以组成一个超大的机器人，当时就给他儿子买了一整套。他是平时给儿子买几千元的乐高都不眨眼的人。同时还有一对父母，也在选购这组玩具。那一刻我想，真正的好产品，绝不局限于服务一小群人，而应该服务尽可能多的人，可以让全世界更多舍不得买乐高的爸爸妈妈都愿意去买，让自己的孩子感受到他们的爱，而这种爱不会因为所谓的价格而有丝毫不同。

在奢侈品领域，大家一直把口红、香水、眼线笔作为钩子类的入门产品，基本上是一个人接触奢侈品的第一站。很多人觉得两三百元一支的口红没什么了不起，但是正如过去我所写的，名创可以真正让工薪阶层的女孩毫不犯怵地选购高品质的产品。我周围的很多哪怕拥有“高定”的女生，也发现 10 元一支的名创眼线笔更“香”。

4 年前，我在印度新德里最豪华的商场看到名创优品，它开在整栋楼最好的位置上，星巴克的正对面。印度的中产阶级，把周末在名创购物当作一种既有身份又有品位的生活方式。2019 年我在埃及新开罗的富人区看到，名创优品是整个街区客流量最高的门店。真正的好产品，就像可口可乐，就像麦当劳，它能够满足各个维度、各个空间、各种阶层的不同消费者的需求，具有全球意义。它的底层逻辑是对产品开发和供应链都报以敬畏之心。看一个公司，最终要看它的组织里什么部门的人最多，在名创管理总部，产品开发部的人最多。

03

很多朋友不知道的是，名创优品早已从一个平价日用品商店变成了一个全球化的品牌，门店已覆盖全球 80 多个国家和地区。从创立至今只用了 7 年时间，是近些年全球化速度最快的中国企业之一。从终端规模来说，它仅次于华为等少数企业。

名创优品全球化表明了中国企业向海外输出的意义和价值，也给我们带来了一些启示：第一，做品牌要享受国内成熟供应链的规模溢出和成本优势；第二，要享受国内成熟团队的管理能力的溢出；第三，要分散单一市场的不确定性和风险，同时扩大业务基座和基础；第四，缔造一个真正的品牌，必然是全球化的，因为全球化意味着世界人民通用，代表着一种底层逻辑乃至价值观的共通。

国际化是一条非常困难的路，因为它是对一个企业的供应链能力、组织能力、品牌运营能力、商务谈判能力、全球资源调配能力和企业文化的一次复合性大考。从实验室模型来看，零售企业的全球化好像是简单可复制的，但其实并不是。不同国家有不同的法律法规、不同的语言、不同的文化以及不同的制度，同样的模式在 A 国可能风生水起，但是在 B 国就完全做不起来。举个例子，韩国市场有明确的玩具分级机制，如果玩具要被标记为 3+（3 岁以上儿童适用），则需要缴纳一笔高昂的认证费用，同时进行一个非常烦琐的认证，而如果标记为 6+，则可以省去很多流程。最初，名创韩国团队就踩了这个坑，按照国内的习惯来申请，但最后发现这样得不偿失。

2019 年斯里兰卡发生爆炸，导致游客数量出现断崖式下降，这对当地的门店造成了巨大的压力。2019 年土耳其发生军事政变，直接导致货币暴跌，而名创优品付的房租是美元，发的货是用美元结算的，但是卖出去拿回来的是暴跌的本地货币。同时海关一刀切，暂停商品进口，导致货品一度不足。

以上只是海外市场里 3% 的情况，其他的我们不一一列举。所以，全球化的一个巨大的门槛便是，既然想要用全球化来对冲风险，那必然要承受全球化带来的局部风险。用一句当前流行的话来讲，就是“欲戴王冠，必承其重”。然而，只要迈过那道坎，局部市场的冲击也只是对大盘子几个点以内的影响。因此，企业的国际化其实是一个对外输出组织能力的过程。它考验的是企业能否把在中国获得成功的模式复制到国外，再依据当地的情况进行有机的融合。

04

在更多的出海案例里面，我们看到的依然是粗放模式。很多往往是在海外签下一个代理商，授权品牌，然后卖货。这样的纯卖货模式可以在很短的时间里攻城略地。这是最简单的一条路，却也是最脆弱的一条路。由于缺乏真正的国际化组织能力和在全球范围内大规模调配资源的能力，这样的企业对于终端缺乏控制能力，同时难以产生真正的品牌势能，所以总是昙花一现（包括以这样的模式到中国来操作的海外企业）。仅从案例分析来看，我们似乎可以把能力总结成 1、2、3、4、5、6，但其实又都是环环相扣、互相辅佐的。

名创优品出海解决的第一个问题是如何搞定当地人。零售是一个特别看重铺位的行业，铺位几乎决定成败。从大的模式而言，名创优品针对不同的海外市场，因地制宜地选择灵活的商业模式。第一种是名创合伙人模式，主要在印度尼西亚采取此种模式。第二种是直营模式，在美国、加拿大等市场采用先将直营店作为示范性门店，而后引入名创合伙人模式或者代理商模式进行市场拓展。第三种是代理模式，目前海外绝大多数国家和地区都采用这种模式，名创优品寻找最优质的当地合作伙伴拓展和运营业务。

第二个是供应链和协同的组织能力。跨国市场意味着需要在原有的时间上增加海运的运输周期和清关的时间。同时，还需要关注所在国的市场准入条件，完成产品的认证。

第三个是总部如何持续地给全球子公司人才输血，并与其协作，毕竟五大洲涉及不同的时区、语言和文化。在这件事情上，名创做到了“七八九”原则：七页 PPT、八分钟内把问题讲清楚、九个小时内必须有决策。例行会议时间，每个市场都会有一个专门空出来的和总部对接的时间段。“责任到人”制度，让团队发挥自身主观能动性去克服地域和时间的差异。而人才不可能只靠总部输血，更需要子公司自主造血。在名创的直营市场中，除了核心管理层，如国家或地区总经理、财务经理，是总部外派的，其他的岗位基本上都实现了本地化。例如，印度尼西亚子公司有 2000 多人，但团队中中国人比例不超过 1%。当然这也意味着必须尊重当地的习俗。

第四个问题，每个市场本身就是一个国家或地区，这也意味着即便是子公司，也需要是一个能在当地参与竞争的完整主体。也就是说，名创的每个分公司都是一个大脑，指挥着门店的战斗。因此，名创的每一个子公司都像创业公司一样，需要清楚地了解当地的情况、竞争对手的状态、公司的优势和劣势，并参与竞争。从卖场的端头管理、视觉设计，再到人员的激励方案、巡店打分表、打卡制度，还有市场内的门店调拨、周转策略和人员管理制度，都要了如指掌。不同的市场因为不同的发展状况、经营状况、文化习俗的排列组合，产生独特的竞争态势。比如韩国市场，三星手机的市占率远高于中国国内，再加上天气寒冷，因此对于三星手机壳和可触屏的毛绒手套需求量非常高。而这恰恰是中国国内用得比较少的东西，因此长期耕耘这一块的韩国本地品牌价格就有更大的优势。在泰国，一些自产的优势品类中，有些竞品品牌做到了比名创供应链更短、价格更低且上新速度更快，而由于海运和清关时间不可控，名创的很多新品到货周期不稳定，这就需要当地市场和总部重新对接，梳理仓对仓到货和季节备销的逻辑。

第五个问题是精细化管理，比如在门店扩展的过程中，总部可以提供哪些资源的协助，需要哪些部门的支持。在厘清这些问题之前，名创优品的海外拓店需要 260 天，而厘清楚之后则 30 天就可以完成所有流程。所谓精细化管理，就是将所有流程加以完善，比如从开店的流程到仓对仓补货的逻辑，再到面对竞争对手时的系统打法，还有大量的突发情况应该如何进行应对。国际化的下半场，考验的就是这些不胜其烦的细节。

全球化不是简单的复制，它无异于二次创业，无异于再创河山。具有这样的格局和落地能力的团队，目前在中国还很稀缺。

05

极致性价比的好产品和全球扩张作为名创优品三驾马车中的两驾，对于其成功功不可没，那除此之外呢？独特的合伙人模式便是第三驾马车。自西方世界以麦当劳为首的企业定义了特许加盟模式后的 50 多年里，本质上这一模式没有太大的改变。在中国，近 10 年来有一批快招公司将招商加盟模式污名化了。所以在探讨这一模式时，我们需要非常客观和理智。名创优品可以专心做产品和管理，同时可以实现轻资产地快速开店，保证公司现金流充足。同样重要的是，名创优品能够直接获取关键的运营和消费者数据，帮助指导未来的销售、开发战略。最后，相比大部分加盟企业“连而不锁”的现状，名创优品真正实现了锁住管理，锁住品牌形象，锁住客户体验。对于加盟商而言，其获得了名创从品牌到管理的全面赋能，因而可以专注寻找最佳的铺位资源，同时又能享受到可观的回报，且存货风险极低。所以，名创优品迭代而来的合伙人模式本质上是基于市场经济，对社会资源的合理重组与再分配。

06

当然，名创优品也面临着很多挑战，这世界上哪有不受挑战的企业？一关关过就是了。其最初在广州郊区的街边店开始测试时，很多人就断言：线下没有机会。那一批不甘于平凡的人开始埋头开店时，很多人就断言：普通人无法成功。后来事实证明，他们都错了。当享乐主义盛行时，我看到一批又一批名创人到世界各地（尤其是诸多欠发达市场）去过最苦的日子。

在上市典礼上，老叶发言时说的第一句话是："他们叫我董事局主席，这样我以后加完班吃楼下 4 块钱的斋肠粉都不好意思了，所以你们还是不要叫我董事局主席了。"当时我想，名创优品这个企业在我个人企业研究的道路上留下了浓重的一笔，哪怕很多人用苛刻的冰冷的视角看待它，哪怕很多人只以数字充满偏见地看待它的一切努力。

我想，当我的生命走向终点时，回望起那个年富力强的时代，我一定会为曾经见证过中国品牌出现在世界的每一个角落而感到骄傲。名创优品不仅证明了线上不可能替代线下，还证明了规模与效率依然是商业上最重要的事；不仅证明了做最苦的行当也能很挣钱，还证明了这个时代普通人依然可以通过自己的奋斗而成功。

拼多多，重新定义拼多多

01

如果我是黄峥，我倒挺希望所有的对手都轻视我，大家都觉得拼多多不就是一个卖便宜货的平台嘛。很多人因不去分析拼多多的内核，从而延误“战机”。尤其是长期生活在“高端氛围”里的人，对拼多多的理解，依然是它不过就是个卖便宜货的平台，然后蹭了腾讯的流量，没有什么特别之处。这种理解只能说是 too young too simple（太年轻，太天真）。

02

真正让拼多多崛起的核心是天时、主要战术和底层逻辑。我们先来看天时。2015 年 9 月，夏日的热量还没有消散，人心还是狂热的，大多数创业者和 VC 沉浸在融资里（次年一轮房价暴涨，彻底把他们想要收割的中产阶级搞蒙了），大家得出的普遍共识是便宜打折没有出路。

“便宜打折没有出路”，这句话是对的，也是错的。错在看人群，看成本。那一年，大家还得出一个结论：所有中国人的购买力会快速持续地上升。直到 2017 年，人们才发现这是错的。这一年还发生了三件重要的事情：（1）以小米为首的中国国产手机开始推出几百元的手机，手机市场进入刺刀见红的肉搏战，同时中国的智能手机普及率迅速提高。（2）支付宝和微信钱包将几十个亿砸下去，又是打车补贴，又是红包的，把手机支付这一环彻底打通了，卖红薯的大爷都用手机收钱了。（3）2015 年年初淘宝被反复质疑卖假货，开始大规模清理低端店铺，京东则坚定地走品质路线。于是，一个长达两年的真空期出现了，市场上没有任何一个高级玩家会在基础条件完善的情况下全力做五环外的电商生意，只要你肯弯腰，最大的桃子就是你的。

2015 年 9 月的电商世界堪比一场世纪大战。

拼多多的主要战术是什么？是拼团、砍价，是基于中国熟人关系的电商，而且是聚焦水果和纸巾这些高频消费的产品。它重新定义了电商的销售方法，这是一种让人带动人的粗暴但有效的方法。

最后我们来看底层逻辑，那就是拼多多读懂了中国，中国有大量的人需要买便宜的东西，这个大量不是几千万，是 8 亿。而中国又有大量的“两元店”需要在线化，有大量县城的产品、工厂的产品，它们的品质并不差，但不懂渠道、不懂品牌，怎么卖掉？当这两个 C 端都大量存在的时候，这个平台就诞生了。

03

以上全对，但又全错。因为 2015 年 9 月到 2017 年下半年，主流市场没有人关心拼多多，直到 2018 年拼多多上市才浮出水面。所有对它过去的分析，只能推导出过去的成功，并不能看到未来。拼多多发布的 2018 年第三季度财报显示，截至 2018 年 9 月 30 日的 12 个月里，平台 GMV 达 3448 亿元人民币，较 2017 年同期增长 386%；年度活跃买家数为 3.855 亿，较 2017 年同期增长 144%；平台移动客户端平均月活跃用户数为 2.317 亿，较 2017 年同期增长 226%；活跃买家年度平均消费 894.4 元，较 2017 年同期增长 99%。我只想说：活跃用户和平均消费额的增加是证明一个商业逻辑的最好试金石。

04

拼多多，正在重新定义拼多多。孙中山先生说过，“天下大势，浩浩汤汤，顺之者昌，逆之者亡”。我个人认为拼多多正在做一件极具价值的事情，虽然目前依然存在一些争议以及不理解。那就是城乡之间的商品供给侧改革，通过供给侧的优化实现商品、资金、生产力的再流动，从而改善贫困，消化产能。

中国市场从来不是一个简单的市场，而是一个高度复杂的市场。打个比方，中国的消费市场就像一辆穿越山洞的火车，它的头部已经穿越了山洞，已经依稀看到了洞外的世界，中部看到了一丝光芒，后部却一片迷糊，尾部都还没有进洞。而大部分媒体基本都是为“车厢最前部”的人服务的，所以他们不能完整地理解中国市场。

05

目前国内很多领域的产能是过剩的，高级商场里已经不需要这些东西了，出口也带不动，打折也卖不掉，但是在乡村不打折也买不到同样的东西。为什么呢？因为中国太大了，物流成本居高不下，而且乡村的需求很碎，无法像城市一样大规模集中仓储，商品成本里有一半都是物流和中间商的成本，这是一个矛盾。

中国有将近3000个县，4万多个乡镇，近70万个村，它们中大多数不可能成为科技、金融、文化之城，也没有什么特色的风景，但是它们有自己的土特产，这些东西在城里很难买到，有钱都买不到。举个例子：前些年，北方山沟沟里的柿子，在上海能卖十几块钱1斤的那种，根本运不出来，全部烂在地里，因为没有渠道帮助他们去消化产能。但是如果利用过于复杂的中间商体系，价格又太贵，价格超过某个值的时候，销量就会锐减到抵销不了成本。这就是第二个矛盾。

有很多工厂既不懂营销，也不会搞品牌，彻底被逐出一线市场，又在外需减弱的背景下，逐步裁员。但是他们确实具备更低的成本和快速的生产力，他们的产品不是劣质产品，只是没有品牌附加值。需要这些产品的用户找不到它们，找得到它们的用户又不买。举个例子：我小时候，经常有日化厂用卡车把整桶的洗发水、食品厂把整箱的各种点心运到小区门口，然后把喇叭一放，开始叫卖，他们的售价只是大牌的三分之一，但是东西其实差不了太多。这个场景，随着大家收入的增长不断消失。我觉得这就是C2M的原型。小的时候，我就喜欢吃上海食品厂的蜂蜜饼干，直到后来看了各种国外品牌的诱人广告，而那种味道和那个慈祥的穿着白大褂的老阿姨永远也不会出现了。这是第三个矛盾。

基于这三个巨大的矛盾，让城市和乡村的需求及产能对流起来，这就是拼多多这个平台的核心价值。拼多多本质上是城市和乡村之间供给侧商品的调配平台。这个逻辑在本质上和古代丝绸之路没有很大的区别，流通的东西里除了少数的上等品，大多数都是非常普通的商品。

06

今天很多人犯的一个基本错误就是理解错了需求。什么是需求？笼统地看需求，它的指标是比较单一的、均质的、可通约的。比如，中国人每年需要1000万台电吹风机（仅做举例，不是实际需求量），但是不等于中国能卖掉1000万台戴森，其中可能只有1万台是戴森，9万台是飞利浦和松下，剩下的990万台是仅需要吹干这个基本功能需求的产品而已，这就是拼多多在城乡间解决的问题。需求是经济增长第一原动力，人的需求分阶段、分层次递进，首先人需要生存，生存问题解决后，还需要物质上富裕和精神上享受。处在享受阶段和可以购买品牌溢价阶段的人，不能说最初阶的功能需求就是不存在的，也不能把自己的需求理解为普罗大众的需求。举个例子：很多精英觉得心灵鸡汤是很低级的内容，但是很多老百姓觉得这已经是非常高端的内容了。

07

以下数据引自我写的一篇文章《中国人到底有多少钱》，仔细客观地分析了中国人有多少钱这件事。国家统计局于 2018 年 2 月 28 日发布的《2017 年国民经济和社会发展统计公报》显示，2017 全年国民总收入 825016 亿元，比上年增长 7.0%，全年人均国内生产总值 59660 元，比上年增长 6.3%。总量很惊人，但其实人均下来并不多，不到 6 万元。再来看《2017 年国民经济和社会发展统计公报》中的数据，下图是“2013—2017 年全国居民人均可支配收入”，虽然连年增长，但是到 2017 年年底人均是 25974 元，月均 2000 元出头。

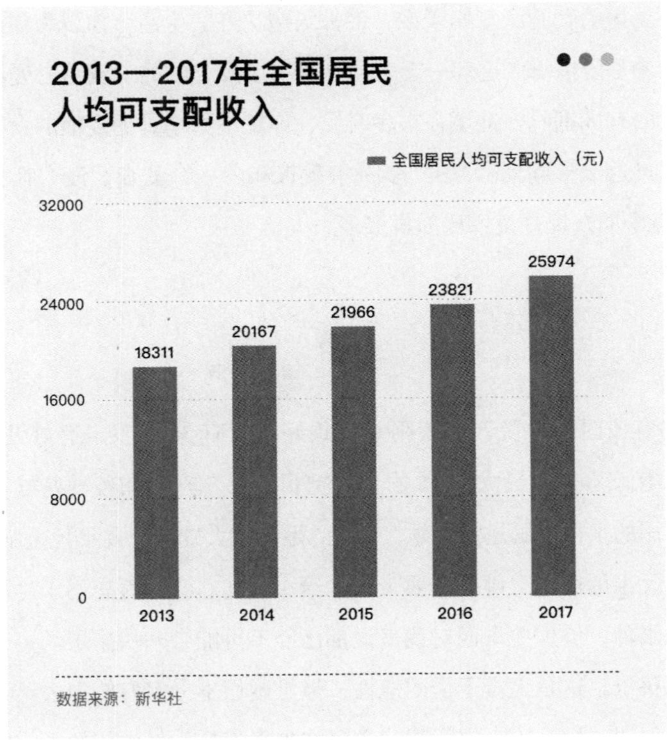

前面已经讲到，将全年全国居民人均可支配收入分成五组：低收入组人均可支配收入 5958 元；中等偏下收入组人均可支配收入 13843 元；中等收入组人均可支配收入 22495 元；中等偏上收入组人均可支配收入 34547 元；高收入组人均可支配收入 64934 元。注意了，这是全年。所以把这些数值除以 12 得出真实的可支配收入，最高组也不过是每月 5411 元。

值得注意的是，2017 年全国农民工人均月收入 3485 元，比上年增长 6.4%。当你在北上广月入 3 万元还在苦苦哀叹的时候，你要知道，农民一年的收入不过 4 万元。对于他们来说，供孩子读大学仍然是非常艰难的。而即使大学毕业，他们的孩子依然是从零开始奋斗。这也是为什么很多人看“快手”会产生恍若隔世的感觉。

或许，让更多暂时无法支付品牌溢价的中国人，买到同品质的产品，甚至用更便宜的价格买到不那么差的产品，就是一种供给侧的优化。

我不觉得消费升级专属于谁，谁都渴望更好的生活。你以为你给女朋友买卡地亚才是爱情吗？这和一个工厂小哥存了几个月的工资给心爱的姑娘买个 vivo 真的有区别吗？甚至在很多时候，你还不如小哥更爱他的女神。我在朋友圈发过这么一句话：“中产多一个戴森和少一个戴森，没有什么本质性区别。”有个朋友评论说：比如拼多多。

08

我妈有段时间住院，护工阿姨人很好，只有 30 多岁，有好几个孩子，最小的只有五六岁，最大的 15 岁，我把很多书、吃的和各种娃娃，还有一个很久不用的平板电脑送给了她。她说，她们家大娃娃想要平板电脑很久了，还有几个元祖的面包，她一定要带回去给小妹吃。我一直忘不了她那种快乐和感激的眼神，但这些东西对我来说都已经不可能带来快乐了。每个妈妈都爱自己的孩子，这是人类不变的通性，但是她们不一定有能力去给孩子提供最精致的生活。她们不一定买得起进口的昂贵产品，但她们的爱一定不比有钱的妈妈少。

拼多多上有一个牌子叫“可心柔”，是做纸巾产品的，这个制造商非常传统，主要销售渠道就是大润发和各个地方的超市，但这个模式非常难做了，因为传统渠道的账期非常长，有的高达9个月。如果走经销商模式也是如此，可能经销商会预支一些款，但是要提走数倍金额的货，卖不掉的话，还得退回来造成库存的积压，库存本身还要支出仓储费。

中国大量的传统企业就是这么被拖死的。可心柔入驻拼多多后，儿童纸巾一下子卖爆了，因为需求很大，最火爆的时候一天有10万单，整个公司都震惊了。因为订单的增加，又降低了分摊成本，他们可以用更低的价格去销售，进入了良性循环。

这里我想说的事情是：大多数普通人是很难赚到可观的财富的，他们也不可能去获得高端的服务和享受，如果我们能够降低门槛，以他们为目标客户，这就是一个巨大的生意。

福特汽车的成功就是让汽车这个奢侈品通过流水线大批量生产变成中产都能拥有的东西。

那么我们的目光是不是应该放到更广阔的天空呢？

09

中国有几百个产业带，很多地方一个村、一个县，甚至一个市的支柱产业就是一个产业带。在过去40多年里，他们几代人用一双双鞋、一件件衣服、一个个杯子赚到了血汗钱，完成了原始积累，但是在外需不振和内需摸不清门路的情况下，每天都有工厂倒闭的。

2016年的夏天，我去广州白云工业区考察，出租车开到外围就不肯进去了。要往里走只能坐摩的，铁路横穿整个片区，突然一阵雷雨，路上积满了脏水和泥。走到深处，是成片成片中间没有缝隙的连在一起的小楼，这些小楼里都是工厂，出来接我的那个小伙子，只有三根手指，我记得特别清楚。

那个小工厂的老板来自东北，在广州混了十几年，手下有300个工人，他说他们生产的鞋子质量特别好，比大牌还好，他还现场演示对比了，确实如此，但他没有品牌，经营状况每况愈下。当时我就觉得，中国有很多工厂不可能用国际公司那套去完成品牌化，他们只会做产品，也没有资本去做品牌,如果通过中间人的话,那么又极可能变成代工厂。所以拼多多的价值在于，让这些工厂有可能通过单个产品引爆市场。就像可心柔一样，因为去了中间商，所以可以用更低的成本获客，从而进入一个良性循环。

10

老读者可能会发现，我经常给拼多多“打call”，虽然我基本不在上面买东西。为什么我老是做拼多多的“自来水”？是因为，我觉得我们不应该带着成见去看待世界，这对我们没有好处。

有一天深夜，我在公司群里提醒了所有同事，我说：“永远不要忘了你当时为什么要读书。你读书是为了过得更好，是为了理想，是为了看到更大的世界。”但今天那么多读过书的人，把自己读傻了，读成了故步自封的人，读成了胆小鬼，读成了傲慢与有偏见的人。我觉得他们都很努力，但他们的视野还不够开阔，他们也许不知道在我们市中心办公室外几十公里的地方在发生什么。而我要把他们推下自信之巅，然后想办法重建一个更广阔的世界观。

我很希望，拼多多，重新定义拼多多。这样才能彻底叫醒那些自我感觉良好的人。当然，在它真正重新定义自己之前，要彻底解决掉那些被人诟病已久的问题。

从边缘到主流，快手电商的 3 年战争

01

风，起于青蘋之末。所有的创新，都起于不耀眼的地方。这篇文章将按照这样的路径渐进：电商的分化—直播电商的分化—快手电商的进化逻辑。

物种的进化，总是在偶然间走上一条岔路，走得远了，便成了不同的科属。商业的进化也是如此，也许在起点，大家敲下的第一行代码都是相似的，但因为时间点、人群、机缘、理念、基因等因素不同，最终就会变成不一样的产品。就好像如今的电商分为三种。

一种是传统的电子商务模式，其中包含我们最熟悉的 B2C 和 C2C。另一种是基于人找货的社交电商，比如拼多多以及其他各类 App。还有一种就是直播电商。注意，我认为直播电商和电商直播是两种不一样的模式。电商直播，比如渠道化的大主播和大部分的店播本质上还是促销手段的衍生。而真正的直播电商，具备人格属性，是以人和私域流量为强纽带和基本盘展开的。快手电商就有这种独成一派之势。这三种并无替代关系，却组成了中国商业生态里特别有意思的局面。大海里的巨鲸，永远不只有一种。

02

第三方消息称，快手 2020 年整个 GMV 的目标是 2000 亿元或者是 2500 亿元。根据快手在港交所提交的招股书，可以看到 2020 年上半年交易额已达 1096 亿元，而在 2018 年仅为 0.996 亿元，不到两年时间增长了 1000 多倍。快手表示自己是全球范围内以商品交易总额计的第二大直播电商平台。

作为一家创立了9年的短视频平台，快手直接经历甚至主导了国内短视频和直播从起步到兴起、从兴起到兴盛、从兴盛到成为全新主流的整个过程。我来分享一个冷知识：最初它只是一个用来制作、分享动态图片的软件，依托于微博等平台而生。

从行业来看，快手几乎是整个直播电商的代表、缩影。发展至今，快手已经完成了短视频向直播扩张、直播向电商扩张的征程，直播电商也从0到1，再发展到综合GMV超1万亿元的市场规模。这种速度的达成，一方面是因为整体的商业环境越来越成熟；另一方面，赶上了直播的风口，叠加效应形成了戴维斯双击的势能，大大促进了体量的增速。

回想当初电商刚刚起步时，淘系全线苦熬多年，从拍卖模式到第三方担保模式，花了无数时间和精力才让电商网购实现从0元到2000亿元，再到1万亿元的进化。如今的直播电商平台，仅仅用了两年便达到了1万亿元的规模。

03

从2019年直播卖货迅速火起，到2020年新冠肺炎疫情大大催化了这一过程，行业确实大踏步前进了，但是依然有很多商家找不到北。几大平台都有自己不同的风格，其中生存着无数不同能力禀赋的玩家。而如果找到了与自身匹配的平台，商家或者主播自然能够如鱼得水，但走错了平台的人，恐怕只有黯然退场的结局了。

我在广东、江苏的制造业产业带的企业主总裁班上发现，大量的企业其实根本没有搞明白直播怎么做，要么“凉凉”，要么乱搞。这个时代信息好像透明了，但实际上有用的信息未必透明。这几年很多头部主播应运而生，他们往往有自己的人设，跟粉丝顺利建立起强联系，使得他们在直播中可以实现效益最大化，甚至“破圈”“出圈”。从某种意义上来说，强大KOL（关键意见领袖）的存在让品牌在平台的营销工作减少了很多。但这也意味着另一个问题：头部分成很多，品牌自己没有流量也没有留存，更绝望的是也许你不是品牌，只是个牌子。

店播，也就是店铺开播，淘宝、拼多多、京东等目前一直在推，而在这些店播里，主播往往没有固定的专业人选，今天是A、明天是B、后天是C的情况很常见，这些主播跟观众并不能（似乎也不需要）建立真正的情感联系，仍然在基于货架逻辑，而不是基于人的逻辑做分发。对于已有明确购物目标的用户而言，比如我要去买一个宠物用品，可能这个店在播，那个店也在播，这个店今天的主播员叫A播，明天的主播员叫B播，对我来说没什么区别，只是用视频的方式来介绍这个产品，我通过这个直播只是想建立对产品的信任、理解，或者获得优惠而已。用户产生购买行为的逻辑还是基于货物本身。但是用户能够看到谁的直播，往往取决于平台的流量分发，也就是竞价排名或者优势头部店铺。我并不认为这样是不对的，事实上，从商业上来讲，这对平台和C端消费者来说都是一种高效的方案。

所有基于公域流量的商业模式，最终都是为了给C端消费者提供便捷，同时利用广告模式持续变现，氪金越多，或者店铺本身客流越大，就越靠前。也就是马太效应：强者进入滚雪球模式，越滚越大。在这种背景下，中小主播会活得很痛苦，没什么机会，因为光靠自己个人的奋斗获得流量难度很高，而买流量又需要资本，构建私域流量很难。

还有一种看上去是去中心化的模式，就是平台自身根据算法进行分发，并且会实时调整算法逻辑。需要说明的是，这种模式的流量逻辑在很大程度上也是纯公域。这就是所谓的在大势面前，个体的力量微乎其微。比如说有一段时间大家都在玩同一个梗，内容高度相似，那么用户就很难跟某一个个体主播产生真正的联系。同时，公域的瀑布流推送并没有保底，也就是说，即使用户已经关注到某个主播或者账号，也不能保证用户能收到该账号的所有推送内容。

这样一来，用户会非常舒适，因为每次看到的内容都相似而又不相同，但对主播来说这就非常考验内容质量和运气了。在算法不给予流量倾斜的时候，哪怕你有1000万个粉丝，这个粉丝也不能从公域流量里看到你，不可能在你开播时就收到强提醒，专门来观看。

在这样的基础上，用户对平台的黏度会提高，但用户对个体KOL的黏度基本不存在。所以在这类平台上，头部玩家和小玩家基本机会均等，最终谁能胜出，取决于谁得到平台的青睐，或者在平台交更多的钱来购买公域流量。

04

继续来说快手。根据官方说法，快手电商有几个特征：有趣地逛、放心地选、信任地买。前面我们说过，如今的电商分为三种，其中真正的直播电商是具备人格属性的，以人和私域流量为强纽带和基本盘。

在消费者只有一个大体的购物方向时，通过中性化的流量划分，可以让中小商家拥有更多机会，同时也能给消费者带来更好的购物体验，也就是“逛街感”，这就是快手主打的“有趣地逛”。快手上的主播，往往更具有独特的人格吸引力，大量的用户看他们的直播不是为了等着买东西，而是为了享受那个有点像综艺节目的直播。

比如我合伙人的丈母娘每晚都要看快手，看着看着，就看到一盒茶叶，自己虽然不是那么急需，但也可以说需要，加上支持主播的心态，于是就下单了。

快手就是在这一环节上下功夫而脱颖而出的。在最初期，如果有人想在快手上卖货，唯一的方式就是先去发短视频、做直播，把自己的粉丝涨起来，有粉丝了，有社交关系了，才能够将货卖给信任自己的人。但这样一来，那些手里有货但是没有粉丝基础的人，就只能找一些主播去卖货，也就是交坑位费找人带货。

这一度是最火的电商直播方式，但火爆的背后是鱼龙混杂。重金聘请“明星主播”最终带货寥寥的例子数不胜数。姑且不说受骗的问题，哪怕商家真的找到某些头部主播，或者是找到快手细分垂类的专业电商带货主播，实现了去库存的初级目标，也无法真正触达观众和消费者本身。因为用户能记住主播，但是并不会记住品牌。同时，这个模式的终极结果就是诞生寡头，雪球滚起来之后，强者越强，赶不上红利期的人只能高价吃肉或者低价喝汤。

为了避免这种结果，快手从2020年下半年开始推出一些能够同时服务于公域流量和私域流量的工具，比如“超级粉丝头条”和“小店通”。这些工具的主要目的是帮助想要卖货的人获取流量，哪怕是零基础的。通过在公域的投放，将更多人吸引到自己面前，届时不管是主播想实现个人品牌，还是商家想构建私域流量，都可以完成转化。也就是说，客源到手之后，想要用于公域知名度还是私域转化，完全取决于个体需求。

如果你不是零基础，那这个工具可以起到加速催化的效果，直接从公域里切一部分流量到手中，而且这部分流量的最终使用权取决于品牌本身的选择。聪明的主播和品牌，都会通过自己的人设和魅力，把这些从公域来的流量转换成自己的私域粉丝，从而变成自己可复用的资产。

这既不是完全公域，也不是完全私域，而是从公域来，最终留在了私域。这样一来，不管是普通人还是MCN（网红），都有了更大的机会。2018年，一家叫遥望的互联网游戏/广告公司关注到了短视频领域，尝试进行业务转型。那年某个明星主播在快手首届“11·6”卖货节带了1.6亿元的货，羡煞旁人。于是遥望开始直接投入快手，全员上阵，看准了流量风口，并迅速转型。早期，遥望跟各大娱乐主播合作，通过挂榜等方式为直播间引流，涨粉获客。

在小店通等推广工具上线后，遥望经过一段时间的测试，很快找到了适合自己的投放方式，果断放弃了以往挂榜引流的方式，转向用工具完成流量集中、高效采买等流程性的步骤，实现了更高的性价比。

到2020年下半年，直播电商已经为遥望贡献了整个公司70%的流水。在快手，公域和私域的融合将会成为一种趋势，最终起到百花齐放的效果。有人可能还是走纯私域的卖货路线，有些人可能比较擅长公域流量的投放，就是所谓的流量投手、操盘手。这些人可能擅长做ROI的转化、素材的打造，通过这些商业化的工具，从公域里面，哪怕是零基础，也能卖出很多东西。

还有一些可能会公域、私域同时利用。比如在目前的快手中，本身已经有几十万到百万粉丝级别的主播，就运用这些工具实现了自己在商业化方向的快速成长。

05

2018年，快手首届“11·6”明星主播直播带货1.6亿元这件事，让外界第一次发现原来直播电商势能这么大。那一天，很多人第一次体验到直播电商的全程，感觉就像一场大型晚会，一会儿卖东西，一会儿与粉丝互动。后来，罗振宇在他年终的演讲里提到了这件事。这是直播电商的首次“出圈”。又过了一年，2019年中旬，快手电商找到了自己的根据地，当时的口号是“源头好物，一件也是批发价”。

这是基于平台用户的需求专门打造的，这里有大量的源头货、源头工厂、源头的批发市场或者是源头的果园、农产品的卖家。在商业逻辑上，源头好物能够让消费者以极致性价比去购买他们想要的东西，能够有一个更好的购物体验。

从某种程度来说，这是快手式的“内循环”。2020年上半年，快手对电商做了一次升级，从“源头好货”扩张到“品牌货”。因为快手发现用户也很需要有一定品牌溢价的品牌货。即使价格不是最低，用户也能认可。比如快手上卖得特别好的化妆品兰蔻，它的性价比肯定比不上源头工厂直接出厂的货，但是大家对这些品牌还是认可的。假如商场卖1000元的套装，在直播间能够用700元、680元甚至更低的价格买下来，消费者都能接受。

这次升级之后不久，快手再一次迎来了关键节点：董明珠的一场直播卖了3.1亿元，把快手再次推到了聚光灯前。那是第一次在快手上尝试卖高客单价的大家电，最终的战绩让人们认识到：原来快手的用户对于这种高客单价、高品质的品牌的需求也是很强的，用户不是买不起这个品牌货，而是更注重品牌货的性价比。

与此同时，中小商家们往往是和源头好货联系在一起的，因为大部分中小商家的人设是非常生动的，大部分卖的就是源头好货，类似于非标产品，它的体量涨到足够大，有潜力变成腰部和头部的时候，他们自己就有生产力了，他们往往会包很大的产能，打上自己的牌子去卖，这也都是属于源头好货。

这样一来，源头好货和品牌货让快手意识到不能对中小商家放手，而大品牌也一样能在自己的生态内合理运转。所以难归难，但两手都要抓，两手都要硬。在跟更多品牌合作专场的同时，快手开始积极与其他平台携手。比如跟京东的战略合作和双方联合推出的“双百亿补贴”。

从 2020 年 6 月到后来将近半年的时间，快手将中小商家和源头好货彻底夯实，并且构建了自己的分销库——快手好物联盟。货一旦进入分销库，就可以进入快手全平台。生态里所有能够卖货的主播都可以从这个分销库里选货去卖，最后由进入这个分销库的品牌方或供应商做统一的发货、配送、客服。

这样一来，让利成了品牌行为，而不再是强势主播的折扣力度更强，弱势主播的折扣力度更弱，中小主播也有用优势价格卖大牌的可能性。

06

未来的电商形态，一定不是只靠私域或者只靠公域去卖货，而是更加丰富和多元，成熟的商业团队一定会开始打组合拳。私域仍然会是非常核心的竞争力，因为私域能带来更多复购和信任的空间；公域则主要负责知名度和去库存，因为公域拥有更普适性的自由度和选择权。对平台来说，如果想形成真正的生态，就需要扶持中小商家。如果只想赚钱，那么中小商家的重要性就不那么显著了。

到 2021 年 1 月，快手已经走过 10 年了，从最初的“底层残酷物语”，到如今生机勃勃的中小商家，快手一直在尝试用平台大社区层面去理解中小商家的意义，让更多普通人，尤其是曾在“底层残酷物语”中挣扎的人，从这个商业生态里找到机会。当然，商业的内核永远不是做慈善，快手也从中获得了快速成长，GMV 直接翻了几番。

从现实的角度来讲，最稳固的生态体系一定是森林，而不是花棚或者稻田。森林绝对不是只有几棵大树，森林是有大树、有小树、有河、有花、有草的，而花花草草的比例一定比参天大树高很多，这才是一个健康、完整的生态，能够承受最大的冲击。如果只有几棵大树，平台和平台的淘金者都会被这几棵大树绑架，而当参天大树足够高以后，它的树冠就会遮蔽所有阳光，导致整片森林萎缩，甚至大树自身根系萎缩。

一个系统，必须多元。有生命力的生态里，平台、商家、用户、主播需要各自找到自己的生态位，各司其职，而不是互相吞并围剿。

快手想要的从来不是一棵参天大树。又或者说，整个直播电商领域真正需要的不是一两棵参天大树，而是一个完整的生态环境，一个有青草、有灌木、有小树、有大树的森林。

都是做品牌授权，为什么南极人最成功？

01

在关于南极人的探讨中，好像大家有一些关键点没有深度思考过。在抛出问题前，简单说下我的态度：南极人并没有大家以为的那么简单。至于大家喜不喜欢、认不认可这个企业，我根本不想争论，也不想改变，只是请大家从市场经济的角度再思考一下：单纯看品牌授权，它切中了中国市场的什么痛点？如果品牌授权很容易赚到钱，那供给侧就会有无数类似的模式，然后恶性竞争，就不赚钱了。如果说用这个模式，有的企业赚到了钱，有的没有赚到，那么赚到钱的企业里为什么南极人是最成功的？是不是除了高度简化的“授权”两个字背后还有一些别的东西呢？如果背后的东西也很好学，竞争又拉平了，所以，是不是还有什么很难学的东西？难道是时间窗口、资源或能力？只要利润足够高，就会有更多勤劳有智慧的人想办法来突破，所以南极人的优势到底是什么？

如果我们站在静止的市场看，在南极人还是老一代保暖内衣的认知里，你会好奇“它怎么什么都做”。如果是用轻奢、美妆、时尚的逻辑去看，你会二度拍案而起：“这叫品牌？”如果用传统经销商逻辑去看定倍率，当你拿到终端价格 49 元的电动牙刷时，你会三度拍案而起：“这不会电死我吧？”你哭着对我说，“教科书”都是骗人的。

其实，“教科书”没有骗你，是宏观的环境发生了变化。

02

基于上述疑惑，我们一步步展开来论述。我们曾经走访了诸多供应链单位、产业带，扒了大量的淘宝数据，试图找到一个合理的逻辑链条，力争“不吹不黑”。

我在前文说过，我认为人口的一切特征的总和叫作市场。我国处在经济增长速度的换挡期、结构调整的阵痛期以及前期刺激政策的消化期的三期相叠时刻，这对所有经营者而言都是巨大的考验。我曾打过一个比方：中国市场就像一列穿越山洞的火车，最靠前的车厢早已穿过黑暗看到了风景，较靠前的隐隐约约看到了风景，中间的还在穿越山洞，后面的还不知道前面是什么。所以你会发现，这样干也行？！竟然还有这样的玩法？！

存在即合理，合理是因为市场的多样性，而我们大多数人之所以觉得不合理，是因为我们都是盲人摸象。

03

在中国存在大量的品类，同时有大量的消费者是无所谓品牌的（注意，是在考量了金钱这一要素之后）。

我们拉开 2020 年 7 月淘宝大盘的数据来看。女装品类，前十品牌的交易额占总交易额的 4%，男装品类占 11%，童装 / 婴儿装 / 亲子装占 10%，女士内衣 / 男士内衣 / 家居服占 18%，床上用品占 20%。当然，品牌集中度的数据不能百分之百证明该品类没什么品牌，因为还和该品类的产能结构、自身属性有关。如果不抬杠的话，这个关系大致是成立的，即品牌集中度越低，该品类就越接近没有品牌。举个例子，高集中度的就是手机。2020 年，Q2 华为 +vivo+OPPO+Apple=97.1% 的市场份额。直白地说，不太会有手机制造商想要拿到南极人的品牌授权。所以，这里解释了南极人的第一个核心逻辑，它只做行业品牌集中度低、离散度高、大量用户对品牌不那么关心的品类，它在该品类中主要抢的是纯杂牌和白牌的市场。

我们可以看到女士内衣 / 男士内衣 / 家居服这一品类排前 20 的单品都是哪些牌子，其中 6 款是南极人。剩下的除了 Ubras、蕉内是专做内衣的新消费品牌，其他如七匹狼、北极绒、浪莎等也是跨品类授权的，还有就是没怎么听过的牌子了。再看拼多多服饰类 2020 年 7 月 TOP20 单品数据，动辄几万件，一眼望去看不到品牌，只有花花公子和南极人算品牌，当然它们是同一个模式。

所以，这个逻辑是不是已经很清晰了？再次重复：它只做行业品牌集中度低、离散度高、大量用户对品牌不那么关心的品类，它在该品类中主要抢的是纯杂牌和白牌的市场。在这个区间里，品牌的核心价值不是“身份认同和价值主张”，而是对品质的基本保障。注意，是基本保障。

这是典型的降维打击思路。南极人所要做的不仅仅是授权给制造商，而是挑选“效率 + 相对品质”的制造商进行合作及服务，这一点使他们能够达到极致性价比的同时还能满足对应人群的需求。所以，没有简单的降维打击，这里面是有奥秘的，奥秘在于效率提高—极致性价比—对应人群的品质需求。

04

我们现在都已经知道一个基本事实，有很多人收入并不高，可支配收入并不多。基于此，一个基本的判断是：不同收入组的人，对好商品的理解与期待是不一样的。

以内裤为例，对于超高收入及超高要求组而言，好 = 国际大牌，身份认同；对于高收入及高要求组而言，好 = 潮牌，价值主张；对于中等收入组而言，好 = 有基本的品牌，舒适，刚性改善；对于低收入组而言，好 = 不掉色，基本需求。打开天猫南极人的店铺，你会发现评论中不掉色出现的频次极高。

预期和愿意支付的价格决定了你对一个商品好不好的核心理解。如果你花了买 CK 的钱，买了一条南极人内裤，你破口大骂，我理解你。但是你花 2 元钱买的一双袜子，你还指望有“飞一般的感觉”吗？还指望穿一年吗？不起球、不抽丝就是好袜子。2019 年，女装的平均客单价为 70—80 元，南极人也是行业 TOP10 里面唯一客单价低于 100 元的品牌。

拉取淘宝南极人覆盖类目每个行业前三的竞品店铺平均 DSR[1] 可得出，行业 TOP3 店铺的平均 DSR 为 4.80。最新业绩数据显示，南极人按销量排名 TOP100 的店铺，93% 评分≥ 4.8 分。这 100 家店铺总业绩在整体营业额中占比超 50%。

到这里，南极人上一阶段的成功本质已经阐述清晰。南极人抓住了品牌洼地的品类和对价格敏感的用户，在 10 年前就进入了淘宝体系（那时候还是一片蛮荒），用错位竞争的方式及电商运营的打法拿下了市场。

05

我们称以上为品牌授权 1.0。其实今天花花公子等都是这么做的。电器里的松下、飞利浦也是这么授权出去的，所以你会看到松下的晾衣架也出来了。南极人在某些层面上有 1.0 的影子，这是他们成功的基础，但我研究后发现他们在这个 1.0 上重新定义了品牌授权，我更愿意称之为“品牌授权 2.0”。在不具备网络化的马太效应的行业里，模式的创新只能控住一个阶段的利润，很快就会有后来者居上，所以品牌授权需要 2.0，并且漏洞和缺陷也日渐浮出水面。比如我们熟悉的迪士尼就是品牌授权的代表，但因为全世界范围内的快速扩张，其实很难延伸到授权之外的服务部分，当然迪士尼的 IP 够多，更有影响且体量更大，所以依然活得很好，但这是不可模仿和复制的。

品牌授权 2.0 不仅仅是要做到具有性价比和品质，而且需要一套综合的服务能力。我们来看一下这几点：（1）品控。品牌授权就像一个餐厅是加盟的，总部其实是很难控制菜的出品的。比如，你并不能保证每一条短裤都不褪色。（2）品类不可无限扩张。哪怕低势能的品类确实有信任基础，从而打败了大

1 DSR 是英文 Detail Seller Rating 的简称，即卖家服务评级系统，是衡量店铺服务水平的最重要指标。

多数杂牌，但是南极人承载不住所有品类。所以这个扩张是要有边界的。(3)供应链。南极人这么多年构建的供应链是否具备独特的优势？无论是响应速度、周转速度，还是规模。(4)第二曲线。南极人的成功是在某个时间点上发生的偶然事件，能否复制下去，品牌矩阵能否成形，在非领先品类能否表现突出，都值得关注。

06

以上痛点是所有品牌授权类型企业需要面对的，能够对应做到优化的企业就实现了 2.0。我们对比餐饮行业可以发现，品控的本质并不在于你是否有意愿管理，而是总部有能力帮你多赚钱，不听他们的指挥，利润会下降，听他们的指挥，利润能提升。在电商行业，依然如此。所以抛开书本上那一套，品控的本质还是在于订单量，你规模大，厂商就听你的，没规模，就没话语权。当然更严格的管理体系也是一部分。经数据比对发现实际情况与推测是相符的，随着时间的推移，规模会向头部厂商集中，这更容易实现品控。

2019 年，南极人品牌家居服相关类目产品销售额超 11 亿元，其中，16 家核心工厂生产贡献出了 1500 多万套睡衣。2019 年，南极人品牌成人袜子相关类目产品销售额达 12.9 亿元，其中 10 家核心工厂贡献了 6 成的货量。另外，品控包括一整套从原材料到研发再到生产的东西。南极人的内衣现在做到了全渠道年销售额 90 亿元的规模，家纺做到了年销售额 50 亿元的规模。这个因过去的时间窗口而形成的优势，短期无法攻破。那么对于新品类，应该进行区分管理，做到从合作开始前就严选供应商。

南极人从 2018 年开始，将潮汕地区 100 多家工厂整合到一起，由几个大的产业链服务商收集货品，通过几个大的工厂仓库作为周转，以匹配 200 多个店铺的分销，提高了家居服产业链的效率。同时，或许他们已经意识到南极人不能吃掉所有品类，所以收购了卡帝乐鳄鱼与精典泰迪（分别是男性和母婴品类）。

07

有时候，我觉得很多事情，只有想不到，没有做不到。看到南极人洗衣机（哪怕是迷你的）只要 99 元的时候，我望了望我的西门子，只能叹服中国的供应链能力。他们在洗衣机这种高度品牌化的品类中，找到了一个场景，就是宿舍和出租房，做白电企业不太想做的产品。

我仔细研究了这个逻辑，其实这是一种游牧民族式的打法，就是我先通过数据分析发现市场缺什么，什么东西缺，且价格高，我就来“搅局”，迅速组织产业带生产，再通过电商运营的方式冲上去。

所以综合来看，我们认为品牌授权不再是单纯的授权，对于授权方来说，必须在品质、服务、体验上与品牌授权的共同体保持一致，这样才能让消费者对品牌保持信赖。其实，这不容易。你可以将它理解为接近于现代化的餐饮加盟模式，是一种供应链、运营和品牌的综合。

当我们说到品牌授权时，都以为是极其简单容易的，这是一种误解。其实它还有点像 C2M 模式的变种。大多数 M（工厂）无法直接对接 C（消费者），这是由它的基因和能力限制决定的。它需要一个中间商，这个中间商具有品牌、获客、整合、赋能的能力，有点像 C2B2M。

08

最后我想说，本文是基于这样的核心理念：（1）存在即合理；（2）每个人都在盲人摸象；（3）知道自己不知道很重要，而不是基于你喜欢、你在用，也不是基于我想改变你而展开的。

抚州东站，一个特别小的高铁站，有人席地而睡，有人在厕所旁边打牌。杭州城站，拥挤的过道两侧全是小商铺，卖着来自全中国不同地方的特产——梨膏糖、老酸奶等，如果要说特色，大概就是假的叫花鸡了。深圳北站，一个 20 多岁的小伙子，一只脚裹着石膏，另一只脚跳着独自坐高铁，一只手还拎着一个桶。他跳得非常快，像一只兔子，当时我觉得场面特别搞笑，笑完心情有一点沉重。东莞站，黑车司机闲散地问着路人要去哪里。一个皮肤黝黑的中年人在美宜佳（广东最大的连锁便利店）门口吃方便面，太阳火辣辣的。浦东机场，新的航站楼、卫星楼里开了很多新品牌，但是人气还没有聚起来……这一切，是每一分每一秒都在同时发生的。换个角度想，这便是时代赐予我们的机会。

山姆会员店的启示：市场向下，品牌向上

01

本文将为你揭开零售和品牌真正产生利润的财富密码。先切到一个单纯的消费者视角来思考一下，你会出于品牌原因而留下某些购物袋，并且进行二次利用吗？你会因自己用高品质或奢侈品品牌而感到骄傲吗？你会因为多了某个物件而觉得自己神采飞扬吗？你会因为某种生活习惯，比如坚持逛会员制线下超市或者每天早上喝一杯冷萃咖啡而感觉与众不同吗？

我相信绝大多数人会。事实上，在欧洲和北美工业革命全面完成以后，商家的主要工作就是使其商品和服务具有某种附加价值，也就是优越感。因为生产力大幅度提升，出现了一大批解决了温饱等基本需求的人，这些人在不停地寻找新的方式来彰显自己不一样。

如果我们说一瓶可乐卖 3 元，第一口值 2.5 元，这个 2.5 元是一种生理上的满足感的话，那么一块百达斐丽手表卖 30 万元，心理上的满足感和荣耀感就占了 29.9 万元。

如果百达翡丽不具有代表性，那么茅台和特斯拉的成功，你绝对能理解。它们成功的路径不同，但最终都在有意无意中形成了一种区隔认同。几十年前，中国第一大酒厂是汾酒，那时候茅台还是个小弟弟。但今天茅台以酱香独特酿造与“勾兑工艺 + 产量有限 + 价格锚定 + 涨价趋势几乎确定 + 无数历史与名人背书 + 圈层效应”，形成了一道独特亮丽的风景线。

特斯拉的品牌资产的形成独具特色，几乎与整个汽车工业的打法都不一样。过去 50 万元的车在 100 万元的车面前“抬不起头”，几乎是毋庸置疑的。豪车虽各有侧重，比如宝马主打驾驭，奔驰主打老板圈，但价格论资排辈永

恒不变。

自从出了特斯拉，仿佛花三五十万元就可以鄙视所有非顶奢豪车了。因为在精神上仿佛被“冒险”和“未来”的概念给加持了，开这种车的人都仿佛和马斯克一样是时代的弄潮儿了。

特斯拉的重点在它的科技感和未来感，对高端技术的钻研和品质的追求。以它为座驾，象征的不只是钱，而是一种生活信仰和价值选择。马斯克的个人魅力也为特斯拉创造了附加值，粉丝们会觉得这就是未来的交通工具，就是最牛的。

可以看出，这种群体之间的认同最终形成了鄙视链，这种感觉是多种因素共同影响，给消费者带来一种与众不同的圈层爽点，是对某一种生活方式、年龄、阶级、学历等许多不同标签的认同。因为认同，所以拥有同样价值观的人凑在了一起，而认同的背后必然伴随着不认同，所以也会对持有其他价值观的人产生排斥。

在这个过程中，品牌如果与其中的某一环产生共鸣，就会成为该群体彰显身份的标签，成为这类群体的爽点，从而大大提高消费者的黏度。比如说很少有人会因为别人送了自己一瓶茅台而觉得不高兴，哪怕他并不喜欢喝酒。这就是品牌势能足够强的结果，同时品牌会进入良性循环，继续吸引更多持有相同价值观的人进行消费。

02

那么，只有消费品品牌可以形成这样的感觉吗？不是，渠道品牌也可以。同样的东西从不同的地方买来，也能营造圈层爽点。买一瓶水，在街边小店买和在机场买感觉是完全不同的。举个例子，在义乌小商品市场门外买一瓶依云矿泉水，大部分人的反应是犯不上、冤大头，而在逛迪士尼的时候买一瓶依云似乎就很正常、很值得。在不同的消费场景中花同样的钱，心中的匹配感也是不同的。

还有买菜，仿佛去超市买菜就是比去菜市场更显高端，去会员制商超就是比去大连锁高端，即使菜市场的菜可能更便宜，环境也不差。即使普通商超离家的距离更近，很多人也更愿意去品质更高、尖货更多、服务体验更好的会员制超市。然而，即使是会员制超市，也有乌烟瘴气没法停车的那种场景，也需要跟抢猪肉的阿姨、倒卖茅台的黄牛以及钻卷帘闸门的大爷大妈们挤在一起争夺打折货……

每一种客观存在的现象背后，都有一套可以摸索的逻辑以及可以深究的概念。只要能归纳出这个现象背后的概念和逻辑，就能诞生商机。

超市这种渠道品牌如何才能营造出圈层爽点？先思考一个问题，提到超市，你会想到什么？

买菜、服务、热闹……这是很多消费者对于超市的印象，也是很多超市企业认为的消费者需求。为了满足这些需求，很多超市会尽量提供更多的品类供消费者挑选，提供更好的服务让消费者感觉贴心，放比较大声的音乐营造热闹的氛围。其实也有另外的选择，比如扎根已久、风靡上海的山姆会员店，就选择了和大多数超市不一样的玩法。

你会发现山姆会员店里的购物手推车跟其他超市的常见手推车有两个很明显的区别：第一个是它有两个儿童座，可以同时坐两个小孩，或者是一个位置坐小孩，另一个位置放随身的包或者其他杂物；另一个区别是它们的车很宽，却不深，也就是说在能装下同样甚至更多商品的同时，减少了弯腰和商品互相堆积挤压的可能。

手推车的尺寸变了，购物选品的过程舒服了，但也意味着需要更宽敞的通道去容纳它，所以山姆会员店的过道是 3 米左右，而一般超市基本不超过 2 米。同时，山姆的货架只有两层，最高不超过 180cm，再往上就是仓储柜。它不会让你觉得自己不够高，自己胖，或者觉得自己陷入了一个人非常多、环境嘈杂、手推车互相撞击需要避让的场景。

营造这样独特爽点的小细节需要花费巨大的成本，绝大部分以买菜为硬核需求的超市都不会这么干，付出这个成本还不如多给点折扣或者多进一些品类，但山姆就这么干了。

这么干的好处是，消费者非常容易形成“我是与众不同的、我是被尊重的、我很爽”的认同感。

山姆的整个布置、服务甚至品类设计都和通常意义上的超市不太一样，比如这里没有促销音乐，也没有反复跟你强调洗衣液买二送一的导购，消费者大都在安静地逛着，很少有人大声闲聊家长里短。再说一个细节，它们SKU的重复度非常低，在以增加SKU为卖点的超市界，这种玩法基本是逆势而行。

店内很多商品只有一两种，比如五花肉可能只有两种：一种去皮了，另一种没去皮，每一份的重量、肉块的大小、肉的肥瘦都是基本一样的。你以为你是来挑肉的？不，他们的专业人士已经帮你挑好了，这个就是最好的，你不用挑了，你也没机会挑。

帮助消费者做决策是绝大部分企业和品牌的终极目标，但是没有几个企业敢真正这么干，因为风险实在是太大了，一不小心就会被消费者指着鼻子骂：“你算老几，我要你帮我决定？”

但山姆这么干了，而且并没有引发消费者指着鼻子骂，因为它们用彪悍的品控真正做到了“我帮你挑选出来的东西是真的好”。

山姆的任何一个西瓜，不仅大小形状基本一致，而且味道和你买到过的最好吃的西瓜差不多；一盒4个装的番茄，一定大小一致，不会有3大1小或2大2小之类的情况；牛排在口感、大小、纹路、厚薄上也基本一致，不用担心挑不好。甚至有网友在知乎感叹：山姆连小黄瓜都大小一致，这到底是怎么做到的？

这种处女座、强迫症式的玩法，释放了年轻人、中产家庭“懒”的天性，同时营造了一种独特的爽点——我不用挑，就能买到其他人花很多时间千挑万选才能买到的好东西。当大家都以为消费者的需求是买菜、是挑选的乐趣时，山姆并不这么认为，它给消费者提供了一个舒适的购物环境、良好的购物体验以及精选的商品品类，让消费者产生独特的爽点。

就好像很多耳机大厂以为消费者对于耳机的需求是音质一样，他们在耳机音质上花了巨大的精力，但是被极致简洁和极致便携的 AirPods 秒成了渣。时尚的外观、极致便携带来的舒适使用体验，让很多消费者成为 AirPods 的死忠粉，甚至进化出非 AirPods 不买的自豪感和认同感。AirPods 的成功，在某种意义上是苹果对消费者需求的更深度洞察。也许大家普遍认为的需求，不一定是最深层次、最真实的需求。超市也是一样的，山姆在设置门槛的同时，又通过商品和价格设置让消费者感觉“足够值”。想去山姆买东西，得先办一张 260 元的会员卡，这既是门槛，也是消费者与众不同的高级感的重要来源。

山姆有很多独家的供应链，比如山姆的自有品牌 Member's Mark（MM），品质极高且价格非常具有诱惑力、红遍全网的 MM 麻薯、MM 山黑猪肉等，只有山姆有得卖，你办卡还是不办？在一些非独家商品上，山姆则选择了价更优。比如奔富、三得利的威士忌、Godiva（歌帝梵）的巧克力，都做到了买两瓶酒、一盒巧克力就把会员卡费赚回来了。这种情况下，你办卡还是不办？

通过环境、服务、选品、价值，让消费者感受到逛超市不仅仅是买菜、抢鸡蛋、挑肉，逛超市甚至能够和逛高端商场一样舒适、惬意，从而营造圈层爽点。这在某种意义上是错维竞争，你以为这是一个剃须刀，其实它是一个吹风机；你以为这是一个吹风机，其实它是一个剃须刀。就好像你以为海底捞是卖火锅的，其实它是卖服务的；你以为山姆是个卖菜的，其实它是卖体验和价值的。

外卖火了，方便面的生意不好了；共享单车火了，地铁旁“三蹦子”的生意没了。事实就如 AirPods 一样，这种符合消费者内心最深处洞察的做法，会随着社会和市场的发展变成主流。苹果的 AirPods 在真无线耳机市场占有率高达 60%，海底捞成为中国餐饮届最高市值企业，它们都成了绝对意义上的主流。

03

茅台已经取代“宇宙第一行”成为A股定海神针。特斯拉超过丰田成为全球最有价值的汽车公司。即便经济大环境欠佳，也有一些企业仍然能逆势翻盘，掌握财富密码。比如屡屡卖断货的山姆会员店，众多会员正在续费，并且持续加速开设新店。在他们的计划中，到2022年年底，山姆将有40—45家开业及在建门店。

为了写这篇文章，我和身边不少朋友聊起过山姆，一聊才知道，原来身边很多人已经是山姆3—5年的老会员，对里面的各种商品如数家珍。而这些人的共性非常明显，都是那种讲究生活、珍惜时间、享受生活的中产阶级。

这些能营造出圈层爽点的品牌，生意是很好且稳定的。比如DIOR（迪奥）和AJ（飞人乔丹）的联名，实现了潮流圈层的人向奢侈圈层过渡。在流量生意和留量生活之间，山姆会员店都选择了往上走。在品质和服务上越来越“强迫症”，在细节和品控上越来越严格，店铺则从一线城市逐渐向准一线、二线、三线城市渗透。

这就是流量和留量的区别。往下走的消费品，是很少有消费者忠诚度可言的，除非真的能够通过供应链、物流、平台渠道等优势让品牌长期在价格上称王称霸，否则基本上只要有价格更低的或者曝光度更高的，就会替代它。而往上走的消费品对于品质、体验的把控更严格，消费者的认同度更高，黏度更强。比如乔布斯带给苹果的是理念的严格，而不是科技创新。此处值得再次强调：生意与生意之间，不存在高低贵贱。做上游高端品牌的，并不比做底层下沉品牌的更优越。反过来，扎根在小镇的企业们，也绝不比出身于北上广甚至发达国家的公司更卑微。

市场可以无限向下延伸，让根脉扎到全国乃至全世界的任何一个角落去，一线城市也好，十八线城市也罢，只要把价格、质量、服务、环境等任何一方面做到极致，消费者就会用脚投票。极致的低价、极致的性价比、极致的服务、极致的环境，错开常规竞争维度，去打造圈层爽点，开辟另外一个战场，这些都可能让品牌从“流量”变成“留量”。

很少有人会嫌商品太有名，没有人会嫌车太酷炫，没有人会嫌商场太干净、服务太好，没有人会嫌性价比太高，所以茅台、特斯拉、苹果、山姆会员店才能实现全面通杀。

藏在鄙视链中的大生意，就是这个道理。

第三次场景再造正在发生

01

今天零售业之桂冠是谁？是沃尔玛。沃尔玛、Costco 等百货公司的成功，对应的是大工业时代与中产崛起的初级阶段。那个时候物品丰富到琳琅满目，价格优势和品种齐全成了主要考量因素。购物中心的崛起则代表了大工业时代与中产崛起的中级阶段。那个时候供大于求，方便获取变成了核心要素。与此同时，综合体验正在一步步走上前台。但显然，这都已经无法满足今天的中国消费者了。

第三次场景再造正在发生。

02

第三次场景再造具有一定的延续性、微观性和专业性。延续性即基于过去的综合体，商业形态进行迭代和发展，其本质上不是一种替代关系，而是延续关系。比如，大量新的好的业态会出现在购物中心的各个部分，从而一步步像换细胞一样变出一个新的购物中心。微观性和专业性方面，有人做出了新的美妆集合店，有人做出了新的集市空间，有人做出了新的餐饮 + 场景。眉毛胡子一把抓的时代过去了，你把事情做出来，不是因为你有物业关系，而是因为你在微观的专业上有深刻的认知。

第三次场景再造，本质上是一次自下而上的再造。是一次基于深刻的认知、真挚的热爱、极致的追求而展开的抽丝剥茧般的场景再造。也许它起始于一个手账或多肉爱好者找不到属于自己的空间，或是一个热爱故土的食客再也找不到童年的味道和家乡的记忆，又或是一个大码姑娘在很多服装店都不被人待见。

03

与此同时，第三次场景再造一定会对应宏观上的趋势变化。中泰证券的资料显示，自20世纪80年代起，在日本长期实行的低利率货币政策和日元升值的影响下，大量国际热钱涌入日本股票和地产市场，资产价格泡沫不断上升，日本零售企业也加速了扩张步伐，大量投资建设地产项目。

进入90年代后，资产泡沫破灭，不少知名百货企业陷入了经营困境，遭受重创的日本经济也使整个日本零售业陷入低迷，业态和经营创新成为挽救经营困局的关键。在这样的背景下，居民消费回归理性，价格低廉、性价比高的百元店成功吸引了大量消费者。

近年来，日本国内社会消费品零售总额增速持续放缓，在人均可支配收入提高、消费持续升级的大趋势下，消费分级现象越来越普遍，中等及以下消费群体对于生活必需品 / 高频次消费品的价格更加敏感，更加注重商品本身的性价比而淡化品牌溢价。

截至2020年，中国城镇的人均可支配收入为43834元，折合成日元，刚好对应日本20世纪90年代的杂货零售大繁荣阶段，人均GDP亦然。这说明今时今日的中国零售业恰好与当时的日本状态所匹配，所以其发展的趋势对于我们也具有一定的参考性。

04

可以看到，近几年日本的便利店模式、MUJI模式等都在中国出现了对应的头部企业。同时，因为中国市场的独特性，又诞生了很多全新的形态。我将以HARMAY（话梅）、番茄口袋、超级文和友这三家企业为第三次场景再造的案例进行深入阐述，它们分别代表着美妆个护、市集式零售空间、餐饮空间的第三次场景。

2008 年，HARMAY 由淘宝店起家；2017 年 5 月在上海开出第一家线下店，而后进驻北京和香港，平均月销 1500 万元；2019 年 12 月公司估值 5 亿元；2020 年 9 月入驻成都，估值上升到 50 亿元（内部透露，未证实）。我们先从外在的五个角度来看：装修、仓储、体验、选址、大牌小样。

装修：店内采用金属、不锈钢、混凝土、玻璃板的工业风元素，打破了人们对于美妆店的原始审美，且兼容了线下销售和线上仓储的功能。

仓储：目前 HARMAY 线上、线下是同款同价，共享库存，其线下店已完全取代仓库，实现店仓一体化。得益于此种模式，其库存周转速度是同行业的 2 倍，平均周转期为 39 天。

体验：让用户在“刚刚好”的边界感中，享受新生活尺度带来的自在与轻松。将店面融入城市文化中，对更多生命体的关怀（宠物区），传递不一样的文化理念。

选址：落位在一线以及准一线城市，选址逻辑来源于 HARMAY 的线上消费者数据，街边单店的选址也是为了突出品牌形象。

大牌小样：HARMAY 的一个显著特点是售卖小样。HARMAY 会定期从商场和购物中心购买大牌小样。小样对于冲动型消费者的吸引力在于，这是一个可以用相对低价不断尝鲜的消费刺激。

由于前端的改变，对应的后端营收结构也发生了改变。其单月销售额可破 1500 万元。HARMAY 表现较好的门店年坪效可达 8 万—10 万元。

在产品结构层面，品牌覆盖也极为广泛，除了 LA MER、SK–II 等一线大牌，也有较平价或是小众的品牌产品。据相关报道称，HARMAY 的北京门店的 SKU 约为 4000 个左右，上新频率大概为每月 200 多个。HARMAY 依赖大品牌引流，靠中小品牌拉升利润空间。目前大牌和中小品牌销售占比大致是六四开，大品牌是六，中小品牌是四，同比来看，中小品牌的销售占比在提升，均为海外品牌。此外，HARMAY 也有自营品牌，如美妆蛋、化妆棉、洗脸巾等，这些产品具有 MUJI（无印良品）式的极简风格，被冠以 HARMAY CONCEPT（话梅自有品牌）的标签。

推出付费制会员卡成为 HARMAY 的新探索。7 天抢购仅 200 张售价 188 元的限量会员卡，可享受 HARMAY 旗下所有店铺全部商品的 9 折优惠，优惠权益持续 1 年；HARMAY 拿到中国区独家总代的品牌数量已经达到 16 个。

05

比起 HARMAY 的网络传播量，番茄口袋可以说是非常低调了，但我认为不可忽视。目前其在北京拥有两家直营店。在我蹲点观察许久之后，发现一些特别有趣的现象，在这里和大家分享。

（1）其位于西单大悦城的门店中，很多看似毫不相关的区域被组合在一起，但仿佛受众是同一拨人，平均能够黏住用户超过 30 分钟。

（2）在没有任何广告投放的情况下，单店单日可达 25 万元营业额。

（3）类似于胶带这样的产品销量非常好，有用户直接买了 500 元的各种彩色胶带。徽章收集爱好者也会组团来此打卡交友。

（4）它位于北京人流量极大的西单购物中心，却没有像普通的零售店一样聚集在购物中心的地下一楼，而是与四楼的时尚服饰品牌为伍。

（5）近 800 平方米的空间除了商品展示外，还设立了大量互动、试玩的区域，一整面留言墙每天会新增两三百条留言。

我们常说年轻人越来越难懂了，但这家店聚集了最难懂的那群年轻人。他们穿梭在店内，仿佛徜徉在游乐场，本来没打算买东西的却买了一堆东西。潮玩、手账、徽章、贴纸，这些在上一代人眼中无用的物件，他们却乐此不疲。平日里社恐的人会和看上同一卷胶带的陌生人聊在一起，聊着聊着便去约一杯奶茶……

新世代身上的种种冲突性，在这个针对他们的各种喜好的混搭空间里显得无比和谐。所以我会把它放进第三次场景再造的案例中，我觉得它的场景与 HARMAY 那样规整的店铺不同，它为年轻人的多元兴趣与价值创造了新的空间。

06

在我们深入探讨番茄口袋之前，我想探讨一下杂物集市这个模式。因为很多中国消费者对此可能还不够了解，而这一模式在日本已经出现了很大的企业。日本杂货零售历史悠久，渠道发展程度相比中国更加成熟。2018 年，日本杂货店渠道零售额占全渠道零售额的 2.57%，明显高于我国的 0.18%，中国杂货店渠道还存在很大的上升空间。从发展趋势来看，从 2014 年开始，中国杂货店渠道零售额占比有显著提升，未来也将持续发力，实现快速增长。

谈到日杂的崛起，不得不说手工艺复兴和杂货店的发展。二次工业革命后，机械文明随战火而至，威胁到日本社会的手工业传统。不久后，一场探讨手工艺与美学的“民艺运动”应运而生，手工艺人以手作的方式对机械文明发起挑战。

这场运动始于 1925 年，至今仍未停止。它引发了日本大众生活方式的审美启蒙，也一直推动着日式生活杂物对“实用的美丽”的追寻。正是有了这样的手工艺品认知与对生活美学的追求，在以后的近半个世纪，售卖杂货、传递生活方式的日式杂货铺才一举形成了滚滚浪潮，风靡至今。在民艺运动后的 1974 年，文化屋杂货店于东京开业，被视为日杂崛起的开端。这家面积不大的二层小店，主要售卖文具和零食，陈列着店主搜罗的各类新奇好物，它也成了昭和风格杂货的代名词。

随后东急百货和西武百货的争斗，推动了日杂的全面铺开与繁荣。20 世纪七八十年代，东急手创、日本国民杂货店 Loft 等几家日式杂货品牌纷纷涌现。而中国的杂货店，似乎也在最近几年进入了繁盛期，但到底浪潮过后谁会留下，我们不妨先看看日式杂货品牌的思路。

以 Loft 为例，在风格定位上，它的风格是杂糅的，虽主打生活杂货，但它不像MUJI那样追求极简之美，而是将有趣的设计、限量的商品和潮玩集合在一起。你很难用一种固定的模式去定义它的风格，但正是这种杂货集合的形式成了它独特的标签。

其实无论Loft还是MUJI，它们都依靠商品和环境打造了独属于自身的场景，但它们之所以能红至今日，绝不仅仅是凭借一次场景再造。所以在这里我想说，场景再造是一个动态而非静态的过程。

从消费者的角度来看，与盲盒类似，杂货文化的盛行包含了一种“淘宝”的未知的快乐。特别是对于一些非刚需的品质升级和兴趣类产品，如何在购物过程中为消费者营造确定场景中的不确定体验就变得极为重要。Loft倡导商店编辑力，即像杂志一样，设计多样的货品排布方式。根据不同店铺、不同时期的不同主题变动店内的装潢模式。此外它还会采取买手制，除了固定售卖的产品，还不断从全世界搜集好物，以源源不断的新奇物品为消费者创造意料之外的惊喜。

买手制、新鲜感，也是我想要探讨的，这是在场景再造过程中番茄口袋的潜力所在。

07

我们再回到番茄口袋上。我所看到的番茄口袋是一家充满生活美学宝藏的潮趣市集。它有超过10000个SKU选品，有800平方米起步的超大空间，有美妆个护、服饰配件、居家生活、创意玩具、智能数码、文创文具、食品零食、绿植美学等品类分区。

与传统零售不同的地方在于，它更热闹、更好逛、更能互动，在这里的每个人都可以享受轻松愉悦的消费体验，自由选择自己感兴趣的品类。

有段时间抖音上有一个梗很火，叫“什么是快乐星球”。我想，在今天的语境里，快乐星球就是一个场景再造的终极目标。番茄口袋通过专业的买手、空间陈列师，将人、货、场进行重新组合，将过去传统区隔方式下不属于一个类别的东西汇集在一起，创造出沉浸式的快乐体验。这就是电商永远解决不了的痛点，因为沉浸于场景之中，可以极大地刺激消费欲望。

我询问过番茄口袋的品牌方，他们的买手怎样保证选到年轻人钟爱的商品。答案是，他们凭借强大的团队建立了多维立体的选品机制。

在线下，买手们会通过展会、线下市集、探店等方式搜罗好物。线上则会抓取小红书、淘宝数据、直播数据等各种数据进行分析。此外，依托粉丝组成的各种爱好群定期调研、品牌小信箱留言、客服小助手互动等方式直接与年轻人交流，并通过组织线下活动调研、兴趣圈层调研等扩大信息域。

京东背景的创始人，MUJI 的零售运营团队，加上绝对一流的买手团队和强大的买手社团组织，保证这套选品机制有效运营，并根据实际运营数据不断迭代优化。

借助这个有效的选品制度，番茄口袋保持着 30% 的进店转化率，线下空间不仅拥有上万种商品，每月还会上新 1000 个以上 SKU。其海量的 SKU，并没有造成巨大的库存。相反，这样的动态选品机制带来了很低的库存周转率，番茄口袋的库存周转周期仅为 34 天。

究其原因，原来他们会先筛选出产品，进小批量的货，在店中做销售测试，再根据销售情况和客户反馈决定是否继续购进该产品。这一模式在店铺进一步铺开之后依然适用，在某一家店铺测试新品，销售情况较好再大批量进货放到各个店铺售卖。截至目前，番茄口袋一共有 300 多个供应商，未来这一数字还会继续增加。

我在前面提到，番茄口袋在西单大悦城的店铺没有像普通的零售店那样聚集在购物中心的地下一层，而是上升到了服饰休闲楼层，这对于店铺规划"等级森严"的综合性购物中心来说实属不易。为什么西单大悦城这样处在热门商圈的购物中心愿意给此前仅有一家店铺的番茄口袋开这样的"后门"？

购物中心作为第二次场景再造的产物，目前已迫切需要更新升级，它同样需要新鲜的血液注入，吸引年轻人前往。因此，作为年轻人爱好的聚合，番茄口袋这样的市集式零售空间就非常受购物中心的喜爱，它有对年轻消费者兴趣圈层的笼络能力，还有很强的留客能力。番茄口袋面向消费者展开的调研报告显示，77.12% 的消费者在店铺内的停留时间超过半个小时，且 81.7% 的消费者表示会再次进店消费。

想让消费者在一家店铺里停留半个小时以上，它就不仅仅需要有符合消费者预期的产品，还要好逛，能互动，能不断用场景和意料之外的新奇好物抓住年轻人的注意力，而番茄口袋里就有可以试玩的小钢琴、架子鼓，有能够互动和表达自我的留言墙，上面写着关于祝福、关于成长、关于减肥的各种内心独白。它通过场景再造与消费者形成了一种情感联结，这种附加价值也带给消费者更大的想象空间。这也是为什么大众点评上番茄口袋西单大悦城旗舰店不仅仅在该购物中心 200 多个商家中名列人气排行榜榜首，超过同一购物中心的苹果旗舰店，而且自开业以来，一直占据北京同品类热门榜第一名。

08

还有一个把场景再造玩到极致的品牌，那就是曾经刷屏的超级文和友。它是餐饮企业吗？并不是。超级文和友为年轻人提供“时空错位”的空间，营造了一种与现实隔绝的抽离感。繁华的街市、现代化的建筑外壳与怀旧电影及中年人记忆里才有的破旧街景形成了强烈对冲。

从磨得锃亮的水泥地板到带有 20 世纪 80 年代气息的门牌，从长条板凳到泛黄的灯光，走进文和友的人都会被这种意料之外的独特场域所吸引，感到震惊。至少在初次走进文和友的那一刻，在人声鼎沸之中，人们会怀疑“我是谁”“我在哪儿”。

这种恍若隔世的剥离感同时也能让人们忘记工作中的焦虑与压力，仿佛短暂逃离了现实，以“穿越者”的身份回到曾经那个物质不够丰盈却又质朴单纯的年代。

场景的再造很多店铺都尝试做过，但能从进门起就对五感完全侵占与剥夺，先攻破意识后抢占心智的，超级文和友绝对是做得非常成功的一个，它也称得上第三次场景再造的引领者——让餐饮成为附属，让场景足以吸引顾客。

09

真正的速度是看不见的，
就像风起云涌、日落月升；
就像你不知道树叶什么时候变黄，
婴儿什么时候长出第一颗牙；
就像你不知道什么时候会爱上一个人。

——电影《无极》

第三次场景再造，本质上是一次自下而上的再造，是一次基于深刻的认知、真挚的热爱、极致的追求而展开的抽丝剥茧般的场景再造。在这一次再造浪潮中，变化都发生在最微观的地方，当那些力量聚合之时，我们才会发现，一切都早已经改变。

小需求的展望

01

20 世纪七八十年代，日本的金融与经济迎来了前所未有的繁荣。1987 年，耗时 15 年建造的东北高速通车，这条纵贯日本 7 县的高速公路全长 679.5 公里，打通了日本东北部城市之间的避障，也让当时日本社会的奢靡之风进一步吹遍全国。

在一顿饭可以吃掉一二十万日元的大环境下，价值 20 万日元的蒂芙尼心型钻坠和卡地亚的三连环戒指卖到断货也很正常，大学生敢在无收入且贷款利率高达 30%—45% 的情况下贷款买车，整个日本都沉浸在纸醉金迷的浮华之中。在这样的魔幻景象下，日本社会普遍认为市场分割已经完成，不会再出现新兴的大型企业或国民品牌。

而就在这样的认知环境里，20 世纪 80 年代到 90 年代，日本再次诞生了一批国际级公司，包括服装、电器、游戏、动漫、重工、美妆等多个领域。在螺旋上升且带有一定重复性的历史进程中，在高速发展的社会经济环境下，中国的报复性消费时代也已经结束。在理智回归的中国市场，有许多人片面地认为中国的商业划分已经完成，其实恰恰相反，此时此刻的市场正是一片前所未有的生机盎然。

02

我听到一个新的商业概念：颜价比。关于颜价比的定义是这样的：颜价比 =90% 的颜值 +10% 的微创新。有的人会误以为这个词的意思就是颜值在产品的成败中占 90%，起关键作用，微创新只占 10%，所以产品只要好看就行，其他的并不重要。事实并非如此，真正的概念是：90% 的颜值相当于吸引消费者的基础，10% 的微创新则是需求的关键转化点。也就是说，在现今的消费环境中，颜值只是商品的一个必要不充分选项，好的外表可以吸引消费者产生初级兴趣，驻足在你的门店或者产品前，但并不能带来直接的交易结果，真正关键的是最后的 10%，也就是微创新的价值。这 10% 的微创新不是天翻地覆、从无到有，却创造了非常巨大的消费价值，也是让消费者直接决定是否购买的最后一环。

03

先来看两个企业案例。1972 年，日本家居品牌 NITORI(ニトリ) 一口气开出了两家门店，开始了自己的创业之路。30 年后，NITORI 在日本顺利上市，400 余家分店遍布整个日本，甚至走向海外，成为日本最大的家居连锁店。

这个乍看与宜家相似的家居品牌，主打的是高颜值和创新设计，其最高频的消费品类竟然是家居饰品，品类收入一度占总收入的 60%，并且仍在持续上涨。这些既好看又从细微处慰藉人们生活的产品，反而极大地增加了客户黏性。

公开数据显示，截至 2017 年 2 月，NITORI 在全球已经拥有 471 家线下门店，其中包括 43 家海外门店。同时仍然在积极扩张业务，计划到 2022 年实现全球 1000 家线下店铺，2030 年达到 3000 家店铺。

类似的还有英国生活日用品连锁品牌 Boots（博姿），这是一个创立于 1849 年，凭借超高的性价比和安全的草本成分开遍全英的国民品牌，每年有超过 90% 的英国女性在 Boots 有过购物经历。从第二代继任者 Jesse Boot（杰西·博特）开始，Boots 就把草本精华运用在化妆品中，通过将顶级 SPA 的材料及香氛运用于产品中，将高级的 SPA 产品进行平民化创新整合。同时展开连锁业务，快速增加产品的销售渠道。

NITORI 从一家不到 100 平方米的家具店起步，如今已经成为全球家居连锁商店零售巨头之一。Boots 则从诺丁汉的一家家营草本药店，变成了英国专卖生活日用品的连锁帝国，目前全英已有超过 2000 家分店。

回顾 NITORI 和 Boots，虽然一个是家居品牌，一个是日用百货品牌，却具有很多的相似性。第一,二者致力于打造场景，最大限度地激活消费者的潜在需求，让消费者在有限的消费场景中达成更多次购买；第二，NITORI 和 Boots 都通过稳定的产品公式输出，顺利培养出消费者不假思索的选择倾向，刺激其多次反复购买；第三，双方都通过更具竞争力的价格、更精致匠心的设计、更多的 SKU、更细致的品类去扩大自身的客户覆盖面，让产品和品牌顺利打通阶层壁垒，争取做到老少咸宜，不让收入、性别、年龄、学历等用户因素造成受众分层；第四，它们都挖掘到隐藏在本国市场中的商机，并运用创造和发现需求的小创新，在原本不受关注的细节上做大文章。

此外，NITORI 和 Boots 还拥有一个相同的时间点：诞生于本国经济的爆发式增长结束后，市场消费心态从报复性消费转为务实的理智消费。

04

通过 NITORI 和 Boots 的案例，我们可以发现一个有趣的事情，在市场高度发达、传统意义上的刚需逐步饱和、巨大而明显的缺口基本不存在的情况下，找到隐藏在细节中的“小需求”，是大有可为的。比如 NITORI 满足的是日本当时对于提高生活质量、打造新型生活场景的需求；Boots 满足的是英国女性对 SPA 的平价创新改革、对美丽而精致的生活的渴求。

这种情况在中国会发生吗？2019 年 8 月，社会消费品零售总额为 3.39 万亿元，同比增长 7.5%；1—8 月累计消费总额为 26.22 万亿元，同比增长 8.2%。消费成为拉动经济增长的核心动力，累计实际增速高达 5.66%。从表面上来看，消费增长速度正在减缓，甚至创下 2007 年以来的最低增长速度，然而从消费占社会总需求比重来看，2019 年上半年却是近 10 年来同期及同月消费占比最高的年份。其中的部分原因在于，中国的消费者正在回归理智，从为消费而消费转向了关注产品本身的理性消费。

商品零售方面，2019 年 8 月商品零售消费同比增长 7.2%，并且商品实际销售增长速度快于 GDP 增速，对经济增长有明显的拉动作用。中国消费市场也正处于回归理智的过程中。

05

那么中国市场的小需求又在哪里？目前来看，能够赚到钱并且前途广大的小需求，主要分为三种类型：生活细节中的小需求，小型产品的需求，待创造和发现的小需求。

乍一看三者似乎很相似，但拆解下来其实有明确的差别。首先，隐藏在生活细节中的小需求，相对后两者来说，是较为明确的，即通过某一细分场景的实现，让自己的生活更有质量、更有仪式感。满足用户容易被忽视的“小”需求，可以找到大生意。

其次是小型产品的需求，如果你细心关注市场，会发现这点在近年的市场中也很明显。在 2020 年的“双 11”中，养生壶、煮蛋器等小家电的销量上升指数在全网名列前茅。新思界产业研究中心发布的《2018—2023 年中国养生壶行业市场深度调研及发展前景预测报告》显示，2017 年，我国养生壶市场规模达到 16 亿元，同比增长达 64%，增长迅速。2018 年第一季度，养生壶市场规模为 6 亿元，与 2017 年同期相比，以超过 2.5 倍的规模增长。同其他厨房小家电销售占比相似，养生壶线上市场销售量较高，占整体市场的 70% 左右，而线下市场的销售单价较高。据煮蛋器行业分析，家用煮蛋器 2018 年总销售额为 17337.34 万元，同比增长率为 134.34%，与煮蛋器整体市场基本持平。小熊家用双层迷你煮蛋器位居 1 月单品销售第一位，累计月销售额逾百万元。煮蛋器行业前景分析指出，2020 年月销售额增幅达 211.27%。这些增长主要源于年轻的消费者。市场年轻化大潮不可阻挡，年轻人对精致生活和极致体验的追求已达到巅峰，这些细分需求背后有巨大的价值和市场。细分需求的挖掘和满足是当前市场中的一大风口。

最后一点是待创造和发现的小需求，这是三种小需求类型中最难以捉摸但也最具前景的一个。大部分情况下，消费者本身是很难知道自己的真实渴望的，只有一个比较模糊的概念：拥有更好的生活方式和生活体验，但如何让这种概念具体化，消费者自己是说不出来的，而能够把这种概念进行具体落地的企业，就是“创造需求”的企业，它会塑造概念和潮流，还会被用户主动选择。

06

消费理智的回归，小需求的出现，意味着市场很可能孕育出一批与当年同环境下的 NITORI 和 Boots 相似的极具微创新能力的本土品牌。同时，这个品牌大概率依然会诞生在零售行业及小商品行业中。按图索骥，我发现了这样一个企业。那就是 2019 年完成上市，出身于电器之乡的小家电品牌——小熊电器。从本质上来说，小家电属于低频消费品，一旦交易完成，企业和消费者之间的沟通就即刻结束。因此对于品牌来说，只有更完善的产品线、更多的品牌曝光，才能让用户养成下意识的选择习惯，当需求再次产生时，用户才会继续选择它们。

小熊电器在这方面的解决方案有两个。一是不断满足用户的细分需求。作为创立之初就是以创新品类切入市场的国民创意小家电品牌，小熊电器在纵横两个维度进行产品迭代和品类创新。一台酸奶机，从单一酸奶功能发展到多种发酵物制作功能，从单一家用场景发展到办公和户外场景；从一台酸奶机，到煮蛋器、豆芽机、养生壶、加湿器等健康小家电，再到肠粉机、和面机等细分创新品类，小熊电器 14 年里发展出 30 多个品类、400 多个 SKU，通过大数据和品牌互动挖掘出用户的细分需求，持续给消费者带来新的消费体验和美好生活指南。二是通过完善自媒体矩阵、构建会员和客服体系来优化用户的品牌体验，在这个基础上通过品牌口碑进行二次传播和扩散，使容易被场景打动和代入的年轻人完成“看到即种草，种草即购买”的消费闭环。在不间歇的产品迭代和品类创新基础上，关注新品已经成为许多消费者的习惯，一旦市场上出现了新品，消费者的第一反应是“去看看小熊有没有这个产品”，从而拉升流量。这是微创新的大价值。

公开资料显示，小熊电器正在利用募集到的近10亿元建设三大智能化工厂，借此提升生产自动化程度，扩充产能，满足不断增长的市场需求，从而提高产品市场占有率、扩大主营业务规模和提升综合竞争实力。可以预测，这种方案带来的最大改变是成本和预算的降低，以及质量进一步得到保障。

对小家电品类而言，自身的利润是非常透明的，产品的功能也是精益求精的，因此能够进行缩减的主要是成本。在贴牌盛行的时代，小熊通过扩大短期投入、自建工厂和生产线的方式获得了企业制造力长线增长引擎，以降低成本支撑自身多品类的运营模式。这是小熊电器“国民创意小家电”地位稳固的重要支撑。

细分产品是圈层化和场景化的产物，要让微创新的好产品真正触达用户，企业还需要完成最后一步，那就是为产品铺设足够完善齐全的销售渠道。目前，小熊电器的销售模式是以线上为主、线下为辅，实现全渠道整合运营，实体门店可能遭遇的现实压力，对小熊而言基本不存在。细分产品、年轻用户、柔性制造、完善渠道形成合力，小熊电器才能够在电器之乡顺德突出重围，显示出小需求的展望，成为消费理智时代下前景远大的品牌。

07

我们总是高估大的刺激带给我们的满足，而低估小的美好带给我们的快乐。我想这便是颜价比时代的一个生活哲学。过去，在那个物质极度匮乏的年代，我们会到同学家里去玩一台黑白游戏机，凑到一起看一台大彩电。后来当我们都拥有的时候，也没空再看电视、打游戏了。但小小的美好从未消失，你可以把小家电理解为冷冰冰的机械，但是设计者用心把它变得好看，用创新把它变得实用,它就具备了生命。它可以传达一个男生对心爱的姑娘的爱；它可以见证一个人最颠沛流离的时光，并给他带来一丝温暖；它可以陪伴着我们结婚生子，让我们相信时光的伟大。

这便是我想说的，小需求里往往藏着真正的爱。如果把企业比喻成一个美人，产品的外形相当于皮相，而创新力相当于这个美人的骨相。漂亮的皮相能让一个企业在少女时代名动一方，而卓越的骨相则会使其魅力永在。消费狂热正在走向式微，在如今的新零售大时代市场中，人们的消费理智已经逐渐回归，谁能找到小需求，谁就可以做成大买卖。市场从未固化，怀有信仰的人仍然可以轰轰烈烈。在全球范围内，没有任何一个试验场比中国更能证明长尾市场的有效性。巨大的人口基数和超强的消费能力，让中国市场不存在“不值得做的生意”，也不存在没有价值的用户需求。

没有小的市场，只有还没有被发现的大生意。

中国工厂重生记

01

个人的努力固然重要，但更多时候还需要考虑历史的进程。

小时候，我最喜欢在马路上遇到火车，看着栏杆放下，所有车都得停下，然后与对面的人默默地对视，期待着呜呜呜的声音由远及近传来，然后数数火车有多少节车厢。一次，我妈让我留出下个月的某一天时间去参加叔叔的生日。我的天，他竟然这么老了，我印象中他还是那个我小时候带着我去看火车的大小伙子。

20 世纪 90 年代初，上海还不是金融之都，和今天比起来，当时这座城市并不大，今天的内环线以外，当时有无数工厂，轻工业的、重工业的、纺织业的。千禧年到来之际，这座城市正在向国际化前进。我还记得永安百货的楼顶每天都会吹响萨克斯，伴随着外滩的钟声，深沉而悠远。

上钢厂的汽水、化工厂的包子、钟表厂的盒饭、造纸厂的澡堂子，总有一种回忆，让我们泪流满面。曾经，大家觉得有朝一日做厂长，拥有一台桑塔纳，那简直是不得了的事情。工厂外迁到内地和周边，成了那些年上海的主旋律。在那个时候，我们家族里有很多各类工厂的管理者和经营者。后来，有很长一段时间，“工厂”这个词就逐渐离我的生活越来越远，变得越来越陌生。

02

从更广大的全中国来看，那是中国工厂的黄金年代。中国厂长曾经是多么光鲜的群体，像极了今天的资本大佬。那些年，出口呈倍数猛增。21 世纪的第一个 10 年，大型集装箱司机和重卡司机的实际收入可以达到 1 万—2 万元，碾压很多大学毕业生的收入。

制造业掉头向下，向头部集中，就是近 10 年的事情，本质上是产能严重过剩以及同质化，还有就是周期。那个“机器一响，黄金万两”的年代再也没有了。时代变了。

03

康波周期，是俄国经济学家康德拉季耶夫在 1926 年提出的，讲的是发达商品经济中存在一个为期 50—60 年的经济周期。一个康波周期分为繁荣、衰退、萧条、回升 4 个阶段。从历史上来看，经济有增长就一定会有放缓，这就是周期。而过去几年我们所感受到的经济放缓从经济学和需求的角度来讲，就是一个康波周期进入了尾部。

在康波周期里，有一个 2—4 年的存活周期，也叫基钦周期。过去几年，国家层面一直在做一件事情，就是去库存，所以我们基本处在一个长波周期的尾部和新的短波周期的头部。

康波周期

基钦周期	2—4年	存活周期/短波理论
朱格拉周期	9—10年	收入、失业率、利润、价格
库兹涅茨周期	15—25年	建筑周期
康德拉季耶夫周期	50—60年	长周期

第二个重要的周期叫朱格拉周期，朱格拉周期为9—10年，是一个跟收入、失业率、利润和价格高度相关的周期。最近的一个朱格拉周期的代表就是中国的互联网产业。过去10年，你会发现月收入两三万元的互联网公司比比皆是。于是非常多的年轻人毕业就想去互联网公司，供应慢慢就充足了起来。结果就是，过去3万元的岗位现在1万元就能招到人，并且大多时候没有什么技术上的难度和区别。整个行业随着发展进入了饱和阶段，大公司也开始裁员。这套囊括了收入、失业率、企业利润以及产品价格的循环逻辑，就是朱格拉周期。很明显，我们现在处于一个朱格拉周期的尾部。

第三个是以15—25年为一轮的库兹涅茨周期，也称为建筑周期。建筑周期俗称房地产周期，在中国变成了一个超级强的周期，但也接近了尾部。

康波周期的开启需要巨大的技术革命，而我们目前还没有看到特别明显的全新的由技术革命所引领的需求，所以我们又处于一个康波周期的尾部。综合来看，我们处于4个经济周期的尾部叠加期，而这恰恰又都是增速放缓的周期。

所以这两年我们的日子都过得很困难，周期尾部再叠加新冠肺炎疫情，经济增速一下子就掉下来了。这就是从科学理性的角度来理解这件事情，其核心就是周期。处在周期的尾部，也就意味着我们正处在一个新周期的酝酿期中。在这段时间里，会有各种各样奇怪的现象涌现出来。但我们也不用慌张，也不应过度揣测。

04

在过去40年，中国已经形成了全球最全的工业门类，这是一个非常重要的基础能力。全球60%的假发是河南许昌生产的，主要销往非洲，所以假发自然有了市场。全国80%的活动金蛋，就是线下活动砸的那种金蛋，来自山东省水湖村。数据显示，水湖村一年卖1.5亿颗金蛋，2元一颗，产值3亿元。全村一共2600人，几乎所有人都从事生产金蛋的工作。其实，每一个县域都有一个独特的产业，正是这一个个独特的产业支撑起了中国经济的底盘。

除此之外，还有大量的产业带形成，全国不少于150个产业带正在奔腾。比如排名前10的就有广东深圳的数码、电脑产业带和家用电器产业带，浙江金华的日用百货产业带、服饰产业带和运动户外产业带，福建泉州的男装产业带，广东汕头的内衣产业带，浙江温州的包装产业带，广州的女装产业带、彩妆个护产业带。它们中有大量企业受到外贸受阻的冲击。

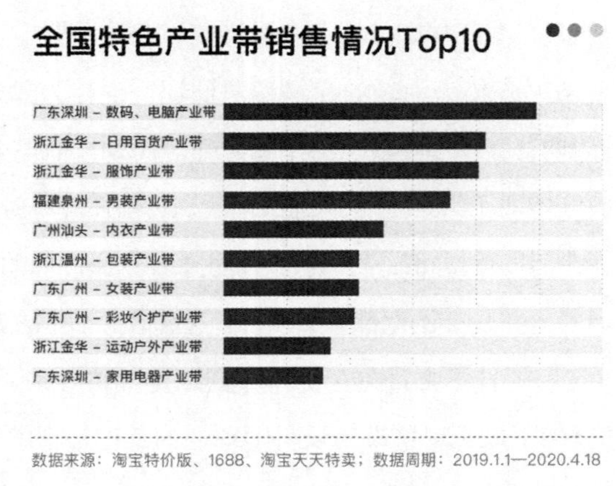

05

鸿雁问苍天，天空有多遥远。那么，在这样的情况下，工厂还有什么希望？难道只能等周期到来吗？那个躺着就有订单，不愁销路的周期肯定是过去了。只有对要素进行重组，才能改变。

在传统意义上，我们认为生产要素主要是劳动力、土地、资本、企业家。那么今天很明显，数字化的能力、数字化人才和数字化渠道是最核心的生产要素。制造的数字化，就离不开 C2M。所谓 C2M，即先有客户定制需求，工厂再接单生产。该模式是基于“工业互联网”背景，运用互联网、大数据、人工智能，以及通过生产线的自动化、定制化、节能化、柔性化，按照客户的产品订单要求，设定供应商和生产工序，最终生产出个性化产品的工业化定制模式。其实这个概念也不新了，七八年前就有了，但一直没有做好。为什么呢？因为初期搞错了对象，大工厂的利润还是来自品牌化，C2M 不是它利润的核心源泉。柔性柔性，小才能柔。但是小厂连活着都挺难了，它要是还有数字化的能力搞 C2M，早就做大了。

06

经过 N 年的发展，我们看到两种 C2M 的方式比较可行：（1）通过互联网电商平台来完成获客和数字能力的赋能。（2）需要一个中间商，正如前文所说，这个中间商具有品牌、获客、整合、赋能的能力，有点像 C2B2M。

据我观察，2020 年最猛的 C2M 平台就是淘宝特价版。在淘宝特价版，我们可以看到一种 C2M 的实践。数据显示，淘宝特价版移动月活跃用户（MAU）约达 4000 万，这距离其推出新版本还不到 100 天，增长速度极快。淘宝特价版是一个独立的 App，不是淘宝的主 App 里的一个板块。

07

雷丛瑞是一家情趣内衣工厂的老板。

“情趣内衣在往国外发货时，因为新冠肺炎疫情国内的物流中断。2020年2月底，国内的物流恢复正常，但是错过了情人节档期，加上海外疫情暴发，海外订单纷纷取消。”所以他们要做的第一步是登录淘宝特价版转内销，去库存，挽回损失，改善现金流。第二步，通过淘宝特价版的数据反馈，研发更多适应国内消费者需求的款式，也就是我们说的C2M。第三步，通过直面C端，打造属于自己的品牌，做中国的“维多利亚的秘密”。

当我看到100支铅笔1.9元、一箱玩具7.2元的时候，我惊呆了。这还能赚钱吗？答案是，只要上规模，去掉各种中间流转，就还能赚钱。在规模效应的基础上，提高效率、降低成本，毛利自然就高了。因为这一模式去除了高额的营销成本，所以利润空间就出现了。

在过去，工厂仅仅作为一个代工商来说，其实也没有什么利润，甚至还有更长的周期。但为了保证开工率和发工资，只能不停地接没有利润的单，最后还容易赔了夫人又折兵。现在可以基于C2M的模式，在有利润的情况下先做销量，同时因为直接面对消费者，再达到孵化品牌的目的。

08

《天下网商》曾采访过一位“厂三代”。他们家经营着一个牙刷厂，33岁的屠新业曾求学于南京航空航天大学飞机发动机设计专业，后来到英国谢菲尔德大学继续读本专业的硕士研究生。2013年屠新业毕业回国后，看到年过五旬的父母还和工人们一道在车间忙碌，“他们辛苦的样子让我感觉很心疼，也忽然意识到作为家中独子的责任。那一刻我决定放弃专业，全身心投入牙刷厂的经营中”。淘宝特价版对我们反馈说，“现在电动牙刷是个风口，但是不少农村地区消费者对动辄100多元的电动牙刷不敢尝试，建议你们推出低价版电动牙刷，用低价版来教育牙刷市场向电动化方向升级。”

经过一番努力，仅在2020年“6·18”期间，他们就卖出了20万支电动牙刷。

什么新零售、体验经济，换个角度想，这便是时代赐予我们的机会。

09

1999年浦东机场刚落成，学校组织春游带我们去参观，第一次踏进机场时我惊呆了，觉得太豪华了。那一年我8岁，机场咖啡厅的可乐已经卖到20元一杯，是我半个月的零花钱，我一咬牙请我的同桌小美喝了一杯。她说：“这个可乐就是比瓶子里的更好喝。”15年前她全家移民，我在浦东机场送她，进安检口前，她问：“你还记得那杯可乐吗？”后来在那个通信不发达的年代，我们失联了。

不久前的一天，我妈说她在路上碰到小美的妈妈了。老人家不习惯住在国外，每年都要回来半年，小美嫁了个老外，小美的爸爸和别的女人私奔了。我突然想起，小美的爸爸曾对我说，男孩子要拿命去爱自己的女人，然后往我碗里夹了一块巨大的红烧肉。他曾经也是一个工厂厂长。那场景那么近，又那么远。但这一切终究是过去了。

但中国工厂的重生，却不曾因为一代人的老去而结束。无数的屠新业、雷丛瑞，正在用这一代人的方式，重整旗鼓。

远大前程，轰轰烈烈。

第五章

投资的复利

创业以来，我有幸服务了很多上市企业，跟很多企业家有过深层次的交流，其中不乏巨头和弄潮儿。我与他们一起经历了无数的风浪、沉寂、爆发和沉沦，从中完善了很多关于投资、创业的底层价值观。我想巴菲特在2020年美股数次熔断的时候，说的话其实有更深的意味，就是你活得越久，越能见到很多你没见过的事情。突然有一天，我不再为那些小胜利和小挫折而心起波澜，有的只是长长的孤寂，因为我明白，真正被人尊重依靠的是什么，以及大的胜利需要用一生去守候。

无限渡劫：创业者的宿命

01

1999 年的夏天，一个河南的农村小伙拿着学费，没有去上学，而是坐了三天两夜的长途车来到广州的黑工厂，开始打工。后来他在华南做成了最大的日化代工厂。2007 年的秋天，一个湖南小伙揣着 10 万元去四川开奶茶店，第二年汶川地震，他没有走，后来他做成了中国南方最大的连锁奶茶店。2008 年的春天，一个贵州小伙带着 1000 元来上海做房产中介，睡过地下室，最大的梦想是能娶个老婆，现在他是上海最牛豪宅销售之一。出于工作以及运气的原因，我每天都接触很多人，他们有的白手起家，有的天赋异禀，有的时运亨通。他们都是时代的幸运儿。

如果沿着这条线写下去，抬杠的空间就会出现："他们是命好""那个时代，才有机会""这是幸存者偏差""红利已经没有了"。这个世界上，一定有更多的人在奋斗，但 99.99% 的奋斗者都虎头蛇尾，都失败得悄无声息，抑或是从未停止，也未曾辉煌。

这就是创业者必须接受的游戏规则和宿命。个人的奋斗诚然重要，但历史的走向和上帝之吻或许更重要。而你能做的事情只有不停地渡劫，能渡多少劫，你就能获得多大的成就，还有盖棺定论时，你就能获得什么样的定论。有的时候，差一分一毫，就过不去。其他的，都是失败者的说辞，没啥好说的。在商海的修罗场里，你只能涅槃，或者下牌桌。这就是 destiny（命运），但在英文中 destiny 还有一个意思，就是主宰命运的力量。

02

浪奔，浪流，万里滔滔江水永不休。中国的创业故事，从来不只是从天使 A、B、C、D 轮到 IPO。中国的创业故事，有庙堂之高，亦有江湖之远。有花前月下，有恶龙缠斗，有人泥腿子上岸，有人鱼跃龙门，还有上了岸的前功尽弃，被打回原形。这非常有意思，看不懂猜不透才是常态。40 年太短，还看明朝。

这个世界是“活久见”。活得够久，你什么都能见到。比如熔断个三五次，巴菲特老爷子也说，自己还是太年轻，第一次见。渡劫的终极要义不在于你冲得有多猛，主要得活得久。

一朋友打算在泰国清迈扎根，初来乍到，去清迈华侨领袖那里拜码头。侨领话不多说，摸着他心口说，这里跳得太快。在泰国混，跳得太快，你就输了。总结起来就是四个字——“慢就是快”。年轻的时候是不会懂的，因为我们相信更酷的东西：天下武功唯快不破，但是你别忘了人家没算之前练功的三十载，就给你看了最后的爆发增长。如果全算上，那就是复利和关键点选择的故事了，而不是快的故事。

活得久的另一个侧面就是用更长久的策略来经营。用现在特流行的话说就是“长期主义”。骗子都喜欢说自己是长期主义。如何鉴定呢？就看这个人是否内心充盈。一个人总想赚快钱，觉得全世界都欠他的，欲求不满的样子，是不太可能长期主义的。长期主义来自内心的充盈，内心的充盈来自修行和笃定。绝大多数没有第一桶金和大后方的人做不到，这是人之常情。但有了第一桶金的人也未必能做到。这两者没什么必然联系。活着，活明白，活好，是永恒的一劫。

03

有的人确实能十年如一日不停地干，有伟大的目标，却逃不过膨胀。你总会膨胀，你总会傲慢，你总会由俭入奢，因为你是个正常人。往往有点成就的人，欲望一定比不想成功的人更强烈，这就是悖论。把那些成功人士描述成清心寡欲的圣人，基本都是瞎扯。你得去对抗它，因为你不想做一个普通人。你得加倍去对抗它，因为你有更重要的事情去实现。你不能让自我膨胀遮蔽了市场的真相，忽视了危险的敌人。你不能让逐渐骄奢的生活成为习惯，从而疏离了一线。

每一个老板，都像极了一个小领主或土皇帝。哪怕他号称自己是做现代化管理的，在自己的公司，也很少有人会直言问题，几乎都是以奉承为主。能否在企业内部建立一套对抗“衰败”的机制至关重要。建立起外部专家团和一个各领域顶尖的第三方团队来给自己赋能，是打开被遮蔽的双眼的重要路径。同时，多走出去，多跨界学习，而不是沉浸在自己的故事里，是渡过这一温柔劫最重要的。

04

这些年，我做了无数对话，最怕老板往那儿一坐，就和我聊格局。事实上，那些真正做大买卖的，不会花 90% 时间聊这些，他们更关心产品力、组织力和企业的价值观。他们更喜欢聊如何利他而最终利己。这一切才真正组成了那个叫作格局的东西。如果一个老板沉迷伪格局，那么生意基本是很难做大的。真正的格局是，眼睛能看到山川湖海，双手还能去解决具体的琐碎的事。很多人学了所谓的管理学，就彻底丧失自理能力了。他们会觉得做具体的琐碎的事是很 low 的。老板不大，助理不少。事实上，在创业末期之前，都不存在甩手掌柜。所有的举重若轻，都是因为你一直在练习举重，你一旦觉得自己不需要下场了，你就真的快下牌桌了。

千万不要因为别人的生意暂时没有你大，你就判定别人不如你。这是非常荒谬的。如果你被如此对待，也是会很愤怒的。商场瞬息万变。看马要看骨相，而不是皮相。大就是皮相，内在的强大才是骨相。

从投资的角度来说，看皮相，你就只能买到不便宜的标的，甚至是溢价过高的标的。看骨相，你就能买到处于安全边际以内很多的标的。此为第三劫，很多创业者之所以做着做着就碰到摸不着的天花板了，就是因为他们的心思其实没有放在事业的本真之上。他们沉迷于所谓的格局，并被一点点小成绩干扰了，看不起也看不懂很多真正的价值，亦不能躬身入局，变成了另一种高不成低不就的人。

05

渡过了前三劫，会容易迷失在第四劫，那就是我到底要什么。钱赚到了，该有的荣誉也都有了，我还要什么？刚创业的时候，就想买个房子生个娃，一不小心有了好多套房和好几个娃，我还这么辛苦，你说我图啥呢？一旦陷在这个思路里，没有自我说服，那么大兄弟，你的气数就到这里了。或许你还是一直能赚到钱，但卓越和你没什么关系了。说到谁被人真正尊敬的时候，你也别不服气。毕竟今天的中国，人们或许会羡慕房子多的，但要说被人尊重，那还得在别的方面让人心悦诚服。

第四劫就是愿力。你是否想做一个伟大的企业、一个真正的品牌、一个有独特价值的组织，这一系列的问题扑面而来。这个时候，你再也不能用当年的商人的机智与投机来做判断了。毕竟很多事情，短期一算，都是赔钱货。那些想明白的人，就不再迷恋身体的享受了。这年头未必需要饿其体肤了，但苦其心智、劳其筋骨是必需的。

06

这些劫都渡过了，你的壮年也就基本过去了，燃烧了自己，绽放了光彩，美哉，妙哉。你就得琢磨传承了。其实这时候琢磨已经有点晚了，它应该是伴随着你事业的每一步而不断搭建累积的。你需要一个完整的梯队，你需要少壮派，你需要给不想太拼的老人一个降落伞，你需要给后来者一个向上通道，你需要容得下人，如此种种。总而言之，你需要用宇宙循环观来思考问题。

此为第五。

很多老板仔细一琢磨，烦恼油然而生。其实所有的烦恼，都是因为以前不烦恼。伴随着这五个，还有无数个劫，和唐僧西天取经差不多。“昨日种种，譬如昨日死；今日种种，譬如今日生。”《了凡四训》里如是说，很多人不知道《了凡四训》又名《命自我立》。《大话西游》最后一句是什么来着？“他好像条狗啊！”这无限渡劫的轮回，不就是创业者的宿命吗？

靠运气赚的钱，靠听消息都赔了

01

2020 年股市大热，然而据统计，赚到钱的人不超过 30%，如果是抱团股瓦解前入市的，赚到钱的不超过 10%。其中原因太多，我会层层递进展开。其中第一条对于绝大多数散户来说都是要经历的，那就是听消息。“靠运气赚的钱，靠听消息都赔了。”出于一些历史的原因，迄今为止大多数股民还是觉得消息是第一要素。消息确实有用，但有几点更重要：（1）你的消息是第几手的？（2）传到你耳朵里的时候，是否已经体现在了行情上了？（3）你知道你自己该什么时候撤吗？（4）你有没有对该公司的安全边际有真正的理解和洞察？如果以上都没有想过，你确定你不是来给人家送钱的吗？

02

消息面、资金面、基本面和政策面，哪个更重要？完全搞不清楚，而不同的老司机会告诉你不一样的答案。比如，“做时间的朋友不重要，要懂得看线”“看线不重要，要知道资金在哪里”，这一切都有道理。

流派很多，都有成功的经典案例，但是你得找到自己的闭环。很多人发现正儿八经学习是很烦的，自己内心的想法就是来不花力气赚点零花钱的，还有的就是来赌博的，这心情和去澳门打牌的人差不多。所以，他们最后就彻底放弃了学习，并且坚定地认为，学习证券分析屁用没有。

我想随着中国资本市场不断正规化，这种想法是逆潮流的。如果觉得投资是躺着赚钱，那么你有躺着出去的命了。

03

我还有很多在现实生活里混得春风得意的朋友，其中不乏成功的老板和企业家，他们进入股市也是抱着这样的想法，并且彻底背离了他们在现实生活里的表现。他们大多有一个错误的想法：反正我就放这一笔钱，也许是几百万、几千万不等，我就赌一把。这钱对于我来说，不算啥大事，赔了就赔了。

事实上，无论是一级市场还是二级市场，如果真的这么想，大概率就是赔了。我认为抱着赔掉的心态没有错，但是你不能以玩的心态来赔钱，而是起码赔掉了也要有所收获，完善了很多认知结构，才算有意义。

从概率上来说，如果真的是这样的想法，那么你就不会认真、严谨地对“定价”丝毫必究。如果 9.1 元是他内在价值的上限，你觉得你钱多，9.9 元入无所谓，不就是几毛钱吗，那你可能这辈子都不一定能回本了。

我个人认为在资本市场上，一分钱都是大钱，这本质上是“实事求是”的精神体现。只有实事求是，才能赢得喜怒无常的市场先生的馈赠。另外，我们一定要明白，在中国能动不动用几百万来赌一把的人，已属凤毛麟角，这是福气，不能浪费。不能说别的大佬动不动就投几个亿，以此来掩盖你自己的浮躁。很多时候，我总会想起那些差几十万有的事情就办不成的日子。“一分钱难倒英雄汉”永远不会欺骗我们。

04

价值投资的奠基人格雷厄姆（巴菲特的老师），很早就认为市场不会实时反映真实的价值，所以你需要一整套框架和系统来自己计算。在接近 100 年前就有这样深邃的思考，令人折服，但是很多人口口声声说是价值投资者，其实是不可信的。在价值投资领域，我认为自己始终是一个初学者，不敢造次。但是在失败的教训上，我还是有发言权的。

首先，市场在激烈波动，所以每天、每周、每月、每年都有表现更好的牛股，你可以在很短的周期里赚到数倍的钱（当然，很多时候后面还能让你全吐回去）。所以，价值投资赚的真的是认知的钱吗？未必，有一部分赚的是忍耐煎熬的钱，属于青春补偿费。

其次，价值投资一定是基于自己的深入研究带来的认知。比如说，当一个千亿股以 100 亿元的价格出现在我们面前的时候，如果我们对它的理解不够深刻，无论是未来前景，还是此刻的财务计算，即使我们觉得它确实很不错，也不太敢去等待下一个 10 倍，大概率还是早早地落袋为安了。

这都是人性的博弈，而我之所以输给了自己的人性，我认为本质上是因为我学习得不够深，所以不够笃定，这个和运气是没有关系的。比如，你今天说茅台股价 100 元的时候，后悔没买，是因为你当初根本不理解中国社会货币酒的市场可以这么大，是因为你根本没有理解有钱人的消费，是因为你对白酒文化（哪怕有一些是油腻的）理解得不够深刻。但如果你理解的是一部分，那么可能在股价 500 元的时候就跑了，觉得已经高处不胜寒了。

四五年前，腾讯拆股，给了一次 100 多元上车的机会，但大家还是觉得高，是因为大家没有认识到社交关系链的强大，以及腾讯生态的多元性和变现的可能性之大。而很多腾讯的老员工，持有大量股票，后来因为他们在微观层面上发现公司有很多问题，早早就跑路了。这样的事情，已经发生不止一次了。深刻的理解不是看看新闻，看看浮在面上的简单的商业分析，而是抓住事物的真正客观规律，这才是价值的命门之一。

05

你觉得以上讨论的是投资的什么？我想，如果只用两个字来概括，那就是“坚守”，而不只是“发现”。人世间，最难的事情就是坚守。是在兜兜转转后，是在灯红酒绿下，是在纷乱复杂中，最终认定的东西。

我们总是想像发现新大陆一样去发现一些全新的 golden chance（黄金时

机），但那只会周期性地出现，而周期是多长，谁都不知道。更多的时候，朴素的坚持远远比无谓的寻求更重要。

无论是二级市场还是一级市场，本质上都是坚守。你把大佬的花名册摊开，会发现使他们获得压倒性成功的，往往只是那几个甚至一个项目。

也许，在他们赢得战点后，因为资源的累积和禀赋，他们有无数机会参与到大量好的项目里去，但本质上还是因为之前的那个战点。那个战点靠的是坚守，比寻求多一点点。巴菲特有一句名言，大意是：“如果你一辈子的投资是在一个只能打 20 个洞的字条上打洞，那么你就不会那么着急地去投资了。”

06

很多人之所以抓住了好项目也没改变命运，是因为下的注不够大。而很多人之所以一把就把自己搞残废了，是因为在错误的项目上下了自己承受不了的注。所以，他们最终都是碌碌无为的。他们没有搞清楚恐惧和贪婪的本质。

我见过的所有活得久的大玩家都是风险厌恶者，表面上看他们做的事充满着风险，是因为你看到的风险已经被他们审慎地判断过了，而假摔的概率更大。赌上我们性命的事，难道不应该自己躬身入局去调查清楚吗？

07

难道你以为仅仅是你知道这个企业是卖瓜子的？你觉得 2020 年发生了新冠肺炎疫情，大家在家时间多，是利好，然后他的销售额正好涨了好几倍。你就真的觉得这样的判断法是天衣无缝的吗？

你的归因是不准确的，或者最起码是不完全准确的，属于瞎猫碰上死耗子。在牛市里，很多人就是用一种单维度的、没有纵深的思考来践行自己的股神道路的。短期内的上涨就是因为它在上涨，短期内的下跌就是因为它在下跌。很多时候，它只是一个资金面的问题，然而你非得找很多理由来证明它为什么跌。

腾讯还是那个腾讯，但是它在2020年股价也跌到过300多元。难不成是因为害怕？害怕是情绪，也是信念不足。信念不足，是因为知道自己确实没有仔细分析过，觉得自己是腾讯的用户，无论是微信还是游戏，都了如指掌。股价跌这么猛，万一它真的有点问题呢？如果你正好看到两条负面信息就撤了，然而，别人却趁机一把干到了股价500元。那你会不会后悔？

08

还有，很多时候你的分析也到位了，选股也选对了，但还是赚不到大钱。我想说的是，不谈仓位谈收益率，都是瞎扯。很多时候，我们所说的分散投资，或许只适合保守理财以及天量资金。如果不具备自我寻求和坚守的能力，你不如买上证、深证、科创50的定投，比你自己一顿骚操作要强（不构成投资建议），因为过于分散的投资是无法干过市场的。

我认为在无数不确定性里面，去找到属于你的确定性，这是一条很重要的投资真谛。你看那山，它是山还是不是山？你看那水，它是水还是不是水？也许，慢则数年，快则数月，你的想法就会改变，而你这个开悟的过程，需要的是有价值的时间投入。时间不会凭空给你答案，如果你没有投入的话。

我始终有一种感觉，只要你在市场里待着，那么错过才是常态，你一定在错过机会的路上，你还要习惯、接受，因为这些错过本质上就和你无关。如果你以天为单位去看错过，那心态一定会崩。每天的龙虎榜、连板榜单，都能让你气得吐血。这是没有意义的。你还是要成为一个没有感情的杀手、一个没有情绪的猎人，在漫长的寒夜里，等待你的猎物，在它暴露的那一刻，一击命中。

我曾N次在爆发的前夜泄气而走。后来我才明白，比错过更绝望的是未曾坚守，以及没有坚持到底。那是对自己价值观的背叛，也是对自己时间的不负责任。

那些拿命搏的，总是最精彩

01

前段时间，我和合伙人撸串，我们回望了各自以及父辈的人生。时代的沧桑感扑面而来，撸完串过马路时，一个知识分子模样的中年男人在街口卖唱，那个唱得难听的程度与心酸程度成正比，我扫码给了他 10 元钱。

也许，在深夜里，这位我与之擦肩而过的男士也回忆起了过往。也许，他也曾风光过。谁知道呢？

事后诸葛亮很简单，但如果站在 1995 年前后，其实极少数人能够看到中国经济升腾而上的走向并躬身入局。虽然所有人都在电视里、报纸上不停地看到“改革开放”4 个大字，但是极少数人真正愿意砸掉铁饭碗去搏一把。事实上，在那个时候，什么是 WTO，什么是 GDP，什么是三驾马车，对于大多数中国人来说，都是很模糊的事情。我记得 2008 年的时候，央视上还在解释什么是 GDP。

中国于 2001 年 12 月 11 日正式加入世界贸易组织，成为其第 143 个成员国。为了 APEC 的典礼，上海的黄浦江边造了全新的会议中心。全市学校放假，所有人都在电视机前观看，那是属于我们那一代年轻人的时代记忆。

02

仔细捋一下，WTO 后的 10 年是翻天覆地的 10 年。无数人的命运在那个大浪潮里就此改变。

1998 年，有两个从小玩到大的好兄弟小林和老王合伙做生意。因为做不来高精尖的事情，就去搞物流了。一开始，他们承包了一辆集装箱卡车。到巅峰的时候，旗下有 40 辆集装箱卡车。还有一台 100 多万元的进口沃尔沃，一台 50 万元的国产车。无论是进口的，还是国产的，都等于好几套上海的房子，只是地段不同罢了。

但真正让他们赚到大钱的还是中国加入 WTO 后的出口猛增。可以这么说，在那个年代，在中国基本上找不到一台闲置的集装箱车。每保养一次，短期来看，都是在浪费时间浪费钱。供需关系决定了在那个周期里车更值钱，很多厂家急着把货送出去，会加很多很多钱，因为送不出去损失更大。不过直到那个时代结束，大多数人都不知道，原来搞集装箱可以这么赚钱。究竟是性格决定命运，还是时代决定命运，其实我到现在都没有想明白。小林，没有太大的梦想，觉得日子已经过得很舒坦了。老王，没有上过学，但是想干个大的。他们最终分道扬镳，走上不同的路，一人分了 20 辆车。

小林，2005 年以后就走上了收缩的道路，因为这个行业不再那么暴利，所以他就决定不再买新车了。老王，一把梭哈猛干，结果在 2008 年遇上全球金融危机，好多订单全退，好多钱收不上来，好在最后找了个大单位接盘。所以，最后小林竟然是那个保住了大多数奋斗成果的人。这个故事，非常不励志，说好的爱拼才会赢呢？

很多年后，他们聚在一起喝酒，数了数曾经麾下的兄弟，命运各有不同。但在那个起点上，人和人真的有很大的不同吗？这是一个叩问，一个无法解答的叩问。

03

在另一个故事里，有一个今天在中国排名 TOP3 的冷链公司，老板是两兄弟，他们在 20 世纪 90 年代是卖菜的，把大白菜、大蒜等从山东运到大城市去卖，后来他们发现卖菜赚的钱远远没有路费多，所以他们改变了思路，干脆帮卖菜的运货。

这就是一个中国式的商业帝国的开始，没有任何的豪情壮志，也许只是为了谋生；没有任何的宏图规划，也许只是为了顺应时代。这样的老板太多了。而那个时代的物流，不是今天的样子。那个时候村村通都没实现，甚至市市通也没有实现，很多乡道、县道，村民会自己组织起来收买路钱。还有一个职业围绕着破旧的服务区展开，叫作“油耗子”，就是开着摩托，两侧放几个大桶，专偷卡车的油。有人靠做这个在村里盖起了别墅，也有人在偷的过程里被发现，慌忙逃窜而被撞死。

做物流，最后做大做强的，都是凤毛麟角。这才是过去真实的物流。今天说的智慧物流、数字物流和那不是一回事。我想，今时今日，很多给你看的东西，你学完也不会成功，主要是因为那都是事后编的逻辑，那个逻辑从商业的角度来看过于完美，会让你以为自己也可以。

04

2005 年，世界的另一头，易趣已经成了世界第一的电商平台。那一年的小徐，拥有高学历，一番选择后，加入了易趣，年薪 + 红利达 40 万元。之后十几年里，他辗转于数家外企，其实总体是非常不错的，但仿佛一直没有拿到最大的增长红利，有点不甘心。那一年，比小徐逊色一些的小柯加入了腾讯。现在，他算了算这些年的股票，叠加在深圳购置的房产，价值都上亿元了。2020 年，腾讯股价突破了 600 港元，达到了新高度。

如果你硬说小柯有远见，我觉得也是有点扯，因为每年最强的毕业生大概率会选择加入当时最好的企业。1 万个小柯去了 1 万个小公司，只有 1 个变成了腾讯员工。而往往是 100 万个小公司里只有 1 个腾讯。

这就是不可捉摸之处。曾有经济学家写过一本书，论述运气的科学性，他说起点的一丝不同，使得那些人若干年后将彻底不同。而这个起点对于运动员来说，可能是你出生在 1 月，而另一个运动员出生在 6 月，1 月出生的往往是这一年出生的人中身体素质最强的（仅是自然发育的问题），因此你就会获得更多的栽培。因为这个栽培与信心的累积，最后你成为天才选手的概率就高很多。

05

2019年的国庆，我在北欧四国旅行。在特罗姆瑟，我遇到了一对上海夫妻，他们在那里开餐厅。他们大概就是中国加入WTO前离开上海的。说起祖国这些年的变化，他们的心情很复杂，一方面感到激动，另一方面为完美踏空整个大浪潮而遗憾。曾经有一个朋友对我说，他们家最早拥有小轿车，他出国的那年，商场的停车库就没有几辆车，他读完博士回来的那年，找个车位都很难了。我们经历了一个伟大的时代，我们用40年走完了西方世界用300年走完的现代化道路。我们完成了伟大的中国工业革命，我们的父母也许是农民、工人，但我们中的某些人就在陆家嘴从事着金融产业，展望着世界。

我想放眼全球，不会再有哪个国家，有如此之多的人在极短的周期里被卷入如此波澜壮阔的现代化中。这种冲击感太刺激了，以至于我们今天还没回过神来，觉得增长非常慢。也许它只是回归到了常态。

这一切的本质是什么？在农业时代，人均GDP几乎不存在增长。据考古发现，清代的农耕工具竟然与后来出土的汉代的农耕工具一样。农耕文明下的GDP，主要是靠人口增长提升的，而不是靠技术革命，这就是过去农业国绕不过马尔萨斯陷阱[1]的原因。所以，这一切的本质是文明的进化。

1 人口是按照几何级数增长的，而生存资源仅仅是按照算术级数增长的，多增加的人口总是要以某种方式被消灭掉，人口不能超出相应的农业发展水平。这个理论就被人称为“马尔萨斯陷阱”。

06

2019年，我参加的最后一次演讲是餐饮行业的一场大会。当时，现场来了上千个餐饮企业的老板和高管，我说：“自2020年起，会有更多的资本关注餐饮，最好的时代已经来临了。”这句话，放在此刻，确实是对的。但是大家都经历了2020年噩梦般的上半年，也许当时在场的四分之一的老板都不再是老板了，尤其是那些在2019年下旬启动规模化的、纯自营的。后来，我总是会想起那一幕。那繁花似锦，那花团锦簇，已不再。也许很多年以后，一个行业的短期波动都会消失在统计图里。但是在那个具体的时间点上，它是一个人甚至一个家庭的全部。

作为一个记录者和咨询从业者，我想一定要更谦卑，因为你的一个局部建议对于别人来说就是所有。你可以拍拍屁股说你是搞学术的，你是高格局的，但那未必是负责任的。扛过去的人，正在进入一个飞速发展期，比如，我观察到番茄资本正在专注于餐饮行业，迅速形成了一个自己的“联邦”。

我还认识一些曾经在餐饮行业做得风生水起的人，他们中有人退隐江湖，有人雨打风吹去。有时候，只是一个判断的不同，比如要不要自己建中央工厂，要不要开放加盟，是做超级大店还是做小店，往后几年就会走出完全不一样的抛物线，或者是上阳线，或者是崩塌式的下引线。

关于 2022 年个人投资的思考

01

最近我看了一篇哈佛大学对病毒发展的判断报告，看完觉得人类很渺小，很多事情的走势都已经脱离了我们常人可以预测的边界。国际形势、宏观经济、货币政策、各个产业、股市、楼市，都出现了不同程度的中短期趋势突变。2020 年，我们都经历了焦虑、不知所措与恐惧。哪怕已经进入 2021 年，我们依然对个人的前途充满忧虑。但没有一个冬天不可逾越，没有一个春天不会降临，我们要做的便是在每一个冬天里等待春天。

2019 年的时候，或许绝大多数人都觉得蔚来这个企业是没有什么未来的。唯一的争议就是它到底什么时候挂掉。然后，我们看到了惊天的逆转。我想这种级别的逆转，它的投资人自己也未必想到。我有一个朋友，他在股价 1 美元的时候抄底了蔚来，在赚了 3 倍的时候撤了出来，然而他的心情比我这种没买的人还绝望。

02

A 股上，宁德时代、天齐锂业、赣锋锂业等都逆天了（虽然 2021 年春节后都经历了重挫）。

在那滚滚大潮下，有的时候，你不要问什么是泡沫，也不要问什么是安全边际，更不要问什么是市盈率、什么是 ROE[1]。现在的逻辑和过去真的不一样了，从股市的短期表现来看，流动性是最重要的指标。另外，分化在继续，雨露均沾式的涨法也许不会再有了。

如果你觉得证券市场“不对”了，那你大概是没有看数字货币市场，比特币一度突破 6 万美元。在比特币最初被发明出来时，价格仅为 0.00076 美元。当然，这是冒险者的天堂，15 分钟内暴跌 20%，超 200 亿美元的市值灰飞烟灭也不是稀罕的事情。

政策出台前，在内蒙古、云南、四川、贵州，由于电价低于大多数地区、土地便宜等优势，过去 10 年出现了大量的无人工厂，里面堆满了轰鸣作响的主机，它们在永不停歇地运转着，在挖比特币、以太坊等数字货币。

03

站在厂房的入口，遥望着几乎没有尽头的矿机柜，我感受到了现实扭曲力场的真实存在。过去两个人做不成朋友，往往是因为主义不同。现在做不成朋友的原因太多，白酒、新能源、光伏、医疗、蓝筹还能不能涨，比特币是不是骗子，房价走势等，都能成为两个人吵翻的原因。

你可以从资金面分析，从宏观面分析，从各种你认为对的角度分析，但是我要套用一下实业上下游的一个常识。我认为二级市场上，一侧更新一代的基金经理崛起了，一侧更新一代的散户入场了，无论是通过基金还是自己炒股。这意味着很多传统的打法都将失效，事实上我们已经看到市场风格有了明显改变。一级市场上，也许 2020 年很多资本哄抢标的，其实主要不是觉得这些标的一定会成功，而是觉得如果不抢，下一轮万一谁跑出来了，自己都不在牌桌上，那就尴尬了。在牌桌上就有江湖地位，不在的话就没有。

1 ROE，Return on Equity 的缩写，译作“净资产收益率”，是净利润与平均股东权益的百分比，用以衡量公司运用自有资本的效率。

另外，如果做砸了的话，也不要紧，因为胜败乃兵家常事。但是，如果你都没有加入，LP[1]们就会觉得是你的判断力有问题了。

突然，市场的甲、乙方就换了。本质上依然印证了一个基本事实：好项目确实不多，稀缺的就是大爷。据投中网报道，有的消费品创始人甚至喊出了“我们可以把某些头部机构随时叫过来聊半个小时，然后让他们滚蛋”这样的话。现在给纯草根创业的机会不多了，好的项目要么有很高的技术门槛，要么有很高的资源和资金门槛。

04

有个大厂的员工，辞职后在原公司园区开了个川菜馆，赚了不少钱，然后继续买原公司的股票又赚了不少钱，以此分享红利。这个思路，其实在未来更具有推广意义。由于大家都知道现金要贬值，所以出现了很多不理性的资产溢价哄抢。但有五点很重要：（1）永远不要去做赌赢了倍数有限，但赌输了倾家荡产的事情。我觉得这不符合逻辑。（2）不要陷入流动性陷阱。没有流动性的资产，最终是要打折的，流动性高的还会获得溢价。（3）理性地利用情绪交易获得溢价，而不是情绪化地被人收割。（4）当比你段位更高的人说他的投资逻辑的时候，不要去试图证明你更聪明，这是非常愚蠢的事情。当然，你必须自我思辨，判断这个策略是否适合自己。（5）主业永远是你人生的主升浪。主业搞不好，你做的事就没有什么实际性的社会意义。第五点尤其重要。

05

人终究是社会性的动物。任何个体的成功，最终在于其是否参与到社会

1 LP，Limited Partner 的缩写，译作“有限合伙人”，一般是指投资者、出资人。

分工之中，是否参与到实际性的协作之中，是否在其所属群体中创造出价值。有所取舍，在不同的大事务和布局中投入自己有限的精力，依然是重中之重。你要在每一个冬天里等待春天。

在房住不炒的核心思想下，理解房产走势分化的逻辑。买中国各赛道最好的上市公司的股票，并把目的设定为长期持有理财，而不是短期暴富（除非你有过人财技，投资有风险，此处不作为投资建议）。结识中国各行各业最有洞见和最成功的人，和他们交流、交友。真诚地去帮助朋友们，从他们身上学到真正属于未来的思维，当然也要努力让自己配得上和别人做朋友。选择一个不会被机器替代的且有累积效应的行业，不断钻研，做行业里的专家。这就是我理解的属于中国普通但不甘于普通的人的最伟大的复利。

而我始终相信，春天总会到来。

关于 2022 年的一些展望

01

已故金融业大神周金涛有一句名言："人生发财靠康波。"这句话蕴含着极大的智慧。我们的人生是非常短暂的，也许我们的学识可以穿越时空，但肉身起码在目前的科技能力下是很难做到的。你出生的那一刻处于宏观周期的什么阶段，大概率就决定了你这一生干什么能赚到钱，干什么能成功，以及能不能过上较为平顺的幸福生活。

这不是玄学，这是经济学的规律。理解了这点以后，我们先来看看人类的近代史。

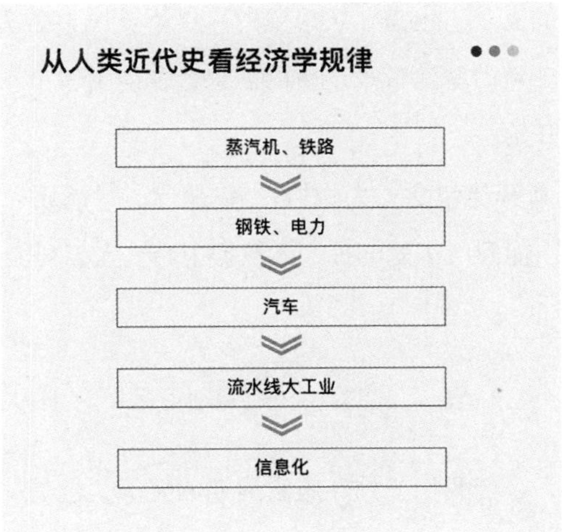

先说英国。英国人发明并改良了蒸汽机和铁路，带来了生产力的大变革，加之对全英农村富余劳动力的有效调动，引发了第一次工业革命，英国一跃成为当时世界上最强大的帝国。然后是第二次工业革命。第二次工业革命的主旋律是钢铁和电力，所以第二代世界级富豪全都是做钢铁和电力的，比如卡内基。第三轮是由德国、法国、英国共同完成的汽车革命。在历史上，这些国家有非常多的汽车品牌。德国在巅峰时期甚至有高达500多个汽车品牌（当然，这里面的绝大部分都在岁月的长河中没落了）。后来的时代主导者就变成了美国，亨利·福特率先发明了流水线，把汽车一下子从奢侈品变成了日用品。欧洲人发明了汽车，而美国人定义了流水线。后来，中国把流水线用到了极致。

02

每一轮世界级经济发展周期的本质是什么？本质上是一个全新的技术出现了，并且该技术引领了全新的需求出现。

你去告诉古人坐高铁的需求，那是不存在的；你去告诉工业时代的人用智能手机看直播的需求，也是无法想象的，更不要说直播卖东西。所以，只有全新的技术、全新的基建带来全新的需求，才能引领全新的革命，新一轮的增长周期才会开始。

一般认为的新基建包含七大领域：5G基建、特高压、城际高速铁路和城际轨道交通、新能源汽车充电桩、大数据中心、人工智能、工业互联网。

03

如前文所讲，目前我们正处在康波周期的尾部，也是一个新周期的酝酿期中。在这个时间段里，会有各种各样奇怪的现象涌现出来。但我们也不用慌张，也不应该过度揣测，最重要的是不要变得太快。正确的做法应该是比

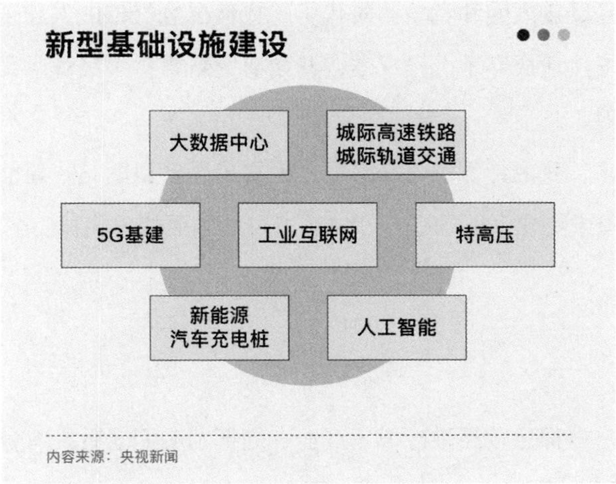

那些思想最前沿的人晚半步，因为比他们再快两步就容易“挂”了。

对商业的理解终究是要回归复杂、回归常识、回归动态的。除此之外，由于我们正处于四个周期的尾部叠加中，所以正是比拼商业硬实力的时候。在新一轮的能够开启下一个康波周期的技术变革到来之前，我们要做的是提升自己的能力，不要故步自封，这样才能抓住机会。

04

孙中山先生曾说过这样振聋发聩的话：“天下大势，浩浩汤汤，顺之者昌，逆之者亡。”我去爱驰汽车总部参观，看了全新的发动机设计方案，倒吸一口凉气。为什么呢？因为我大学学的专业是汽车设计及其自动化。让我感到恐慌的是，一旦你学的东西有可能被整个代际替代掉了，那你就很被动了。我当年的同学，现在还出现了做四休三、做三休四或被裁员的情况。

当时，我就在宿舍里琢磨了一件事情。我觉得按照中国汽车的出货量、降价速度以及人均收入的提高速度来推算，等我毕业，直到年富力强的时候，这个行业就已经进入饱和竞争的时代了。更何况老资格的人还正当红呢。于是，我毅然决然地放弃了沉没成本，开始研究新媒体和品牌，我觉得这个才是未来的朝阳产业。

今天看来，我的计算逻辑是对的。但更出乎意料的是，新能源汽车的发展速度比想象中更快，旧的平台和体系有可能被更快替代掉。

05

前面的内容都比较高傲冷漠。产业、周期和咱们老百姓有什么关系呢？接下来我分享几个 2020 年的案例，不会牵扯太多宏大的东西。比如一家无人机公司，它的核心业务就是做大型天空秀。这从本质上替代了烟花产业。过去一场需要千万元费用的烟花秀，现在可能只需要不到一半的费用就完成了。烟花老板可能从未想过，干掉自己的是无人机和环保。再比如，由于法拍房更多了，中介领域细分出来了专注代理法拍房的顾问，他们往往需要帮客户鉴定房子，查清必要的底细等。由于法拍房不限购，所以出现了很多刚需，有人干得如火如荼。

很多人在大城市赚了钱，就有衣锦还乡的想法。现在在老家盖个超现代化别墅需要多少时间和费用呢？用模块化的建筑解决方案，一周交房。主体结构在工厂生产完，运到你家拼接，感官体验和上海的 2000 万元别墅差不多，在老家却不到 100 万元就可以全部解决。

2020 年新冠肺炎疫情期间，“死”了很多很多餐厅，但是餐饮设备回收公司发了，以极低的价格收购倒闭餐厅的设备，在郊区找个仓库屯起来，然后再加价卖出去，这一波操作像极了资本大佬。在每一轮的周期里，你都可以从很多个角度找到你事业的切入点。审时度势，除了抓住大周期里的大浪潮外，抓住你当下周期里的某种供需关系也是极其重要的。

你我的一生，也许只有两次机会可以抓住主升浪，但更多时候，应该用一种积极面对现实的态度，对待每一个箱体振荡期乃至跌幅。

06

基于新理性消费时代的到来，极致性价比的趋势会更加明显。不管是在前文中，还是2019年得到的消费报告中，我不止一次地提过“极致性价比”这个核心关键词。

什么叫作极致性价比？它不是简单的低价模式，而是你的产品对应的人群，可以感知到产品的价值远超过价格。再次重申一遍，便宜不是极致性价比。同时，我认为消费分层从来没有改变过。

总体来说，我认为那些具有高消费力的人，他们的消费是没有任何变化的。甚至他们把很多无法发生的海外消费转移到了国内，从而带动了2020年奢侈品行业、高端餐饮以及中国西北西南目的地旅游业。中产阶级偏上的消费会趋于理性，对价格更敏感的用户消费则会更加谨慎，更注重量贩式和性价比。在非社交需求的品类里，中产消费会出现明显的下移，而在具备社交属性的品类里，中产消费会向上移。

可能我的很多观点跟现在很多网上的文章是不大一样的。大家都倾向于相信一些突如其来的变化，但是我相信常识。常识就是人终究是人，人的底层心理逻辑几千年来没有太大的变化。

07

基于环境、市场、消费者的特点，我认为消费企业一定要注重几个问题。

第一，要尊重常识。前文已经提到，我觉得这很重要。很多老板，这两年被资本追逐得有点飘了，感觉自己无所不能。但是其实有的品类本身是有问题的，比如低频且单价低的，比如没有成瘾性，比如无法提供欢愉。很多时候，如果你不能感受到来自市场的那种自发性的“利滚利”的增长，就好像我们写文章不能感受到来自粉丝的传播一样，大概率是会有问题的。

第二，需要有与长线战略配套的短线即时性打法。今天很多企业的创业周期可能就两三年，就做一款产品，火了就成了。过去我们讨论品牌的语境是基于全球化企业以及外资企业对于市场的理解，是基于 100 年的经营对市场的理解。但是我认为今天中国的变化过于迅速，以至于大家没有本钱去讨论一些超过 10 年以上的事情。很多过去的市场理论是基于静态思考，今天最重要的是要有动态思考能力，要随时做好变的准备。但致力于创造伟大的企业，长线思考是不可以缺少的。这两年小家电井喷，其中有几家的逻辑就是基于大量 SKU 上新，大概率试错，做成一款就猛砸，然后再考虑品牌的事情。又如新能源汽车，在抢占市场的时候，除了线上砸品牌，经销商侧的超级话术体系发挥了至关重要的作用。

第三，品牌越来越重要了。对于长线思考的东西，我认为品牌有各种各样的维度，最重要的是要建立很强的势能，只有势能才能让别人想起你。

第四，一定要建立你信任的代理团队。曾经有一本书叫作《信任代理》，这本书过去对我思想的影响，尤其是在互联网行业传播领域的影响还是很大的。所谓“信任代理”，就是说今天很多品类最注重的还是用户是否信任自己，而信任自己的用户才会给自己做扩张和做传播。这个信任的机制如何创立，是我们要思考的事情。

第五，要重新理解粉丝。过去我们对于粉丝的很多理解是错误的。粉丝分为几种，一种叫作死忠粉，不管你说什么他都信，也叫作脑残粉。另一种叫作偏好度很高的热爱你的粉丝，他们会选择性地相信你。还有一种叫作路人粉。决定品牌价值的是死忠粉的数量，而不是路人粉的数量。如果粉丝里 90% 以上都是路人粉，那么哪怕你今天是一个卖到全球的品牌，也依然是一个备胎。

今天消费者买了两双某个品牌的鞋，并不代表他就是某个品牌的粉丝。他可能还买了其他品牌的裤子、帽子。所以现实就是我们都是备胎。所有做品牌、做经营的人都要明白自己是备胎，是在备胎里面竞争上岗的。

更绝望的是什么？连备胎都不是，是千斤顶。什么是千斤顶呢？别人换备胎把你顶上去，备胎换完了你就被拿走了。所以，做人有要点数。滴滴司机经常说“您的定位准吗”，你要弄清楚从哪里来，要到哪里去。另一个就是，消费量大的人真的是死忠粉吗？其实未必。只有每个季度的限量版和热销版都买的才是死忠粉，只有这一类人才值得品牌拿出最多的精力来做球星见面会或者高端社群之类的，剩下的都要通过别的方式去完成。

某廉价航空公司之前就有这样一个故事。他们给自己年飞行几十次的用户发短信，认为他是高端用户，但有个用户回复说，“我是没办法，因为最早和最晚的航班只有你们可以飞”。那个人是跨国公司的大中华区总裁，他说：“我不想跟你们一起搞活动，因为我是被迫的。我喜欢阿联酋航空，我喜欢的是国航的高端服务。”

这就告诉我们，不能通过消费次数来判断用户是不是忠诚的粉丝，还要通过一些别的维度去叠加。我们要根据自己所在的行业、所用的消费品的特征去拉一些维度，重新去理解到底谁是死忠粉、谁是路人粉。

08

更多的时候，朴素的坚持远远比无谓的寻求更重要。真正向你绽放的玫瑰，总需要你用时间去坚守。我们投资是为了什么？我想每个人最终依然是在追寻幸福。我认识很多有钱人，他们基本上没有一个是快乐的。他们白天很亢奋，试图用财富证明自己的成功，但每晚都是疲惫的。那些真正值得我们爱的人，总需要我们用时间去陪伴，而不只是金钱。我想，当我们尝尽了欲求不满、攀比、嫉妒的苦之后，真正让我们感到充盈的，依然是蓦然回首时，仍有一个人为自己点亮一盏灯。

真正让你卸下防备的，是墓园里爷爷的那座碑。那个也许没有太多文化，一生历经波折，省吃俭用，送你的父亲和你去上学的老人，他也许曾对你说过：“一定要好好读书，长大了做个有出息的人。”也许用乡音告诉过你：“有出息了，就不要回来了。”却依然在村口默默地守候着。

我想，这就是一代又一代中国人传承的个体写照。在迷茫的时代，选择相信。相信奋斗的意义，相信坚守的意义，相信总有一缕光、一丝温情在前方，它永远不会消失。

结 语

严格来说，这是我的第三本书。我的创作生涯可以说是非常顺利的，但是我的出版生涯略有波动，其中心酸，等日后有机会再向大家诉说。

作为一个非常传统的中国人，我总是觉得“三”这个数字很重要。古人云：“一生二，二生三，三生万物。”我相信，这不只是一本书，而是一个载体、一个因，它会吸引无数早就相信它的人。从微观上来说，第一本书可能比较稚嫩，第二本书会有用力过度之嫌，但第三本会更加从容一点。在第一本书中，我写道：“在20岁的某一天，我突然明白，文化人要有一方书桌、一个书房其实是非常奢侈的。因为除了物理空间本身就很昂贵外，你还得有底气去拒绝写那些恶心你的东西，还得有底气去追寻你真正感兴趣的东西。”这就是我所理解的从容。

恰好今年我30岁了，10年来我兢兢业业，奋斗于创业一线，不敢说取得了多少成绩，但起码未坠青云之志，也没有丢失我终极的理想。正如我选定的书名《伟大的复利》所表达的意思，我所得到的一切，归根结底是这个国家、国运的红利。个人之努力固然重要，但历史的进程更为突出。

也许在一开始，我只是瞎摸到了一些规律，但逐渐地，我发现了造物主的神奇，我便开始敬畏规律。这规律用一句话来说，就是没有复利的事情不可称为事业。本书最初有40万字，我们从中选择留下最有代表性、最有启发意义的内容。一开始，我是拒绝这么做的，我想着分上下册，但后来我想着，何为得体？就是不该多说的话一句都不要多说，不废话，不浪费大家的时间。

诚然，时代的发展会使得很多商业要素进行重组，也许由于纸质媒介传递的滞后性，当你看到本书的时候，有一些细节的地方已经有所改变，或者观点已经落后，但我保证，敲下那一行字的时候，我是真诚的。

就在不久之前，有一位网友加我微信，说最近在读我的文章，目前是一个大学生。他说，虽然我写的商业内容离他的世界还很遥远，但我让他坚定了一个想法，就是千万不要回到过去那个往下坠的原生家族里，那他这么多年的努力就白费了。

还有一位读者，给我留言说，她生了二胎，还给我发了宝宝的照片。她说，感谢我在没有一个人支持她的时候，鼓励她选择和那个勤奋向上的男孩子在一起。我突然想起，在一个寒冷的冬夜，我确实给一个网友回复说："如果他是个废物，好吃懒做，那就听家里的离开他；但如果他很努力、很善良，不如选择相信，多给他一点时间。"

在今年春节的时候，有一位读者找我，说要请我吃饭。他让我一定要坚持做下去，千万不要放弃。如果缺钱，可以找他投资。

你看，这就是我始终相信的，文字之美、文字之光背后的点点滴滴。如果你把坚持下去的理由和获得的殊荣、谬赞、地位挂钩，那你的坚持会变得很痛苦，你会变得很拧巴。但如果你把自己放到尘埃里，放到空气中，你就会发现你的使命和意义。

如果有一天我变得非常富有但很世俗，成了一个有知识但没涵养的人，那 30 岁的我一定会感到很失望。我坚持创作的初衷是：记录中国商业文明的跌宕起伏，记录中国平凡人的努力与爱。除了帮助中国最好的企业出谋划策，我还一定要点亮那些迷茫的后来人，哪怕那些光是微弱的，会稍纵即逝。

希望，这本书，能够点亮你一点点。

后会有期。

2021.7.24
沈帅波
写于台风来临之夜

致 谢

当你看到此处的时候，也许只用了一两天，也许陆陆续续用了十天半个月，也许你还没有完成前面的阅读，随手翻到了最后。但这都不重要，这都是缘分。

创作一本商业类、非虚构的书，和大家狭义上理解的作家只需要坐在家里或者咖啡厅里敲敲键盘是完全不一样的。它需要和方方面面的人打交道，包括企业主、企业高管、基层、外包人员、品牌方、平台方、经销商、消费者、投资人等。

故而，我已经数不清在这本书中涉及了多少个品牌、行业和平台，我到底和多少人交流过，从多少人那里收获了真知灼见。在此，向所有在沈帅波的商业观察生涯中出现过的朋友致以真挚的感谢。同时，感谢我公司（湃动品牌战略咨询）全体小伙伴的支持，尤其是参与稿件修订的卢玲玲和陆艳玲子；感谢我的出版顾问 Lydia 女士；感谢黑天鹅图书的顾光杰主编，尤其感谢与我对接数月、奋斗于一线的本书产品经理陈楠老师。

最后，感谢所有读者，你们利用宝贵的不可再生的时间来阅读本书，实乃我个人之荣幸。

图书在版编目（CIP）数据

伟大的复利 / 沈帅波著 .—杭州：浙江人民出版社，2022.5

ISBN 978-7-213-10572-2

Ⅰ.①伟… Ⅱ.①沈… Ⅲ.①企业管理－品牌战略－案例－中国 Ⅳ.① F279.23

中国版本图书馆 CIP 数据核字（2022）第 062370 号

伟大的复利

WEIDA DE FULI

沈帅波 著

出版发行 浙江人民出版社（杭州市体育场路 347 号 邮编 310006）

责任编辑 徐 婷

责任校对 陈 春

封面设计 沐希设计

电脑制版 李春永

印　　刷 北京世纪恒宇印刷有限公司

开　　本 700 毫米 ×980 毫米 1/16

印　　张 18.5

字　　数 270 千字

版　　次 2022 年 5 月第 1 版

印　　次 2022 年 5 月第 1 次印刷

书　　号 ISBN 978-7-213-10572-2

定　　价 59.80 元

如发现印装质量问题，影响阅读，请与市场部联系调换。

质量投诉电话：010-82069336